川酒

发展研究论丛

（第五辑）

主编 熊山 杨平

经济管理出版社
ECONOMY & MANAGEMENT PUBLISHING HOUSE

图书在版编目（CIP）数据

川酒发展研究论丛. 第五辑／熊山，杨平主编. —北京：经济管理出版社，2017. 12
ISBN 978-7-5096-5592-4

Ⅰ. ①川… Ⅱ. ①熊… ②杨… Ⅲ. ①白酒工业—研究—四川 Ⅳ. ①F426. 82

中国版本图书馆 CIP 数据核字（2017）第 323828 号

组稿编辑：赵喜勤
责任编辑：梁植睿
责任印制：黄章平
责任校对：董杉珊

出版发行：经济管理出版社
　　　　　（北京市海淀区北蜂窝 8 号中雅大厦 A 座 11 层　100038）
网　　址：www. E-mp. com. cn
电　　话：(010) 51915602
印　　刷：北京九州迅驰传媒文化有限公司
经　　销：新华书店
开　　本：787mm×1092mm /16
印　　张：14. 25
字　　数：279 千字
版　　次：2017 年 12 月第 1 版　　2017 年 12 月第 1 次印刷
书　　号：ISBN 978-7-5096-5592-4
定　　价：88. 00 元

《川酒发展研究论丛》编委会

编委会（排名不分先后）：

目　录

我国白酒产业质量型增长路径研究[*]

苏奎

（四川理工学院经济学院，四川自贡　643000）

摘　要：作为我国国民经济的重要产业，当前白酒产业暴露出结构畸形、产能过剩、增速放缓和增长方式粗放等问题，进入"白酒产业新常态"，"四期叠加"特征明显。以质量型增长为目标，转变我国白酒产业的增长方式，实现增长路径创新十分必要、紧迫。技术创新是我国白酒产业实现质量型增长的关键，为此，需要开辟包括技术创新、制度创新和区域创新在内的长期路径。同时，为满足白酒产业持续增长的需要，规避技术创新的不确定性风险，需要建立包括投资优化、市场创新和管理创新在内的短期路径，为长期路径建设提供支撑。

关键词：白酒产业；质量型增长；增长路径

毋庸置疑，在未来较长的一段时期内，"经济新常态"都将是我国产业发展的宏观背景，并在诸多产业领域衍生出相应的"产业新常态"。比如我国的白酒产业，它在经历了21世纪初以来持续十年的"黄金时期"之后，带有"四期叠加"特征的白酒产业"新常态"已然显现。审视我国白酒产业阶段性的发展，推进产业增长方式的转变，实现增长路径创新[1]，是理性、务实、合宜的选择。

＊　基金项目：四川省科技厅软科学项目（2017ZR0125）、四川省社科规划办项目（SC16BJ010）、四川理工学院川酒发展研究中心项目（CJZ15-02）（CJZ17-03）、资源型城市发展研究中心项目（ZYZX-ZD-1503）。

作者简介：苏奎（1974-），男，四川简阳人，研究生，副教授，主要研究方向：产业经济。

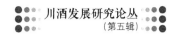

一、研究综述

（一）经济增长路径的一般研究

产业增长与经济增长联系紧密，梳理经济增长路径理论将为产业增长路径创新提供研究线索。

现代经济增长理论开端于哈罗德（Harrod，1939）和多马（Domar，1946）的研究。索洛（1956）和斯旺（1956）则在其研究成果的基础上，发展出了新古典经济增长理论（外生经济增长理论）。阿罗（Arrow，1962）作为内生经济增长理论的主要代表，将技术进步作为经济增长内在因素进行分析，提出了"干中学"（Learning by Doing）模型。熊彼特（2000）认为技术进步是经济发展的持久源泉，而现代经济中技术进步主要来源于以创新为目的的研究与开发（R&D）活动。

国内理论认为，经济增长是一个要素投入推动与产出需求拉动的过程（黄志钢、刘霞辉，2015），经济增长对主导要素的争论仍然无法回避。在不同发展阶段，经济增长将需要不同的主导要素，从而导致经济增长方式不同（厉无畏、王慧敏，2006）。显然，传统增长方式存在"逻辑自洽"，它决定了增长转型的必然（杨雪峰，2013）。新增长方式下，劳动力将不再是我国经济增长的核心动力；投资则仍将是中国经济增长行之有效的驱动力量，但需重点关注投资的结构、效率及质量（刘伟，2014；黄志刚，2015）；技术进步将是驱动中国经济健康持续增长的核心动力（丁志国等，2012；刘三林，2013），新增长红利空间主要由创新驱动红利、结构红利和深化的改革红利构成，其中包含了制度创新、技术创新和产业创新的创新驱动红利，更是新红利空间中最核心的内容（任保平、韩璐，2014；杨有才，2010）。

在实现技术创新推动的过程中，应加强教育经费投入和人力资本投资，促进人力资本积累，提升人力资本效率（解洪涛，2014；张华、魏晓平，2014；罗来军等，2009；范皑皑等，2013），推动完善的社会福利体系建设（任立冉，2015），培育广泛流行的企业家精神（唐国华，2014），建设良好的社会文化背景（陈昆亭、周炎，2008），以金融创新推动技术创新等（王晓芳、权飞过，2016；马正兵，2008；潘爱民、王洪卫，2006），并积极推进相关的微观治理机制改革（解洪涛，2014），实现企业主导下微观研发决策的优化（傅晓霞、吴利学，2013）。

经济新常态下，应实现发展战略由赶超型向质量效益型转变，强调"创新、供需结合、共享、绿色生态"（任保平、魏语谦，2016；王宁，2012）。当前我国经济增长的资本贡献率高达70%，从连续性与增长惯性上看不易转型，应以资本效率为枢纽，从资本弹性与资本效率两个变量入手，探寻新的资本投入型增长路径（黄志钢、刘霞辉，2015）。"一带一路"背景下，应以基础设施、产业关联和市场制度构造区域经济增长机制（朴光姬，2015）。结合大数据时代背景，应从战略、动力机制、实现路径和经济政策方面积极推动转型（任保平、辛伟，2015）。

（二）白酒产业增长问题研究

当前，我国白酒产业发展进入调整期，产业发展面临着人才匮乏、技术创新能力不足、资源利用率及产品核心竞争力较低、基础设施总体滞后、白酒市场低迷等问题（杨国华等，2014；曾绍伦、黄平，2015；郭旭，2013）。

相关理论研究认为，在白酒产业调整期实现理性回归，应紧扣白酒产业不可复制的酒体特色和人文文化传统，通过专业性分工协作、产业链中各个环节的整合联盟、理性竞争和产业集聚实现价值创造（崔凤暴等，2014）。积极推进产业结构优化、龙头发展、品牌发展、集群发展战略，在横向、纵向上实现白酒产业的融合与深化（黄平等，2015）；完善产业发展促进政策，优化产业发展环境（尤其是软环境），充实产业发展的管理工作力量，强化行业质量监管，完善促进配套体系建设（杨柳，2013；黄平等，2012；舒显奇等，2012；陈于后，2012）。应在技术和管理两个层面推进循环经济建设（杨柳，2008；陈于后，2012），组建白酒产业技术创新战略联盟（杨国华等，2014）。应建立有效的地理品牌创建、维护、发展、延伸系统，强化相关组织对地理品牌的培育，扶持名优企业发展、形成产业配套，规范市场秩序，实施标准化和整合营销策略（杨柳，2008），推进非物质文化遗产主体的核心竞争力培育（谭宏，2010），促进关联性创意文化产业的发展，发挥其融合力（钟陆文，2011）。它将是支撑白酒产业发展的重要平台，应立足城市群培育新增长极（曾祥凤、苏奎，2016）。应打破行政壁垒，推进白酒产业集群建设，强化地理标志保护，强化品牌传播，创新"内生式"营销，做大各大品牌，加强竞合态势，培育酒文化（孟宝等，2012）。针对区域内的产业集群建设，建立包括创新机构、创新资源、中介服务系统和管理系统等创新体系，加强基础层次网络、文化层次网络、组织层次网络和政策环境等创新环境建设，以创造该产业集群所产生的持续竞争优势；政府、企业和行业协会共同参与，实现优化治理（黄元斌，2014）。

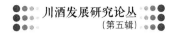
（三）相关理论研究的推论

①经济增长问题历久弥新，产业增长方式创新成为增长主题下新的研究热点；②不同发展阶段，产业增长创新的条件不同，将导致选择的不同；③经济新常态将是未来较长时期内，我国产业增长方式转变问题研究的大背景；④在新时期，我国白酒产业将迎来产业新常态，转变产业发展路径，创新产业增长方式势在必行。

二、当前我国白酒产业发展存在的问题

我国白酒酿造历史悠久，酒文化资源底蕴深厚，白酒产业成为我国国民经济体系中独具特色、不可或缺的重要产业。但是，自 2012 年以来，我国白酒产业暴露出诸多问题，并阻碍了其健康持续的发展。

（一）规模膨胀、利润贡献与路径依赖

由表 1 可知，在 2004~2013 年的 10 年中，我国白酒产业年均产量保持在 13% 以上的增速，年均销量达到超过 23% 的增速，行业总资产、总产量、总收入、总利润都呈现飞跃式增长。"十二五"期间，我国白酒产量突破 1000 万千升大关，总资产近 5000 亿元（约为 2004 年的 5 倍），总收入超过 5000 亿元（约为 2004 年的 8 倍左右），总利润达到 800 多亿元（约为 2004 年的 14 倍）。

表 1　2004~2013 年白酒行业总资产、总产量、总收入、总利润

单位：亿元，万千升

	行业总资产	总产量	总收入	总利润
2004 年	1005.57	312	613	58.66
2013 年	4759.07	1226.2	5018.01	804.87
2004~2013 年增长倍数	4.73	3.93	8.19	13.72
2004~2013 年年均增长率	0.17	0.15	0.23	0.30

资料来源：国家统计局。

我国白酒产业的高速增长产生了巨大的经济效益。在白酒集中产区，白酒产业已经成为支柱产业。比如在我国西南地区，泸州市 2013 年白酒产业产值在 GDP 中的占比

约为 31%，宜宾市的相应比值约为 33%，贵州遵义的相应比值约为 44%。白酒产业快速增长及由此造就的地位与影响，诱发了地方政府插手干预的强烈动机，在配套政策资源建设的支撑下，造成我国白酒产业明显的路径依赖，导致白酒企业治理机制缺陷，加剧产能过剩的矛盾，严重阻碍白酒产业、企业转型发展。

（二）价格快速上涨、产品结构失衡、质量问题不断

自 2002 年以来，白酒产品价格一直保持较强的增长势头。到 2014 年，我国酒类价格涨幅接近 40%。白酒产品（尤其是高端白酒）价格居高不下，市场特殊需求结构（比如原有的"公务消费"）的支撑，导致白酒产业易于获得丰厚的利润回报，白酒产业发展被引入粗放式的增长路径。在白酒产业推进粗放式增长的过程中，产品质量问题不可避免地频频发生。

（三）产能过剩与过度竞争

2005～2011 年，我国白酒产量翻了近 3 倍，而且大有加速扩张的趋势。比如，处于白酒产业第一梯队的四川与贵州，依托"中国白酒金三角"不断加速规模扩张。各二三线品牌借助政府干预不断上项目、搞扩张。我国白酒产能一度呈现出"井喷式"增长态势。但是，从 2012 年开始，随着行政管理体制改革的深入、市场需求结构的变化，我国白酒市场产生较大幅度的萎缩，产能过剩局面下的过度竞争时有发生。

不可否认，在"产业新常态"下，我国白酒产业将要面对增长减速换挡、结构调整的阵痛、前期政策积弊消化和创新发展探索的"四期叠加"局面，转变我国白酒产业增长方式已经是箭在弦上。

三、我国白酒产业增长方式创新的根据及目标

（一）我国白酒产业增长方式创新的根据

一是我国白酒产业传统的增长方式具有粗放性：①资源配置效率低。由于缺乏有效的市场准入机制，在白酒产业快速膨胀的过程中，分散的小规模经营现象比较普遍，多数白酒企业难以形成规模经济效应，产业资源配置效率低。②粗放增长方式下，受

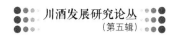

逐利动机的驱使，价格问题和质量问题频发。③政策导向的投入型增长。在特殊市场需求的刺激下，我国白酒产业实现快速增长，地方政府的介入及政策助推，形成了投入拉动的粗放式增长。

二是经济新常态下，我国白酒产业发展的市场环境发生了较大变化：①白酒产品市场需求发生变化。非理性的"政商消费"群体不再是市场需求主力，取而代之的是关注资源约束追求效用最大化的理性消费者。②白酒市场的供给约束加大。白酒产业粗放式增长路径受到挤压，这种压力主要源于三个方面，即资源环境压力、产能过剩及过度竞争压力、产业政策规制形成的约束力。[2]

（二）我国白酒产业增长方式创新的目标

确定我国白酒产业增长方式创新的目标，需要回归承载产业增长的本体，即白酒产业资源配置。转变我国白酒产业增长方式，便是要实现资源配置在广义层面的"节约"，换言之，即提高白酒产业资源配置的"综合质量"。要实现这一目标，不仅需要关注白酒产业运行的经济效益，还要关注白酒产业运行的社会效应和生态效应等。

我国白酒产业实现增长方式创新的目标应是"质量型增长"，它与传统增长方式的区别在于：①贯彻了内生性增长的指导思想，以开发创新资源、建立创新体系为基础，实现创新驱动。②创新白酒产业的增长路径，在进行理性审视需求拉动增长的前提下，打造支撑新增长方式的技术创新、制度创新基础，着力于全要素生产率（FTP）的改善，优化要素供给结构，改善产品供给，确保供给的"经济性"与需求满足的"适宜性"相统一。③创新将实现节约与共享相统一，经济效益与生态、社会效益相统一，增长目标与整体发展目标相统一。[3]

四、我国白酒产业增长方式创新，
即推进质量型增长的路径

我国白酒产业增长方式的转变是一个长期过程，需要在这一过程中建立"过渡"。在推进质量型增长的创新过程中，需要"短期路径"和"长期路径"的结合。

（一）我国白酒产业实现质量型增长的"短期路径"

路径依赖是经济运行过程的必然产物，它借助经济运行过程中持续发生的增量得到调整。可能的调整结果有两种：一是路径依赖在原有的路径上不断被深化，二是原有的路径依赖被修正并进入新的路径。当然，无论发生哪种结果，经济运行过程的质变都不可避免，唯一可能的区别在于这种质变的影响性质会有所不同。

我国白酒产业进入质量型增长，同样需要一个增量调整的过程，这种选择是理性的、必要的。其理性表现是：避免"爆发式"制度变迁引发的安全与效率损失。[4]其必要性表现是：借助原有的路径实现适度增长。没有增长的发展是危险的、不可取的。当然，这种在边际上发生的增量调整，不可避免地会与原有经济增长路径联系紧密，所以，它将是近期性的、权宜性的和"短期性"的。

1. "短期路径"在"需求侧"的创新

需求拉动是我国传统经济增长路径的主要动力源，消费、投资和出口也被长期奉为实现经济增长的不二法门。在这一点上，我国白酒产业的选择也不例外。但是在经济新常态下，需要重新审视这"三驾马车"：①消费。总体来说，我国实现着开放条件下较为成功的市场经济建设，也正渐次实现国家富强人民富裕的阶段性目标，居民的消费水平不断提高，理性消费、健康消费和时尚消费会深入影响未来白酒市场，且极可能导致白酒产品市场需求的衰退。因此，通过刺激消费实现白酒产业持续增长将会存在很大难度，而且潜在的风险会很高。同时应该看到，以创新消费实现消费需求拉动的增长，还有逻辑自洽的矛盾需要解决。[5]②出口。目前我国白酒产业还没有建立完善、成熟的技术规范，白酒企业普遍缺乏科学的经营机制，在全面国际化战略方面起步较晚，导致我国白酒产品品质的整体水平不高，开拓国际市场的步伐迟滞、难度较大。因此，在短期内依靠白酒出口提振我国白酒产业增长的可能性不大。[2]③投资。在传统粗放式增长模式下，受传统体制机制的约束，我国白酒产业对投入型增长的路径依赖较为明显。要实现我国白酒产业增长方式转型，同时又保持适度的增长，投资拉动仍将成为"过渡阶段"的必然选择。[1]

综上可见，我国白酒产业在"短期路径"上推进"需求侧"创新，应侧重在投资优化和市场创新两个方面。

2. "短期路径"在"供给侧"的创新

管理出效率，持续科学的管理组织与创新是提升管理效率的保证。管理的信条是"没有最好，只有更好"，管理创新将是管理职能永不懈怠的追求，管理创新过程也将是循序渐进、永无止境的。所以，在白酒产业增长方式创新的路径设计中，"管理创新"被纳入"短期路径"。从产业运行的组织视角看，白酒企业是我国白酒产业管理创新的主要实施载体，是在"供给侧"实施白酒产业增长方式创新的基本立足点。

（二）我国白酒产业实现质量型增长的"长期路径"

我国白酒产业实现质量型增长的过程中，"短期路径"的存在不仅能规避"爆发式"革命带来的不确定性风险，而且能满足白酒产业在相应阶段上保持适度增长的需要。但"短期路径"属于战术性、过渡性选择。我国白酒产业增长方式创新定位于长远的战略选择，属于创新的"长期路径"，驱动创新的主导要素也将发生质变，[6] 形成以技术创新为核心、制度创新为保障、区域创新为契机的结构体系。

1. 技术创新是推动我国白酒产业实现质量型增长的关键

我国白酒产业实现质量型增长面临着技术创新瓶颈，主要原因在于技术创新动力、技术创新投入和技术创新模式方面存在不足：①技术创新动力方面。我国白酒产业"黄金十年"的快速增长得益于三大因素的助推，即景气的宏观经济条件、泛滥的"政商消费"和政策推动下的产业扩张。在这样的背景下，高价格和低成本的结合为白酒企业贡献了丰厚的利润，简单的规模扩展和产能提升便能确保高额利润回报，致使白酒企业进行技术创新的动力严重不足。②技术创新投入方面。由于缺乏技术创新的动力，白酒企业在技术创新上的投入也随之缩减，影响技术创新人才培养、研发基础设施供给、研发组织资源建设和动力机制优化的进程。技术创新投入不足在创新成果上有直接的表现，比如在"蒸馏酒工艺类技术方面"，国外与国内相关的专利成果申请数量比是 4∶1（2009 年）。[7] 作为白酒产业大省，四川省规模以上白酒企业 R&D 项目平均数量低于 0.5 个（2012 年），远低于同期四川制造业的平均水平。[2] ③技术创新模式方面。"干中学"是我国技术创新中具有代表性的模式，我国白酒产业的技术创新也不例外，而立足于制度创新基础的自主创新模式还没有形成。

2. 制度创新是我国白酒产业实现质量型增长的保障

制度资源的有效供给为经济运行提供了保障，制度创新是确保制度资源有效供给的关键，它通过修正制度框架、改善动力机制等提升制度资源的质量。我国白酒产业要步入自主创新的良性循环路径，积极有效的制度创新将是基础性的。

目前，我国白酒产业在制度创新机制、创新动力和创新能力等方面，都存在较多的问题。现有理论研究对白酒企业进行了四层次划分，第一集团的六大企业在很大程度上具备"寡头"特征，它们对整个白酒产业的发展走向具有决定性影响。同时，受所有制属性的影响，这些大型白酒企业高级管理层的产生，主要采取行政任命的方式，而这种方式可能引发的结果是：①受不完全理性和目标多元化的影响，酒业企业的管理决策层可能借助资源控制大肆开展"寻租"，增加了管理决策背离市场导向、违背市场规律的风险。②存在"委托—代理"问题,易于产生内部人控制,影响管理决策的科学性。③在外部治理机制缺失的情况下,白酒企业会滋生内部治理结构和治理机制问题,导致结构失灵和机制失灵,致使政绩导向和独裁决策交叉泛滥,从而大大增加牺牲效率的可能性和决策风险。[2]

围绕白酒产业质量型增长的制度创新需要持续推进,需要政府部门积极转变职能,推进金融、财税、社会保障、科教等方面的制度建设与创新;需要产业层面的制度创新,加大行业规范建设;需要白酒企业以现代企业制度建设为导向,进行企业微观治理机制改革,优化管理决策。[8]

3. 区域创新为我国白酒产业实现质量型增长酿造契机

目前,我国经济的总体格局实现由"带状"向"块状"转变,在区域经济一体化导向下,区域创新一方面促进了板块经济建设,另一方面则为产业发展提供新的战略平台和新的发展机遇。比如川黔两省的白酒产业发展:一方面,2016 年发布的《成渝城市群发展规划》在该区域部署了国家战略,并为区域新增长极(如"川南城镇密集区")的培育提供了契机,区域内白酒产业的战略地位因此得到较大提升;另一方面,该区域共建的"中国白酒金三角",将为川黔两省白酒产业跨区协同发展提供更广阔的空间。

(三)"长期路径"与"短期路径"的关系

我国白酒产业实现质量型增长不可能一蹴而就,因此在创新路径的选择上,需要考虑"长期路径"和"短期路径"的紧密配合。①从战略的长远性来看,技术创新是支撑白酒产业增长方式转型的关键,是实现质量型增长的必由之路。以技术创新为内核,配套制度创新和区域创新,将铸就我国白酒产业长期增长的动力源。但"长期路径"存在长期中的不确定性风险,也不能有效解决短期增长贡献问题。②从战术的近期性来看,我国白酒产业对投入型增长的依赖很明显,为确保增长的连续性,不宜采用彻底"改弦更张"的做法,[1]否则会产生"停滞"或"硬着陆"的风险。以投资优化主导助推我国白酒产业质量型增长的"短期路径"是务实的、理性的。我国白酒产业实现质量型增长,应以"长期路径"为导向,通过"短期路径"进行过渡并提供必要的支撑。

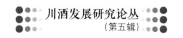
五、结语

将我国白酒产业增长方式的转变置于经济新常态背景下，不在于说明经济新常态之于创新的根源性，创新是由社会生产力全面发展要求内在地决定的，它是一个持续、循序渐进的过程。在创新问题上不能有"速成"的侥幸心理。有鉴于此，围绕我国白酒产业增长路径创新问题，理论研究在确立质量型增长目标的前提下，建立由"短期路径"和"长期路径"组成的结构梯度。当然，对具体实施路线选择问题的讨论，尚需进一步深入的研究予以解答。

参考文献

[1] 黄志钢, 刘霞辉. "新常态"下中国经济增长的路径选择[J]. 经济学动态, 2015 (9): 51-62.

[2] 曾祥凤, 苏奎. 我国白酒产业发展方式转型研究[J]. 四川理工学院学报（社会科学版）, 2016 (4): 78-87.

[3] 任保平, 魏语谦. "十三五"时期我国经济质量型增长的战略选择与实现路径[J]. 中共中央党校学报, 2016 (2): 31-39.

[4] 苏奎. 制度变迁的效率与安全之边界问题[J]. 生产力研究, 2010 (5): 42-43, 54.

[5] 杨雪锋. 经济增长方式转型：范式困境与破解路径[J]. 学术月刊, 2013 (8): 92-100.

[6] 厉无畏, 王慧敏. 创意产业促进经济增长方式转变——机理·模式·路径[J]. 中国工业经济, 2006 (11): 5-13.

[7] 李杰. 中国白酒产业专利信息研究[D]. 雅安：四川农业大学硕士学位论文, 2012.

[8] 傅晓霞, 吴利学. 技术差距、创新路径与经济赶超——基于后发国家的内生技术进步模型[J]. 经济研究, 2013 (6): 19-32.

[9] 刘伟. 我国经济增长及失衡的新变化和新特征 [J]. 经济学动态, 2014 (3): 4-10.

[10] 丁志国, 赵宣凯, 苏治. 中国经济增长的核心动力——基于资源配置效率的产业升级方向与路径选择 [J]. 中国工业经济, 2012 (9): 18-30.

[11] 任保平, 韩璐. 中国经济增长新红利空间的创造：机制、源泉与路径选择 [J]. 当代经济研究, 2014 (3): 20-26, 96, 2.

[12] 解洪涛. 公共支出结构、人力资本积累与中国经济增长路径 [J]. 现代财经（天津财经大学学报）, 2014, 34 (8): 92-101.

［13］张华，魏晓平．能源替代与内生经济增长路径研究［J］．北京理工大学学报（社会科学版），2014，16（4）：42-49．

［14］任立冉．社会福利对经济增长的作用及路径选择［J］．技术经济与管理研究，2015（12）：32-35．

［15］唐国华．企业家精神、产品创新与内生经济增长——理论模型和基于中国数据的经验研究［J］．经济问题，2014（3）：11-16．

［16］王晓芳，权飞过．供给侧结构性改革背景下的创新路径选择［J］．上海经济研究，2016（3）：3-12．

［17］王宁．转变经济发展方式：结构、政策与路径［J］．经济学家，2012（10）：23-30．

［18］朴光姬．"一带一路"与东亚"西扩"——从亚洲区域经济增长机制构建的视角分析［J］．当代亚太，2015（6）：37-62，156．

［19］任保平，辛伟．大数据时代中国新常态经济增长路径与政策的转型［J］．人文杂志，2015（4）：29-35．

［20］杨国华，张肖克，黄平，姜螢，黄筱鹏，骆佳龙，娄咏，黄永光．贵州白酒产业技术创新战略联盟的基础理论研究［J］．酿酒科技，2014（12）：30-34．

［21］郭旭．我国白酒产业现状及发展方向探讨［J］．食品工业科技，2013，34（22）：26-29．

［22］崔风暴，蒲岚，冉华森．中国白酒产业理性认知——产业价值创造方式评价［J］．酿酒科技，2014（5）：112-114，118．

［23］杨柳．人的全面发展视域下的职业文化建设［J］．高等教育研究，2013，34（7）：45-49．

［24］陈于后．打造"中国白酒金三角"的区域合作问题研究［J］．四川理工学院学报（社会科学版），2012，27（1）：57-60．

［25］钟陆文．文化创意与中国白酒产业的发展［J］．中国经贸导刊，2011（9）：72．

［26］孟宝，郭五林，鲍燕．中国白酒金三角旅游开发与中国白酒品牌国际影响力提升浅议［J］．酿酒科技，2012（9）：125-128．

［27］黄元斌，樊玉然，叶文明．"中国白酒金三角"产业链垂直专业化的治理优化研究［J］．酿酒科技，2014（9）：119-121．

经济新常态下白酒行业绩效提升途径探析：基于产业组织重构的视角[*]

樊玉然[1]　叶文明[2]　向瑞伦[1]　黄元斌[1]

（1. 四川理工学院经济学院，四川自贡　643000；

2. 四川理工学院学生工作部，四川自贡　643000）

摘　要：本文从产业组织重构的视角，探讨了在经济发展新常态的背景下白酒行业的绩效提升途径问题。本文具体从横向产业组织和纵向产业组织两个方面，研究了白酒行业产业组织重构对绩效提升的作用机制，并特别阐述了信息化对纵向产业组织重构进而对行业绩效提升产生的深刻影响。在理论研究的基础上，本文提出了白酒行业通过产业组织重构提升行业绩效的对策建议。

关键词：白酒行业；产业组织重构；供给侧结构性改革；绩效提升

一、导论

（一）研究背景

在我国步入经济新常态、新旧发展动能转换之际，白酒产业面临着供给侧结构性

---

　* 基金项目：四川理工学院川酒发展研究中心项目（CJY15-12）。

　作者简介：樊玉然（1970-），经济学博士，四川理工学院经济学院副教授，研究领域为产业组织与企业理论；叶文明（1966-），教授，四川理工学院学生工作部部长，研究领域为产业组织；向瑞伦（1964-），四川理工学院经济学院副教授，研究领域为消费经济；黄元斌（1970-），经济学硕士，四川理工学院经济学院副教授，研究领域为区域经济。

改革的艰巨任务。供给侧结构性改革其中的一个重要方面，就在于产业组织优化或重构。课题组认为，产业组织重构包括横向产业组织重构和纵向产业组织重构。

通过白酒行业的产业组织重构，可以提升该行业的绩效，从而促进该行业的转型升级。但在目前，我国白酒行业的产业组织结构存在着严重问题，从而导致该行业效率低下、竞争力薄弱。具体说，从横向产业组织结构来看，由于白酒行业门槛较低，该行业的"散、小、乱"局面未能得到根本改变。行业低水平加工能力过剩、高水平加工能力不足。根据中国酿酒工业协会白酒分会的统计，截至 2011 年，1.8 万家白酒生产企业中，规模以上企业仅为 1200 家左右，占 6.67%。小酒厂数量过多、规模过小，导致恶性竞争现象严重、全行业效益难以提高。从纵向产业组织结构来看，我国白酒行业产业链垂直分工尚待进一步深化，白酒行业核心酿造企业与协作配套企业、生产性服务业之间，尚未建立有效合理的分工体系。

正是由于我国白酒行业产业组织结构存在上述严重问题，所以，研究通过白酒产业组织重构来提升该行业绩效成为一个重要的课题。

(二) 研究意义

一直以来，我国白酒行业在稳健增长的同时，由于行业集中度偏低、进口酒的冲击以及外资进入，呈现出市场竞争激烈的特点。特别是在经济发展进入新常态、廉政建设、酒类消费结构转换等背景下，目前白酒行业的发展面临着较大挑战，这就对白酒产业转变发展方式、提高行业绩效提出了迫切要求。本课题"经济新常态下白酒行业绩效提升途径探析：基于产业组织重构的视角"正是在这一背景下提出的。本课题将重点研究在经济发展新常态下，如何通过包括横向产业组织和纵向产业组织在内的产业组织结构的重构，以提升白酒行业绩效，从而提升其国内外市场竞争力。

本课题的理论意义在于，首先，对产业组织结构的理论分析框架进行了拓展，增加了对纵向产业组织结构的分析，使得相关分析更加完整。具体说，本课题将从横向产业组织结构和纵向产业组织结构两个方面探讨产业组织结构优化问题。其次，探讨了如何根据现实的制度和技术基础设施条件，并运用交易成本理论、新产权理论和中间性组织理论，进行企业纵向边界的相关决策。这是对增强相关理论可操作性的一次尝试。

本课题的应用价值在于，通过对白酒产业组织结构与行业绩效关系的论证，得出科学严谨且具有可操作性的结论和政策建议。这些结论和政策建议，对于在经济发展新常态下我国白酒行业的发展规划、产业组织政策的制定具有参考价值，同时对于为应对消费主体和消费结构的急剧变化，白酒企业应如何进行经营战略和营销策略转型，

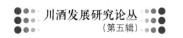

本课题的结论也具有借鉴意义。

（三）研究思路

本课题主要从产业组织结构重构的视角，来探讨在经济发展进入新常态以及白酒消费主体和酒类消费结构发生巨大变化的情况下，如何提升白酒行业绩效。本课题所称产业组织结构重构，是指横向产业组织结构和纵向产业组织结构的优化。横向产业组织结构指产业链同一环节内部企业之间的竞争与垄断关系；纵向产业组织结构指产业链纵向各环节之间交易关系的治理结构。

本课题研究将采取理论研究和经验研究相结合的方法，以及比较制度分析方法。具体说，将运用数理模型推导和逻辑推理从理论上论证白酒产业组织结构与市场绩效之间的关系；运用案例分析方法对上述理论论证结论进行经验验证。

在研究路径上，首先，本课题将分析我国白酒行业产业组织结构的现状，并指出该现状在经济新常态等新形势下对白酒行业绩效的影响。其次，本课题将分别从理论上和经验上对白酒横向和纵向产业组织结构对市场绩效的影响效应进行论证。在以上论证的基础上，本课题将提出我国白酒行业产业组织结构重构的建议。

二、关于产业组织重构的理论基础

产业组织结构优化，其本质含义和要求体现在行业市场绩效的提升。产业组织结构优化与行业市场绩效提升之间是一个双向作用的关系。产业组织结构的优化可以促进行业市场绩效的提升，而行业市场绩效的提升又往往体现为产业组织结构的优化。

我们认为，产业组织结构优化的完整含义，应包含横向产业组织结构优化和纵向产业组织结构优化两个方面。横向产业组织结构是指产业链上某一特定环节的市场结构；纵向产业组织结构是指产业链纵向上各环节之间的治理结构（Governance Structure）。这里的治理结构是交易成本经济学意义上的，包括市场关系、企业网络组织和纵向一体化等形态。

横向产业组织结构是传统的产业组织理论（如哈佛学派的 SCP 范式、芝加哥学派等）所研究的对象，而纵向产业组织结构则扩充了产业组织理论的研究对象。正如科斯（1994）所指出的，产业组织理论还应研究企业之间的契约安排（长期合同、租借、许可安排包括特许权等）。根据科斯的主张，产业组织的研究对象应从同一产业内部企业之间的关系扩展到市场与企业之间的中间性组织（如分包制、企业集团、战略联盟和企业集群等）。中间性组织属于产业链纵向上各环节之间的治理结构范畴。所以，科斯所建议的产业组织理论应拓展的研究领域，正是我们所说的纵向产业组织结构。

（一）横向产业组织重构

横向产业组织结构主要是指同一行业内部厂商之间的垄断与竞争关系。横向产业组织结构是产业组织理论传统的研究对象。

产业组织最早是由马歇尔定义的。马歇尔将产业组织定义为产业内部的结构，并认为组织是参与生产和分配的第四种要素。他认为，有效的组织具有包括内部经济和外部经济在内的规模经济。内部经济是指个别企业在资源、组织和经营效率上的经济性；外部经济是指生产规模扩大、企业间有效分工的经济性。据此，马歇尔认为，大规模生产可为企业带来收益递增的经济性。但是，大规模生产又会导致市场结构中垄断因素的增加，从而阻碍竞争、扭曲资源配置。这揭示出规模经济与竞争之间的矛盾现象，即"马歇尔冲突"。

由于在马歇尔的理论架构中是将完全竞争与垄断割裂开的，所以他本人未能有效解决"马歇尔冲突"问题。随后，一些学者拓展了市场结构的范围，提出了更加接近现实的市场结构模式，从而为"马歇尔冲突"的解决提供了思路。比如，张伯伦于1933年发表了《垄断竞争理论》，罗宾逊夫人于同年发表了《不完全竞争经济学》。两位学者描绘出垄断与竞争相容的垄断竞争市场结构的图景。1940年，克拉克提出"有效竞争"概念。有效竞争是指既有利于竞争又有利于规模经济效应发挥的竞争格局。根据梅森的观点，有效竞争可以从市场结构和市场绩效两个方面进行判定。随后的学者将梅森的有效竞争标准的两分法扩展到三分法，即市场结构、市场行为和市场绩效标准。

比较完整的产业组织理论的诞生以哈佛学派的 SCP 范式的形成为标志。哈佛学派认为，市场结构决定企业行为，进而决定市场绩效。由于哈佛学派重视结构对行为和绩效的作用，因而该学派又被称为"结构主义"学派。哈佛学派认为，在集中度较高的产业中，少数企业间的串谋、协调行为以及通过高进入壁垒限制竞争的行为削弱了市场的竞争性，从而产生超额利润，并破坏了资源配置效率。哈佛学派的代表人物贝恩（Bain，1951）以及其他学者对市场集中度和产业利润率之间的关系进行了经验研究，这些研究证实了高集中度与高利润率之间的正相关关系。因此，哈佛学派反对垄断的市场结构，即反对过高的市场集中度。

实际上，市场集中度并不完全等同于市场结构。行业市场结构概念的本质含义是指该行业的垄断与竞争程度，市场集中度只是市场结构的影响因素之一。哈佛学派认为，市场结构的决定因素主要包括买卖双方的市场集中度、产品差别化程度和进入壁垒的高低。其中，进入壁垒是市场结构的核心影响因素。贝恩将进入壁垒定义为现有企业将价格定在最低平均成本之上且不会引起进入者进入的能力。贝恩认为，进入壁垒的影响因素具体包括规模经济、必要的进入资本需求量、政府限制和绝对成本优势。

哈佛学派 SCP 范式通过进一步的研究认为，市场集中度实际上是获得较高盈利水平的必要而非充分条件。这是因为，即使市场集中度较高，只要进入壁垒较低，则新进入者的竞争将使超额利润趋于消失。所以，盈利能力将依赖于影响进入壁垒的市场结构因素。贝恩的经验研究证实了这一观点，他发现，进入壁垒是收益的主要决定因素，进入壁垒越高，则利润率越高。

随后产生的产业组织理论中的芝加哥学派对哈佛学派关于集中度与利润率关系的假说提出了质疑。德姆塞茨（Demsetz，1973）认为，市场份额较为集中的产业中，大企业较强的盈利能力并不是因为串谋，而是因为高效率所致。斯蒂格勒（1996）认为，即使市场中存在垄断势力，只要不存在政府的进入规制，长期的竞争均衡也是能够实现的。也就是说，在集中度较高的产业，由共谋或协调行为所导致的高利润率在长期是难以为继的。这是因为，按照斯蒂格勒的观点，由纯粹的经济力量形成的进入壁垒很少见，因此不会成为损害竞争的重要因素。真正的进入壁垒基本上是由政府干预所导致的。因此，产业持续出现的高利润率是由于企业的高效率和创新所导致的，而并非哈佛学派所认为的由垄断势力所导致。总之，芝加哥学派更加关注市场结构和企业行为是否提高了效率，而不像结构主义者那样只看是否损害竞争。

芝加哥学派对哈佛学派的假说提出质疑的根据在于，芝加哥学派重新定义了进入壁垒。斯蒂格勒（1996）认为，进入壁垒是"一种生产成本（在某些或每个产出水平上），这种成本是打算进入某一产业的新厂商必须负担，而已在该产业内的厂商无须负担的"。因此，哈佛学派所认定的进入壁垒，芝加哥学派并不认同。这样，哈佛学派所认为的高集中度表示高垄断程度进而导致高利润率的观点，在芝加哥学派看来并不成立。

随着博弈论、信息经济学和新制度经济学等分析方法的引入，产业组织理论出现了新的变革，从而形成了新产业组织理论。这里，着重介绍新产业组织理论中鲍莫尔提出的可竞争市场理论（Baumol，1982）。可竞争市场理论（The Theory of Contestable Market）的主要观点是，良好的生产效率和技术效率等市场绩效可以在哈佛学派所认为的理想市场结构之外实现，而无须众多竞争企业的存在。亦即，高集中度的市场结构仍可取得较好的市场绩效，只要保持市场进入的完全自由，且不存在特别的进出市场成本。这是因为，若进退无障碍，则潜在竞争压力会迫使任何市场结构下的企业采取竞争行为，从而取得较好的市场绩效。

综合以上所述产业组织理论各流派的观点可以发现，哈佛学派和芝加哥学派的主要分歧在于，前者认为市场结构决定市场绩效，超额利润是由垄断导致的；后者则认为是企业行为和市场绩效决定市场结构，超额利润是由大企业的高效率带来的。

基于产业组织理论，关于横向产业组织结构的优化，我们的观点是：

第一，横向产业组织结构的优化，其本质在于良好的市场绩效的实现。经济学所说的良好的市场绩效，是指产业实现较高的资源配置效率和生产效率，而不是获取超额利润。这其实也是产业组织理论各流派的共识。

第二，横向产业组织结构的优化，应尽可能去除非经济因素的进入壁垒。我们认同哈佛学派的这一观点：长期存在的超额利润是由垄断因素带来的。我们认为，垄断的主要原因在于非经济因素的进入壁垒，如政府的进入规制。如果没有进入壁垒，则企业的高效率可以在短期带来超额利润，但这一超额利润不可能长期维持。这是因为，在长期，个别高效率企业的超额利润会导致竞争者对其高效率的技术、生产、组织和管理方式的模仿，并会导致新厂商的进入。由此，在长期，整个行业的效率得以提升，前述短期超额利润趋于消失。

根据上述分析，长期超额利润是由进入壁垒所导致的垄断带来的，而不是由大企业的高效率所导致。所以，应尽力消除行业进入壁垒。

第三，横向产业组织结构的优化，应注重行业市场集中度的适度提高。市场集中度的适度提高，意味着企业规模的适度扩大。规模的适度扩大可以充分利用规模经济效应，提高生产效率。企业规模适度扩大以追逐规模经济效应与行业竞争效应之间存在着一定程度的矛盾，即"马歇尔冲突"。但是，按照前面第二点的分析，只要不存在进入壁垒，企业规模扩大并不必然导致长期超额利润，亦即并不必然导致垄断。这也正是鲍莫尔的可竞争市场理论的主张。

需要特别指出的是，行业市场集中度的适度提高，应在市场机制的引导下进行，而不应由其他力量主导。这是因为，市场集中度适度提高，其目的在于提升全行业的生产效率，以实现较好的行业市场绩效。这一目的的实现，必须遵循优胜劣汰的效率原则，即必须在市场竞争机制的作用下，使市场份额更多地向高效率企业集中。

（二）纵向产业组织重构

纵向产业组织优化方面，涉及产业链纵向各环节之间的治理结构的选择问题。实

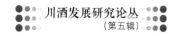
际上，纵向产业组织关心的是企业边界问题或纵向一体化程度问题。交易成本经济学的主要贡献者 Williamson 和企业产权理论的主要贡献者 Hart 等从不同的视角研究了企业的边界问题。

根据交易成本经济学，治理结构应与交易类型相匹配，以最小化生产成本与治理成本之和。区分交易类型的主要标志是资产专用性、不确定性及交易频率。其中，资产专用性是最重要的区分标志。这些标志决定了一项交易在不同治理结构下的生产成本和治理成本，从而决定了治理结构的选择（Williamson，1985，1991）。

企业产权理论中的 GHM 模型（Grossman，Hart，1986；Hart，Moore，1990）认为，所有权（又称剩余控制权）在互动各方之间的配置对效率至关重要。其中的逻辑是，所有权配置实际上是对资产的决策权的配置，而后者会影响各方事前的专用性投资水平，进而影响联合剩余。GHM 模型还给出了效率标准下的所有权配置原则，即根据各方投资的重要性配置所有权。上述这些理论提示我们，产业链上各环节的分离或一体化应以是否促进效率提升作为主要决策标准。

纵向产业组织的优化应特别注意最近几十年来普遍出现的纵向产业组织的垂直非一体化和网络化的演化趋势（李晓华，2005）。出现该趋势的根本原因在于，信息技术、交通和通信等外部技术经济条件的发展使得纵向一体化对市场交易费用的节约效应趋于弱化，从而使得企业网络组织的效率得以提升。企业网络组织是介于市场和一体化科层组织之间的治理结构，其形态多种多样，包括特许经营、外包或分包制、战略联盟和产业集群等。

三、白酒产业组织重构与绩效提升

（一）横向产业组织重构与绩效提升

哈佛学派 SCP 范式认为，行业的市场绩效是由市场集中度决定的，市场集中度越高，则行业盈利能力越强。这里，行业盈利能力越强，是指超额利润率越高。超额利润率越高，表示行业垄断势力越强。所以，根据 SCP 范式的逻辑，市场集中度越高，则行业垄断势力越强。据此，哈佛学派将市场集中度作为垄断程度的度量，从而反对较高的市场集中度。

哈佛学派的观点受到一些学者的质疑。事实上，哈佛学派进一步的研究也发现，市场集中度是获得较高盈利水平的必要而非充分条件。下面，我们将通过数理模型推导，从理论上较全面地揭示行业盈利能力的影响因素，并进一步探讨市场集中度与垄断程度之间的关系。

1. 理论论证

假设某一行业内有 n 家企业。行业总产量为 Q，企业 i 的产量为 q_i。设企业 i 的固定成本 F 为 0，边际成本为常数 c[①]，则其成本函数为：

$$C_i = cq_i \tag{1}$$

设行业的反需求函数为：

$$P = f(Q) = f\left(\sum_{i=1}^{n} q_i\right) \tag{2}$$

则行业需求的价格弹性为：

$$\varepsilon = -\frac{dQ}{dP} \frac{P}{Q} \tag{3}$$

企业 i 的利润为：

$$\prod_i = Pq_i - C_i \tag{4}$$

设企业 i 的决策变量为 q_i，则该企业面临的最优规划问题为：

$$\max_{q_i} (Pq_i - C_i)$$

$$\text{FOC}: \frac{d(Pq_i - C_i)}{dq_i} = \frac{dP}{dQ} \frac{dQ}{dq_i} q_i + P - \frac{dC_i}{dq_i} = 0 \tag{5}$$

式（5）中，$\frac{dQ}{dq_i}$ 可以展开为式（6）：

$$\frac{dQ}{dq_i} = \frac{d\left(q_i + \sum_{j \neq i} q_j\right)}{dq_i} = \frac{dq_i}{dq_i} + \frac{d\sum_{j \neq i} q_j}{dq_i} \tag{6}$$

令 $\lambda = \dfrac{d\sum_{j \neq i} q_j}{dq_i}$，则式（6）可写为：

$$\frac{dQ}{dq_i} = 1 + \lambda \tag{7}$$

---

① 边际成本反映了企业的生产效率。将行业内所有企业的边际成本都设为同一常数，即是假设行业内所有企业的生产效率相等。这一假设简化了分析，但同时也使得我们的模型无法分析行业内企业之间的效率差异给行业绩效带来的影响。

式（7）中，当 λ 表示企业 i 改变产量时，企业 i 关于所有竞争对手对企业 i 产量变化的反应的推测，故 λ 称为推测变差（Conjectural Variation）。这样，式（7）可解释为，企业 i 产量变化 1 单位所引起的行业总产量变化可分解为该企业自身的产量变化和所有竞争对手的反应。

为描述行业垄断程度，下面引入推测弹性的概念。

设企业 j 的产量 q_j 对企业 i 的产量 q_i 变化的反应的敏感程度为 β，则 β 为：

$$\beta = \frac{d\ln q_j}{d\ln q_i} = \frac{dq_j}{dq_i} \frac{q_i}{q_j} \tag{8}$$

β 称为推测弹性，也可称为串谋度，$\beta \in [0, 1]$。β 实际上表示行业内企业之间的串谋程度，即垄断程度。这是因为，串谋是一种追求行业整体利润最大化的合作博弈行为，其实施手段为企业之间就产量分配达成有约束力的协议。这样，串谋将强制各企业维持既定的市场份额。β 取值表示串谋的程度：$\beta = 1$ 表示完全串谋，即企业 i 的产量变化率将导致企业 j 的完全相同的产量变化率，从而各企业市场份额维持不变。在完全串谋下，市场均衡为完全垄断均衡。$\beta = 0$ 表示完全无串谋。此时行业内企业之间进行的是追求个体利润最大化的非合作博弈。若该行业为寡头市场结构，则市场均衡为古诺—纳什均衡（Cournot-Nash Equilibrium）。当 $0<\beta<1$ 时，则表示串谋程度介于古诺—纳什均衡与完全垄断均衡之间。

引入推测弹性 β 之后，则推测变差 λ 可表示为：

$$\lambda = \frac{d\sum_{j \neq i} q_j}{dq_i} = \frac{\beta \sum_{j \neq i} q_j}{q_i} = \frac{\beta \sum_{j \neq i} q_j/Q}{q_i/Q} = \beta \frac{1-s_i}{s_i} \tag{9}$$

式（9）中，s_i 为企业 i 的市场份额 q_i/Q。

企业 i 的利润率 m_i 为：

$$m_i = \frac{P-AC_i}{P} = \frac{P-MC_i}{P} \tag{10}$$

式（10）中，AC_i 和 MC_i 分别为企业 i 的平均成本和边际成本。在如式（1）所示成本函数假设之下，$AC_i = MC_i = c$。式（10）表示，在我们所假设的成本函数之下，企业的利润率实质上就是表示垄断势力的勒纳指数（Lerner Index），其取值越大，表示企业垄断势力越强。

将利润最大化的一阶条件式（5）代入式（10），即得企业 i 利润最大化的利润率为：

$$m_i = -\frac{q_i}{P} \frac{dP}{dQ} \frac{dQ}{dq_i} = -\frac{q_i}{P} \frac{dP}{dQ} \frac{dQ}{dq_i} \frac{Q}{Q} = \frac{q_i}{Q} \frac{1}{\varepsilon} \frac{dQ}{dq_i} = \frac{s_i}{\varepsilon}(1+\lambda) \tag{11}$$

将式（9）代入式（11），得：

$$m_i = \frac{s_i}{\varepsilon}\left(1+\beta\frac{1-s_i}{s_i}\right) = \beta\frac{1}{\varepsilon}+(1-\beta)\frac{s_i}{\varepsilon} \tag{12}$$

将行业盈利能力用行业内所有企业的加权平均利润率 M 表示，权数为企业的市场份额 s_i，则得到：

$$M = \sum_{i=1}^{n} s_i m_i = \sum_{i=1}^{n}\left(s_i\frac{\beta}{\varepsilon} + \frac{1-\beta}{\varepsilon}s_i^2\right) = \frac{\beta}{\varepsilon} + \frac{1-\beta}{\varepsilon}\sum_{i=1}^{n} s_i^2 \tag{13}$$

式（13）中，$\sum_{i=1}^{n} s_i^2$ 表示市场集中度的赫芬达尔—赫希曼指数（Herfindahl–Hirschman Index, HHI），用 H 表示。故式（13）可表示为：

$$M = \beta\frac{1}{\varepsilon} + (1-\beta)\frac{H}{\varepsilon} \tag{14}$$

由式（14）可推出：

$$\frac{\partial M}{\partial H} = \frac{1-\beta}{\varepsilon} \geq 0 \tag{15}$$

$$\frac{\partial M}{\partial \beta} = \frac{1-H}{\varepsilon} \geq 0 \tag{16}$$

$$\frac{\partial M}{\partial \varepsilon} = -\frac{\beta+(1-\beta)H}{\varepsilon^2} < 0 \tag{17}$$

式（14）至式（17）表示，行业盈利能力要受市场集中度、串谋度和需求弹性的影响，且行业盈利能力与市场集中度正相关，与串谋度正相关，与需求的价格弹性负相关。

2. 结论

以上数理模型从理论上论证了哈佛学派 SCP 范式观点并不完全正确。SCP 范式认为，市场集中度决定企业行为，进而决定市场绩效。根据该逻辑，市场绩效完全由市场集中度决定。因此，哈佛学派认为超额利润是由过高的市场集中度导致的，并将市场集中度与垄断程度等同起来，进而利用市场集中度来判断垄断程度。

然而，我们的推导结果式（14）至式（17）并不完全支持哈佛学派的观点。这些推导结果表明：市场集中度与垄断程度并不等同，即较高的市场集中度并不必然导致较强的垄断势力。这是因为，行业盈利能力的影响因素并不仅限于市场集中度，还包括串谋度和需求弹性。因此，在串谋度降低的情况下，市场集中度提高并不必然导致超额利润增加，从而并不必然损害消费者福利并缩减总的社会福利，即并不必然偏离帕累托效应状态。从根本上说，垄断程度是由进入壁垒而非市场集中度决定的。即使市场集中度较高，只要进入壁垒较低（即串谋度较低），则行业的垄断势力也不会较强。这是由

于，行业进入壁垒较低，意味着要素可以无障碍进退该行业，从而潜在竞争压力增大了在位企业的串谋难度，这样，即使市场较为集中，在位企业的超额利润也不可能长期维持。总之，不能将市场集中度与垄断程度完全等同起来。我们的这一观点，与芝加哥学派和可竞争市场理论的主张是一致的。

（二）纵向产业组织重构与绩效提升

1. 理论论证

纵向产业组织重构是指产业链垂直分工深化和网络化的趋势。所以说，纵向产业组织重构的结果是形成行业内的企业间网络组织。

企业间网络组织从其本质上来说属于合作组织的范畴，所以该组织的效率的根本来源在于成员企业之间的协调与合作。因此，本文认为可用企业间网络组织所创造的联合剩余（或称合作收益或组织租金）来衡量该组织的效率。企业间网络组织的联合剩余就是该组织相对于非合作博弈的纯粹市场关系所创造的额外剩余。具体地说，该联合剩余是相对于纯粹市场关系而言，企业间网络组织所创造的额外收益减去该组织的协调成本。企业间网络组织能够降低市场交易费用、增强创新能力和可持续竞争力（杨瑞龙、杨其静，2005），由此创造出相对于纯粹市场关系的额外收益。本部分所探讨的协调与合作提升企业间网络组织效率的机理，也就是指协调与合作创造上述额外收益的机制。

企业间网络组织的高效率，很大程度上来源于协调与合作对市场交易成本的节约。企业间网络组织内部成员企业之间的交易具有长期稳定性，形成重复博弈环境，故此可以节约事前市场交易成本以及事后市场交易成本。对此具体分析如下：

首先，交易对象相对固定，可以节省搜寻交易对象成本、谈判签订契约的成本等事前交易成本。企业间网络组织内部的交易主要是指核心企业与协作配套企业的交易。核心企业利用严格的合格供方评审程序确定合格供方后，一般会与合格供方之间维持长期的交易关系。这种长期交易关系会形成关于质量认定、定价、干扰应对、违约处置或争议解决等一系列以惯例为表现形式的非正式规则。非正式规则作为正式规则即正式契约文本的补充，极大地节省了双方的谈判签约成本这一事前市场交易成本。

其次，交易的重复进行可以缓解信息的不对称问题。在企业间网络组织内，核心企业与协作配套企业的重复交往可以促进相互之间的了解，特别地，可以使核心企业深入了解协作配套企业的资质、能力、信誉等信息。这样，就可以在很大程度上缓解事前信息不对称导致的逆向选择问题和事后信息不对称导致的道德风险问题，从而分别降低事前市场交易成本和事后市场交易成本。

最后，交易的重复进行形成重复博弈环境，从而可以通过引入惩罚策略建立信任机制。例如，成员企业针对交易对象的背离合作的机会主义行为可以采取"针锋相对"（tit-for-tat）策略或"冷酷"（Grim）策略。这些惩罚机制的引入，会给交易各方的机会主义行为带来高昂的长期收益损失的代价，从而可以抑制机会主义行为、促进合作。重复博弈环境中的惩罚策略可以增进交易各方相互之间的计算性信任（Calculus-based Trust，属于理性信任），再加上企业间网络组织嵌入于社会网络之中，交易各方之间易于培养基于情感的感性信任，这使得企业间网络组织内部的信任机制得以建立。信任机制的建立和运行，使得合作契约的履行在很大程度上可以不依赖于法庭或仲裁等第三方的治理而得以自我实施，这就有效降低了契约执行的监督成本和争议解决成本。根据以上分析，信任机制可以在企业间网络组织内部降低机会主义行为所引致的事后市场交易成本。

总之，由于企业间网络组织内部交易的长期稳定性以及由此而产生的包括信任机制在内的一系列协调机制的建立和运行，缓解了市场协调失灵的问题，降低了事前市场交易成本和事后市场交易成本，从而提升了企业间网络组织的效率。

2. 信息技术创新与纵向产业组织重构

信息技术创新是科技创新极其重要的一个方面。近年来，以互联网技术为代表的信息技术的迅猛发展，标志着"互联网+"时代的到来，导致全球正出现信息化和工业化深度融合的趋势，这尤其体现在"互联网+"先进制造的出现和发展上。"互联网+"先进制造通过众包设计、云制造等新型制造模式，对传统产业的产业组织结构产生了深刻影响，使得产业链纵向治理结构向着垂直分工深化和网络化方向演变。这种演变导致各国、各地区产业之间的竞争已不再是企业与企业之间的竞争，而转变为产业链与产业链之间的竞争。在此背景下，我国实施制造强国战略的行动纲领《中国制造2025》特别指出，应深入推进制造业结构调整，"引导大企业与中小企业通过专业分工、服务外包、订单生产等多种方式，建立协同创新、合作共赢的协作关系"。

基于上述认识，我们认为，在当前时代背景下，信息技术创新对白酒产业的转型升级，具有极其重要的作用。因而，本文将对信息技术创新对白酒产业转型升级的作用机理进行研究。

我们认为，信息技术创新对白酒产业转型升级的作用，主要是通过促进白酒产业经济组织形态的变化这一渠道来实现的。具体说，首先，信息技术中的互联网技术降低了市场交易费用，使得白酒产业出现纵向产业组织重构趋势，进而提升白酒产业链

整体绩效。其次，信息技术中的智能制造技术，提升了白酒产业的生产效率，并降低了生产设备的专用性程度。生产设备专用性程度的降低，也会导致市场交易费用降低，从而进一步导致白酒产业纵向产业组织的重构趋势，提升产业链整体绩效。

概言之，信息技术创新促进白酒产业转型升级，其中的传导机制是，信息技术首先促进了市场交易费用的下降，从而导致白酒纵向产业组织重构，进而提升了白酒产业链的整体绩效。下面对这一传导机制进行详细阐述。

（1）信息技术导致白酒纵向产业组织重构。信息技术创新降低了市场交易费用，使得纵向一体化企业对市场交易费用的节约效应趋于弱化，进而促使白酒产业链出现纵向非一体化和垂直分工深化的趋势，即导致白酒产业链纵向产业组织结构的重构。

信息技术创新通过两种传导机制来降低市场交易成本：第一种机制是降低事前市场交易成本。信息技术创新使沟通更加便捷高效，从而可以降低寻找交易对象、谈判及拟定契约等签订契约之前的事前市场交易成本。第二种机制是降低事后市场交易成本。这包括两个方面：首先，信息技术创新催生了计算机辅助设计技术和柔性制造技术，这些设计和制造环节的技术以其通用性和灵活性降低了投资的专用性程度。其次，信息技术创新扩大了交易对象的可选择范围，这事实上提高了交易对象的可替代程度。信息技术以上两方面的作用缓解了由资产专用性导致的"敲竹杠"问题，从而降低了事后的讨价还价成本即事后的市场交易成本。

信息技术导致纵向产业组织重构，得到了一些经验研究的支持。一些学者的经验研究发现，信息技术的运用与企业纵向边界之间存在负相关性。例如，Brynjolfsson 等（1994）利用 1976~1989 年美国 6 个行业的行业层面数据的研究发现，信息技术投资导致企业平均规模趋于减小；Hitt（1999）利用企业层面数据的研究发现，信息技术投资与企业纵向边界之间呈负相关关系。在国内学者的研究方面，孙晓华和王昀（2011）认为，根据现有多数研究，信息技术的应用导致企业之间的专业化生产，从而使企业纵向边界缩小。

（2）白酒纵向产业组织的重构，有利于提升白酒产业链整体绩效。信息技术创新促进了企业纵向边界的缩小，使企业出现"归核化"趋势。这重构了白酒产业链的纵向组织结构，并有利于提升白酒产业链整体绩效。这是因为，一方面，白酒产业链上的核心大型企业可以集中优势资源，专注于核心能力的培养，从而提高竞争力；另一方面，白酒产业链各环节的生产或服务越来越倾向于由独立的专业化企业来提供，这就可以汇聚市场需求，并充分利用规模经济效应，从而提升生产效率，降低成本。总之，通过以上两方面的作用，信息技术创新促进了白酒产业的转型升级。

上述理论分析对白酒产业纵向产业组织重构实践的启示是，白酒产业应顺应信息技术创新以及制度创新（如市场经济体制和法制的发展完善）的大趋势，积极主动地进行纵向产业组织结构的重构。

实际上，我国白酒产业在纵向产业组织结构上所呈现的集群化发展态势，如"中国白酒金三角"产业集群，正属于白酒产业纵向产业组织结构重构的范畴。白酒产业集群是白酒产业链上纵向各环节的企业在地理上的集聚以及各环节企业之间密切合作的现象。这些环节包括原材料及辅助材料的生产、酒类生产机械及工具的生产、酒类包装、酒类产品设计及酿造、物流、销售渠道等。

白酒产业集群内产业链上处于纵向各环节的企业之间的关系属于企业网络组织的范畴。该关系既非纯粹的市场关系，又非一体化科层组织的内部关系，而是兼具了二者的部分特点。在该产业集群的企业网络组织中，核心酿造企业（如"中国白酒金三角"内的五粮液、茅台、泸州老窖等）应专注于自己的核心能力，将价值链上的非核心环节分离出去，与上游供应商、下游物流服务商、渠道商等配套协作企业之间结成紧密合作关系。这样，非核心环节由独立企业承担后，可以发挥规模经济效应，提高效率。同时，核心酿造企业凭借其强大的核心能力，使自己的权威力量跨越企业边界而涉足企业网络组织内。这些现象都是不同于纯粹市场关系之处。例如，核心企业对原材料供应商的技术指导、质量监控就是上述权威力量的跨越现象。核心企业与配套企业之间的这种关系，一方面节约了市场交易费用，另一方面节约了一体化组织内部的协调和激励成本，从而有利于白酒产业链整体绩效的提升，进而有利于促进白酒产业的转型升级。

信息技术创新促进白酒产业转型升级，得到了一些经验证据的支持，这里给出泸州白酒产业园区的案例。

信息技术的突飞猛进，促使泸州白酒产业链纵向各环节之间的沟通更加便捷高效，从而使得泸州白酒产业链纵向各环节更多地交由独立企业来承担，然后各环节通过市场交易关系而相互联结。在泸州白酒产业园区，入园企业已达126家，涵盖从高粱种植、基酒酿造、基酒存储，再到灌装生产、包材供应与物流配送等各个环节，使得泸州白酒产业园区发展成为集结白酒上下游关联产业融合发展的综合配套特色产业园区，从而实现了规模化、集约化发展。

借助于信息技术创新，泸州白酒产业园区积极推行"互联网+"项目，以对白酒的传统生产和交易技术进行改造。园区于2012年建成中国白酒产品交易中心，交易中心内实时滚动显示着基础酒、曲药、包材、原粮等与白酒相关的产品挂牌交易详情；商

品名称、挂牌价格、挂牌数量、有效期等。该交易中心已发展成为国内白酒产业上下游产品电子交易的大型综合网上门户。通过线上整合白酒生产上下游的相关资源，不仅极大地降低了企业购销成本，也明显增加了交易机会。除了涉足 B2B 领域，该交易中心目前也已着手布局 B2C 领域。2015 年，该交易中心推出国内首个散酒网上商城正式上线运行，主要销售由厂家直供的散酒、酒类包材、酒具、下酒菜等酒类相关产品，填补了国内散酒电商平台的空白。特别值得一提的是，该电商平台可以实现消费者的个性化定制，这顺应了"互联网+"时代的消费发展潮流。

由于积极借助于信息技术创新推进产业转型升级，尽管受到外部经济环境的不利影响，泸州酒业集群化发展仍取得不错业绩：2015 年，泸州白酒产业园区全年实现产值和服务性收入 360.3 亿元，增长 20.1%；规模以上工业增加值为 65.2 亿元，增长 20.2%；入库税收 7.1 亿元，增长 20.1%；企业利润为 18.1 亿元，增长 20.2%。此外，泸州白酒产业园区还带动了泸州整个白酒产业的发展。2015 年，泸州白酒产业实现逆势增长 15%，销量约占全国的 12%，占四川省的 44%。

3. 纵向产业组织重构的具体形式

纵向产业组织重构的具体形式，即企业间网络组织的各种形态。企业间网络组织是在特征上介于市场和一体化科层组织之间的、兼具市场和一体化科层组织二者部分特征的、对交易进行治理的经济组织或称治理结构，所以又称中间性组织或混合组织。企业间网络组织的协调机制既包含市场的价格机制，又包含一体化科层组织内部的命令机制或计划机制。相对于市场而言，企业间网络组织具有更强的协调能力，从而可以节约市场交易费用、促进合作；相对于一体化科层组织而言，企业间网络组织的成员企业面临着来自于市场的更强的激励作用，从而可以节约一体化科层组织内部的官僚主义的组织成本。

企业间网络组织包括企业集群、战略联盟、分包制或外包制、企业集团、虚拟企业和特许经营等几种组织形态（杨蕙馨、冯文娜，2008；刘东，2003）。考虑到我国白酒行业的实际情况，比较适宜我国白酒行业采用的企业间网络组织形态主要包括以下几种：

（1）企业集群（Enterprise Clusters）。企业集群亦称产业集群，是相互关联的企业和其他机构的集聚现象，是依据专业化分工和协作原则而建立在地理空间上高度集中的产业组织形式。企业集群形成的动因在于：第一，企业集群可以发挥区域禀赋优势和内生比较优势。区域禀赋优势，如接近原材料和能源产地，可以成为企业降低成本、提高竞争力的来源。在日益激烈的现代竞争中，仅仅依靠传统的外生的区域禀赋优势是不够的。企业集群提升竞争力的更重要来源是由专业化分工与协作导致的内生比较优势。第二，企业集群有利于协调与合作，从而提高效率。企业集群中的企业嵌入于当地的社会网络，根植于当地的社会关系之中，有利于声誉和信任的建立，从而降低市场交易成本并促进合作。第三，企业集群有利于创新和动态竞争能力的加强。地理位置的接近和企业之间的频繁交流有利于知识和创新的外溢效应的发挥。

（2）战略联盟（Strategic Alliance）。战略联盟是由两个或两个以上通常具有对等实力的相关企业之间出于战略发展的考虑，通过合资或契约而形成的在生产制造、营销渠道或开发项目等方面开展合作的比较松散的组织制度安排。自20世纪70年代以来，在通信设备、汽车制造、制药和航天等行业，战略联盟的数量急剧扩张。战略联盟既可以由从事类似活动的企业结成，也可以由从事互补性活动的企业结成。从产权角度来看，战略联盟可分成契约式、股权参与和合资等几种类型。契约式战略联盟不是由资本纽带维系，而是由企业之间通过签订合作契约的方式形成。这种战略联盟可以使合作企业拥有较多的自主性和灵活性。股权参与式战略联盟是指合作企业之间通过交叉持有少量股份以维系和保障企业之间的合作。交叉持股实质上是提供了一种可以置信的合作承诺。合资式战略联盟是指由合作企业共同设立独立企业以开展合作。

（3）分包制（Sub-contracting）与外包制（Outsourcing）。分包制（又称下包制）与外包制这两个概念经常混用，本文也不对这两个概念做出区分，所以在此一并介绍。分包制与外包制通常是指，企业承揽工程项目后，将该项目分解为几个部分，通过招标竞价等方式将这几个部分发包给其他企业。分包制与外包制常见于组装企业与零部件企业之间建立的长期交易关系。分包制与外包制有利于发包企业将价值链上的非核心的不具成本优势的低附加值环节（通常是加工制造环节）剥离出去，从而将自身资源集聚于高附加值环节，专注于核心能力的培养。

（4）企业集团（Enterprise Group）。企业集团是一种企业联合体，由母公司、子公司以及关联企业通过资本纽带或非资本纽带而形成。企业集团的成员企业可以是独立的法人。企业集团成员企业因与母公司关系的密切程度而形成核心层、紧密层和松散层。核心层由母子公司通过控股关系而构成；紧密层由参股企业构成；松散层由分包企业、分销商和一部分参股企业构成。企业集团内部的协调机制的特点是，从松散层到紧密层，再到核心层，权威的命令机制和计划机制的作用逐渐增强，而市场的价格机制的作用则逐渐减弱。因此，企业集团是介于市场和一体化科层组织之间的组织形态。

（5）虚拟企业（Virtual Enterprise）。虚拟企业是指在信息技术的支持下，由具有

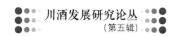

不同核心能力或优势资源的相互独立的企业为响应市场机遇而形成的动态联盟。虚拟企业的主要特点是：第一，虚拟企业具有较强的动态性和灵活性，其构建以实现特定产品或服务的提供为目标，且其成员的组成可以随着目标的改变而改变。第二，虚拟企业的成员企业专注于核心能力的培养，其资源高度集中于核心业务。因而，为提供最终的产品或服务，需要成员企业之间的密切合作。

（6）供应链整合（Supply Chain Integration）。供应链是在 20 世纪 80 年代后期全球经济一体化的背景下，为克服传统企业管理模式的弊端而形成的概念。供应链概念来源于波特（Michael E. Porter）提出的价值链（Value Chain）思想。波特认为，价值链是企业在设计、生产、营销和交货等过程中以及对产品起辅助作用的过程中所进行的许多相互分离的活动的集合（波特，2001）。供应链继承了价值链的思想，并在外延上做出了扩展，即认为最终产品或服务的价值不仅来自于企业内部创造价值的基本活动和辅助活动的各个片段或环节，还来自于创造价值的各级供应商。也就是说，供应链是指原材料供应商、零部件供应商、生产商、运输商、分销商和零售商等一系列具有投入产出关系的企业所组成的价值增值网链。

四、白酒行业产业组织重构对策建议

（一）横向产业组织重构对策

1. 白酒行业横向产业组织结构优化的目标和判定标准

白酒行业产业组织结构优化的目标和判定标准应在于改善行业市场绩效，而不在于盲目反对"垄断"的市场结构，即过高的市场集中度。从经济学的视角看，良好的行业市场绩效并不是指较强的行业盈利能力，而是指较高的生产效率和资源配置效率。这是因为，较强的行业盈利能力，从长期看，是指由垄断势力而非高效率带来的赚取超额利润的能力。在长期，高效率带来的较高利润率将会由于竞争对手对高效率管理和技术的模仿以及新企业的加入而趋于消失。这样，长期存在的较强的行业盈利能力必然是由高进入壁垒所导致的垄断势力所带来的。因此，一般来说，较强的行业盈利能力是为经济学所反对的。白酒行业产业组织结构优化所追求的行业市场绩效目标，不应是以超额利润衡量的较强盈利能力，而应是较高生产效率和资源配置效率。

2. 白酒行业横向产业组织结构优化的手段

白酒行业横向产业组织结构的优化，应以市场结构的适度集中化为手段。白酒行业横向产业组织结构优化的目的在于改善行业市场绩效，且优化程度是以行业市场绩效来衡量的。白酒行业市场结构适度集中，有助于生产效率的提升，从而促进横向产业组织结构的优化。这是因为，一方面，市场结构适度集中有助于规模经济效应的发挥，从而提升行业市场绩效；另一方面，市场结构适度集中一般是由优胜劣汰的竞争所导致的，从而市场结构适度集中会提升行业市场绩效。具体来说，企业之间的竞争会导致市场份额向生产效率较高的企业集中，这提升了行业整体绩效。以上观点具体阐述如下：

（1）市场结构适度集中有助于规模经济效应的发挥，从而提升行业市场绩效。

适度提高白酒行业市场集中度，有利于规模经济效应的发挥和利用，并进而提升行业的整体效率。同时，适度提高市场集中度，并不必然导致垄断势力的增强。因此，适度提高市场集中度，有助于行业绩效的提升。

（2）市场结构适度集中一般是由优胜劣汰的竞争所导致的，从而市场结构适度集中会提升行业市场绩效。

白酒行业内企业之间以生产率差异为基础的竞争，会导致市场份额向生产率高的企业（一般是大企业）集中，进而提高市场集中度。市场份额向高生产率企业集中，会使得行业整体绩效提升，所以，这个集中是行业内资源跨企业优化配置的过程，即产业组织结构优化的过程。

很多经验研究揭示出市场结构与市场绩效之间存在统计关系，学者对该统计关系的解释存在效率观和合谋观的分歧（Waldman & Jensen, 2007）。效率观认为，市场结构与市场绩效之间并不存在直接的因果关系，二者存在统计关系的原因在于，二者是同时由企业的效率决定的。有效率的企业可以取得较大的市场份额，这不仅会提高行业的市场集中度，还会提高以加权平均数（权数为企业规模）表示的行业利润率（Hay & Morris, 1991）。

效率观得到了一些经验研究的支持，这些研究包括我国学者的研究。简泽（2011）通过对制造业的经验研究发现，企业间的生产率差异导致了产业重组和经济资源跨企业的再配置：一方面，生产率低的企业逐步退出市场，新企业不断进入市场；另一方面，高生产率企业不断扩大市场份额，而低生产率企业则不断缩减市场份额。简泽的进一步研究发现，产业总量生产率增长的主要原因正是在于跨企业资源配置效率的改善。此外，简泽的研究还发现，企业的全要素生产率（TFP）会受到企业行为选择的

显著影响，具体来说，企业规模和劳动要素质量对生产率产生正向影响，出口、产品创新和市场开拓对企业生产率有显著促进作用（简泽，2011）。

（二）纵向产业组织重构对策

我国白酒产业在纵向产业组织结构上呈现出集群化发展的态势，如"中国白酒金三角"产业集群。白酒产业集群是白酒产业链上纵向各环节的企业在地理上的集聚以及各环节企业之间密切合作的现象。这些环节包括原材料及辅助材料的生产、酒类生产机械及工具的生产、酒类包装、酒类产品设计及酿造、物流、销售渠道等。

产业集群主要具有四方面效应，这也是产业集群形成的动因：一是规模经济效应。产业集群中的企业基本包括核心企业和协作配套企业两类。这些企业实行高度分工协作，专注于酒类产业链上自己具有核心优势的环节，从而有利于实现规模经济、大幅提高生产率。二是节约交易成本。产业集群不仅在地理上拉近了产业链纵向上各环节的企业之间的距离，更重要的是，可以使各环节企业之间建立紧密的合作关系，从而降低交易成本。比如，核心酿造企业应专注于自己核心能力的培育，将一些不具优势的环节采取分包等方式分离出去。分离后，核心企业与原材料供应商、工具及机械生产供应商、包装供应商、物流服务供应商之间建立比较固定的协作关系，这有利于建立信任机制，从而降低交易成本。三是学习与创新效应。集群可有效促进知识和创新在集群内的扩散，不仅包括核心企业的创新外溢到整个集群，也包括配套协作企业之间的创新外溢。四是品牌与广告效应。集群有利于建立区域品牌，使集群内所有企业受益。

产业集群属于一种中间组织，即介于市场和一体化企业之间的一种组织形态。中间组织又可称作企业网络组织。这种组织表现为对完整产业链的更为合理的分割和整合，也表现为产业链上下游企业之间的紧密合作关系。市场依靠价格机制配置资源，科层组织依靠权威的命令或计划配置资源，而企业网络组织是依靠企业之间的合作机制、信任机制来配置资源。

一些学者较早研究了企业网络组织现象。G. B. Richardson（1972）扬弃了把企业看作是市场关系海洋中的有计划协调的岛屿的观点，认为更接近现实的企业之间的关系是一种把企业联系在一起的合作和隶属网络。Williamson（1985）在研究合同关系的治理时，将各种交易划分为三种类型：市场交易、一体化科层组织内部交易及二者之间的中间地带——兼有二者特点的交易（特许经营权、合资企业及其他非标准化的合同）。Williamson 曾经认为，中间地带的交易很难组织，是不稳定的。但他后来同意，中间地带的交易才是更普遍的形式，走极端的情况非常罕见。他认为，更多地关注中间序列的交易，有助于加深对复杂经济组织的理解。

白酒产业集群内产业链上处于纵向各环节的企业之间的关系属于前述企业网络组织的范畴。该关系既非纯粹的市场关系，又非一体化科层组织的内部关系，而是兼具了二者的部分特点。在该产业集群的企业网络组织中，核心酿造企业（如"中国白酒金三角"内的五粮液、茅台、泸州老窖等）应专注于自己的核心能力，将价值链上的非核心环节分离出去，与上游供应商、下游物流服务商、渠道商等配套协作企业之间结成紧密合作关系。这样，非核心环节由独立企业承担后，可以发挥规模经济效应，提高效率。同时，核心酿造企业凭借其强大的核心能力，使自己的权威力量跨越企业边界而涉足企业网络组织内。这些现象都是不同于纯粹市场关系之处。例如，核心企业对原材料供应商的技术指导、质量监控就是上述权威力量的跨越现象。核心企业与配套企业之间的这种关系，一方面节约了市场交易费用，另一方面节约了一体化组织内部的协调和激励成本。这种关系也顺应了当今产业组织的垂直解体和网络化的大趋势。

一些学者对我国白酒产业集群这种纵向产业组织结构进行了研究，如交易成本经济学的代表人物 Williamson 曾对"中国白酒金三角"的构想进行了评论。他认为，中国的工业发展在采用新的理念和科学的管理模式，比如泸州酒业集中发展区，就是一种工业发展新模式。园区以白酒生产加工为枢纽，连接上下游产品配套产业，吸纳了包材、物流等企业入驻园区，这种产业集群发展模式通过园区把白酒产业链上的有关环节整合起来，形成一种契约式的发展关系，最大限度地降低了企业发展风险。

目前，我国白酒产业的纵向产业组织结构存在的问题是，第一，白酒产业集群内，核心企业的带动力不足。这表现为核心企业的关联企业偏少偏弱且关联的紧密程度不够，还表现为对核心企业而言，尚未形成与之相配套的比较完善的研发、酿造、印刷、包装、物流、营销等专业化分工体系。第二，白酒产业集群内的中小企业生存困难。由于集群内专业化分工协作程度较低，中小企业发展定位不准，追求"小而全"，竞争激烈，实力不足。

鉴于以上问题，我国白酒产业应顺应当前制度基础设施和技术经济基础设施不断发展完善从而使得市场交易成本不断降低的大趋势，进行纵向产业组织结构的优化。具体来说，大型核心白酒酿造企业应"归核化"，聚焦核心能力的培养，重视专业化分工协作体系的构建；中小协作配套企业及其他社会服务机构应注重专用性投资的投入，提升中间产品及生产性服务的质量，扩大合作收益，从而提升产业链整体效率。当然，

这需要产业链纵向治理机制的优化设计，以确保合作收益的合理分配、调动产业链上游供应商的积极性。

参考文献

［1］ Waldman D. E. , E. J. Jensen. Industrial Organization：Theory and Practice ［M］. Pearson Education, Inc. , 2007.

［2］ Hay D. A. , D. J. Morris. Industrial Economics and Organization：Theory and Evidence ［M］. Oxford：Oxford University Press, 1991.

［3］ Bain J. S. . Relation of Profit Rate to Industry Concentration：American Manufacturing, 1936-1940 ［J］. Quarterly Journal of Economics, 1951（65）：293-324.

［4］ Demsetz H. . Industry Structure, Market Rivalry, and Public Policy ［J］. Journal of Law & Economics, 1973（16）：1-10.

［5］ Baumol W. J. Contestable Markets：An Uprising in the Theory of Industry Structure ［J］. American Economic Review, 1982（72）：1-15.

［6］ Williamson O. E. . The Economic Institutions of Capitalism ［M］. New York：The Free Press, 1985.

［7］ Williamson O. E. . Comparative Economic Organization：The Analysis of Discrete Structural Alternatives ［J］. Administrative Science Quarterly, 1991, 36（2）：269-296.

［8］ Grossman S. J. , O. D. Hart. The Costs and Benefits of Ownership：A Theory of Vertical and Lateral Integration ［J］. The Journal of Political Economy, 1986, 94（4）：691-719.

［9］ Hart O. , J. Moore. Property Rights and the Nature of the Firm ［J］. The Journal of Political Economy, 1990, 98（6）：1119-1158.

［10］ Bowles S. . Microeconomics：Behavior, Institutions, and Evolution ［M］. Princeton：Princeton University Press, 2004.

［11］ 李琳 . 转型升级酒更香——泸州白酒产业园区初探 ［N］. 中国信息报, 2016-07-11.

［12］ Klein B. , R. G. Crawford, A. Alchian. Vertical Integration, Appropriable Rents and the Competitive Contracting Process ［J］. Journal of Law and Economics, 1978, 21（2）：297-326.

［13］ Brynjolfsson E. , Malone T. W. , Gurbaxani V. , Kambil A. Does Information Technology Lead to Smaller Firms ［J］. Management Science, 1994, 40（12）：1628-1644.

［14］ Hitt L. M. . Information Technology and Firm Boundaries：Evidence from Panel Data ［J］. Information Systems Research, 1999, 10（2）：134-149.

［15］ 简泽 . 企业间的生产率差异、资源再配置与制造业部门的生产率[J]. 管理世界, 2011（5）.

［16］ ［美］科斯 . 论生产的制度结构[M]. 上海：上海三联书店, 1994.

［17］ 李晓华 . 产业组织的垂直解体与网络化[J]. 中国工业经济, 2005（7）：28-35.

［18］ ［日］青木昌彦, 奥野正宽 . 经济体制的比较制度分析[M]. 魏加宁等译 . 北京：中国发展

出版社，2005.

[19] 包群，赖明勇. 中国外商直接投资与技术进步的实证研究[J]. 经济评论，2002（6）：63-71.

[20] 于洪霞，龚六堂，陈玉宇. 出口固定成本融资约束与企业出口行为[J]. 经济研究，2011（4）：55-67.

[21] 陈志广. 是垄断还是效率——基于中国制造业的实证研究[J]. 管理世界，2004（12）：60-67.

[22] 卢现祥. 新制度经济学[M]. 武汉：武汉大学出版社，2004.

[23] [美] 迪屈奇. 交易成本经济学[M]. 王铁生译. 北京：经济科学出版社，1999.

[24] 孙晓华，王昀. 技术进步与企业纵向边界——来自中国工业企业的经验证据[J]. 科学学与科学技术管理，2011（6）：128-132.

[25] 斯蒂格勒. 产业组织和政府管制 [M]. 上海：上海三联书店，1996.

[26] 杨瑞龙，杨其静. 企业理论：现代观点[M]. 北京：中国人民大学出版社，2005.

[27] 杨蕙馨，冯文娜. 中间性组织研究——对中间性组织成长与运行的分析[M]. 北京：经济科学出版社，2008：51-59.

[28] 刘东. 企业网络论[M]. 北京：中国人民大学出版社，2003：24-25.

[29] [美] 迈克尔·波特. 竞争优势[M]. 北京：华夏出版社，2001：33-60.

我国酒业上市公司资本结构的
影响因素实证研究[*]

凌泽华　杨晓宇

（四川理工学院管理学院，四川自贡　643000）

摘　要：本文以2010~2014年我国30家酒业上市公司为样本，采用面板数据回归模型对我国酒业上市公司资本结构的主要影响因素进行实证分析。研究结果表明：公司规模、盈利能力和资产担保价值与资本结构呈显著正相关，偿债能力和营运能力与资本结构呈显著负相关，而营业收入增长率和非债务税盾对于资本结构无显著影响。

关键词：酒业上市企业；资本结构；影响因素

一、前言

资本结构是现代公司财务管理研究的重点领域之一，主要研究公司资本结构中各组成成分的变化及其对于公司价值等的影响。资本结构的不同选择不仅对公司的资金成本有着重要影响，而且与公司的经营绩效、公司价值、财务风险和公司治理等密切相关。DeAngelo和Masulis（1980）的研究表明，不同行业的公司具有不同的边际负债资金成本、非债务税盾、融资能力和税率等，从而可知，不同行业的资本结构及其影

　＊ 基金项目：四川理工学院川酒发展研究中心项目"我国酒业上市公司综合竞争力研究"（CJZ16-04）与"川酒企业创新能力评估研究"（CJZB13-01）。

　作者简介：凌泽华（1976-），管理学博士，四川理工学院管理学院讲师，研究领域为企业管理、财务管理；杨晓宇（1968-），工业管理工程专业，四川理工学院管理学院副教授，研究领域为企业创新与发展。

响因素有所不同。众多的国内外实证研究也表明资本结构及其影响因素具有典型行业特性，因此研究我国酒业上市公司的资本结构及其影响因素，对于酒业公司优化资本结构、防范财务风险、最大化公司价值和形成良好的公司治理，都有着积极的理论和实践意义。

二、文献综述

20 世纪 70 年代，巴克特、卡格等创立资本结构决定因素学派并开始研究资本结构的影响因素，随后国内外学者对此展开了大量的理论和实证研究。

（1）国外研究方面。Titman 和 Wessels（1988）以 1974~1982 年美国 469 家公司为样本进行研究表明，公司规模、盈利能力和非债务税盾与资本结构呈显著负相关，公司成长性和资产担保价值与资本结构呈显著正相关。Harris 和 Raviv（1990）针对美国上司公司的研究表明，公司规模、成长性、资产担保价值和非负债税盾与资本结构呈显著正相关；广告消费支出、破产可能性、风险性与资本结构呈显著负相关。Saumitra N. Bhaduri（2007）以印度上市公司为样本进行资本结构影响因素的研究，结果表明公司规模、现金流、收入增长率、资产担保价值、非负债税盾等因素对资本结构均产生影响。Erdinc Karadeniz 等（2009）以土耳其上市公司为样本进行的研究表明，有形资产、盈利能力、成长能力、自由现金流量、非债务税盾等因素对于公司资本结构均产生显著影响。

（2）国内研究方面。赵冬青和朱武祥（2006）设定资本结构的三个假设研究，结果发现，股权融资与负债之间存在互补和替代效应，股权性质对资本结构和负债期限几乎无影响，而第一大股东持股比例与短期借款率和资产负债率之间呈显著负相关。肖泽忠和邹宏（2008）经研究发现，股权性质对总负债率无显著影响，公司规模、有形资产比率、获利能力和成长机会等因素对于公司财务杠杆发挥着重要作用。陈德萍和陈永圣（2010）以我国创业板 55 家公司为样本进行资本结构研究，研究表明盈利能力、资产担保价值和资本结构呈显著正相关；偿债能力、非债税盾和资本结构呈显著负相关。

综合以上文献与资本结构理论可知，资本结构影响因素的研究主要从宏观经济政策、行业特性和公司治理等层面展开，而在实证研究方面，公司资本结构的影响因素

主要包括公司规模、盈利能力、成长能力、资产流动性等。具体针对酒业上市公司而言，以上哪些具体因素会对其资本结构产生影响？影响的程度与方向如何？这些都值得进行深入而具体的研究。

三、理论与研究假设

资本结构是企业各种资本的价值构成与比例关系，是企业一定时期筹资组合的结果。企业一定时期的资本可以分为股权资本和债权资本，也可以分为短期资本和长期资本。资本结构深刻地影响着企业的偿债能力和融资能力，是企业财务状况的一项重要指标。资本结构在实证研究中通常采用负债的比例或负债对总资产的比例来表示。Modigliani 和 Miller 在 1958 年开创性地提出了资本结构的 MM 理论以后，众多学者通过逐渐放宽 MM 理论的假设条件和引入信息不对称理论，对资本结构进行了更加深入的研究，取得了一系列理论成果。

Jensen 和 Meckling（1976）认为外部股权融资会产生代理成本的问题，而引入债务融资会给对经理施加硬约束，规范经理利益侵占、王国建设的行为，减少代理成本。当公司存在违约风险时，债权人和股东之间也会产生利益冲突，造成债务融资的代理成本。

静态平衡理论考虑债务融资的税盾价值和财务危机成本对公司资本成本的影响。该理论认为公司的价值等于全股本融资的公司价值加上税盾的价值，然后减去财务危机成本。其中，税盾价值是债务比例的凹函数，而财务危机成本又与债务比例正相关，所以存在一个最优的债务比例使得公司价值达到最大化。

优序融资理论是 Myers 和 Majluf（1984）建立起来的，是逆向选择理论在公司金融中的应用之一。他们的关键假设是：第一，内部人与外部投资者之间关于公司的价值存在信息不对称；第二，股票发行决策以发行前股东的价值最大化为目标。该理论认为在外部投资者与内部人之间存在信息不对称的情形下，股市可能高估或低估公司的股票价值，而企业只有在股票价值被高估时才决定发行股票进行股权融资。因此，当投资者面临信息不对称的时候，公司发行股份融资的行为极有可能被视为该公司股票被高估的信号，从而导致股票价格下跌。以发行前股东的价值最大化为目标的假设，说明公司为投资项目融资的时候，可能不会考虑有损股东利益的股权融资，而转向成本相对较低的内部融资或债务融资。

这些理论从不同视角丰富和发展了资本结构理论，揭示了资本结构的影响因素及其与其他财务管理变量之间的内在关系。根据资本结构的权衡理论，企业规模越大，其越可能通过分散经营等手段抵抗市场风险，从而较之规模小的企业具有更强的负债能力；与此同时，企业规模越大，一般而言越具有更好的企业形象和信誉，越容易获得金融机构等债权人的信任，获得债权融资。据此本文提出以下研究假设：

假设 1：企业规模与资本结构呈正相关关系。

根据资本结构的权衡理论，企业的盈利能力越强，其承担债务的能力越强，也越可能充分利用负债的合法避税功能，从而具有较高的资产负债率。对于我国酒业上市公司而言，其产品较之于非上市酒业公司产品而言就具有更强的竞争力，更可能获得高额利润，而高额的利润能够有效支撑较高的资产负债率。据此本文提出以下研究假设：

假设 2：企业盈利能力与资本结构呈正相关关系。

企业拥有的存货和固定资产等有形资产越多，则显示其资产的担保价值越高。根据代理成本理论可知，当企业进行债权融资的时候，更多的有形资产则可以降低金融机构等债权人的债务代理成本的风险，从而更加容易获得债务融资。据此本文提出以下研究假设：

假设 3：企业资产担保价值与资本结构呈正相关关系。

根据信息传递理论可知企业偿债能力越强，越容易获得新的债务融资，导致资产负债率上升。然而根据我国酒业上市公司的债务结构分析可知，其短期债务占比较大，即流动负债占比较大，表现为短期偿债能力较强，从而导致资产负债率下降。另外，在资产流动性强和短期偿债能力高的情况下，考虑到债务融资的财务风险，酒业企业也具有降低资产负债率的积极性。据此本文提出以下研究假设：

假设 4：企业偿债能力与资本结构呈负相关关系。

企业的成长性对于贷款的需求较大，即成长性越强，资金需求量越大。根据代理成本理论可知，企业的成长性越强，导致资产的替代性越高，从而债务融资的需求越大。据此本文提出以下研究假设：

假设 5：企业成长性与资本结构呈正相关关系。

企业营运能力是指企业运用各项资产以赚取利润的能力，反映了企业对经济资源管理、运用的效率高低。企业运营能力越强，企业资金周转越快，流动性越高，企业的获利越多，则企业的资信能力越好，就越有实力借入更多的资金进行经营，从而产生更多的负债。据此本文提出如下研究假设：

假设 6：企业营运能力与资本结构呈正相关关系。

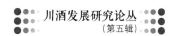

根据权衡理论，由于负债具有税盾作用，企业一般倾向于采用负债融资方式，与此同时，也需要考虑到负债可能带来的破产等财务风险。这样企业就会将具有同样税盾作用的折旧等作为负债的替代因素。因此，企业拥有较多的非债务税盾，则会适当降低负债比率。据此本文提出以下研究假设：

假设 7：企业的非债务税盾与资本结构呈负相关关系。

四、研究设计

（一）样本数据

本文选取 2010~2014 年我国 A 股 30 家上市酒业企业为研究样本，其中白酒企业 13 家，啤酒企业 8 家，葡萄酒企业 5 家，黄酒企业 2 家，保健酒 1 家，青稞酒企业 1 家，具体信息如表 1 所示。其中 ST 广夏 2010~2011 年处于停产状态，青青稞酒 2010 年才上市，由此缺失的部分数据采用移动平滑方法补齐。所以 2010~2014 年一共得到 30 家上市酒业公司 5 年的 150 个平衡面板数据样本。本文数据源于国泰安数据库与各酒业公司年报。数据处理由 Eviews 6.0 分析完成。

表 1　30 家样本酒业上市公司

名称	类别	名称	类别	名称	类别	名称	类别
泸州老窖	白酒	贵州茅台	白酒	兰州黄河	啤酒	通葡股份	葡萄酒
古井贡酒	白酒	老白干酒	白酒	啤酒花	啤酒	莫高股份	葡萄酒
酒鬼酒	白酒	沱牌舍得	白酒	重庆啤酒	啤酒	金枫酒业	黄酒
五粮液	白酒	水井坊	白酒	惠泉啤酒	啤酒	古越龙山	黄酒
皇台酒业	白酒	山西汾酒	白酒	青岛啤酒	啤酒	青青稞酒	青稞酒
伊力特	白酒	燕京啤酒	啤酒	张裕 A	葡萄酒	海南椰岛	保健酒
金种子酒	白酒	西藏发展	啤酒	中葡股份	葡萄酒		
洋河股份	白酒	珠江啤酒	啤酒	ST 广夏	葡萄酒		

（二）变量设计

1. 被解释变量

对于资本结构的衡量，目前学界主要采用了流动负债率、长期负债率和总资产负债率三种方式，本文结合我国酒业上市公司的实际情况，决定采用总资产负债率作为资本结构的衡量，即：总资产负债率＝总负债/总资产×100%。

2. 解释变量

基于相关理论与已有的研究文献，考虑到指标的可得性，本文选择以下指标作为资本结构影响因素的解释变量，具体如表2所示。

表2　变量定义及说明

影响因素	变量	变量代码	变量定义
资本结构	总资产负债率	Y	总资产负债率＝总负债/总资产×100%
资产规模	总资产对数	ln（Size）	总资产对数＝ln（总资产对数）
盈利能力	净资产收益率	ROE	净资产收益率＝税后利润/所有者权益
资产担保价值	资产担保价值	CVA	资产担保价值＝（存货+固定资产）/总资产
偿债能力	流动比率	CR	流动比率＝流动资产/流动负债×100%
企业成长性	营业收入增长率	OIGR	营业收入增长率＝（营业收入增长额/上年营业收入总额）×100%
营运能力	总资产周转率	TAT	总资产周转率＝销售收入/总资产
非债务税盾	非债务税盾	NDTS	非债务税盾＝折旧摊销/总资产

（三）模型设计

由于本研究中采用的样本观测值截面个体数（N＝30）远大于时期数（T＝5），模型参数的变化主要体现在截面上（而非时点上），即假设在横截面上存在个体影响但无结构变化。基于此，本文在回归模型中采用截距不同（个体随机效应或个体固定效应）予以考察横截面上的个体差异，具体设定的模型如下：

$$Y_{it} = c + \alpha_i + \beta X_{it} + \varepsilon_{it} \tag{1}$$

$$i = 1, 2, \cdots, 30; \quad t = 1, 2, \cdots, 5$$

式中，Y_{it} 为被解释变量资本结构，c 为公共常数项，常数项差别 α_i 表示个体影响，β 表示各个影响因素（解释变量）的系数，X_{it} 表示各个具体的资本结构的影响因素，分别为总资产对数 ln（$Size_{it}$）、净资产收益率 ROE_{it}、资产担保价值 CVA_{it}、流动比率 CR_{it}、营业收入增长率 $OIGR_{it}$、总资产周转率 TAT_{it} 和非债务税盾 $NDTS_{it}$，ε_{it} 为误差项。

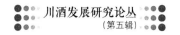

五、实证检验分析

(一) 统计描述分析

表 3 是各个变量的分年度描述统计分析。

表 3　各个变量的分年度统计分析

年份	统计量	Y	ln (Size)	ROE	CVA	CR	OIGR	TAT	NDTS
2010	max	1.940	23.761	0.494	0.822	7.484	0.580	1.316	0.417
	min	0.098	19.170	-1.225	0.038	0.422	-0.871	0.015	0.003
	mean	0.425	21.415	0.089	0.534	2.109	0.072	0.668	0.042
	stdev	0.323	1.212	0.303	0.179	1.641	0.340	0.346	0.074
2011	max	3.249	24.079	0.464	1.197	8.096	0.904	1.220	0.061
	min	0.091	18.640	-0.293	0.206	0.327	-0.183	0.061	0.002
	mean	0.468	21.592	0.167	0.535	2.139	0.202	0.677	0.025
	stdev	0.544	1.275	0.162	0.210	1.594	0.225	0.324	0.015
2012	max	5.778	24.332	0.584	0.841	8.032	0.760	1.175	0.061
	min	0.083	17.748	-0.190	0.103	0.179	-0.185	0.028	0.003
	mean	0.557	21.747	0.183	0.528	2.204	0.259	0.679	0.023
	stdev	0.999	1.420	0.179	0.188	1.796	0.249	0.299	0.015
2013	max	0.682	24.535	0.535	0.822	6.386	0.718	1.175	0.069
	min	0.069	19.477	-1.950	0.121	0.672	-0.216	0.019	0.000
	mean	0.370	21.927	0.117	0.526	2.257	0.189	0.659	0.023
	stdev	0.160	1.317	0.420	0.193	1.431	0.222	0.271	0.015
2014	max	0.698	24.739	0.401	0.843	9.081	1.841	1.109	0.052
	min	0.071	19.495	-0.171	0.084	0.667	-0.703	0.037	0.000
	mean	0.322	21.963	0.107	0.499	2.850	0.003	0.573	0.023
	stdev	0.173	1.302	0.131	0.190	1.866	0.402	0.275	0.014

注: max 为最大值; min 为最小值; mean 为均值; stdev 为标准差。

由表 3 可知, 我国酒业上市公司资产负债率 (Y) 均值在 2010~2014 年的变化趋势呈现倒 U 形形态, 总体呈现下降趋势, 即从 2010 年的 0.425 下降到 2014 年的 0.322。资产规模均值总体逐年呈现增加趋势。净资产收益率 (ROE) 均值从 2010 年的 0.089 开始上升, 2012 年达到峰值 0.183 后开始下降, 直到 2014 年的 0.107。资产担保价值均值在 2010~2014 年基本保持稳定。流动比率 (CR) 均值呈现上升趋势, 表明酒业上市公司的偿债能力处于增强态势。营业收入增长率（OIGR）均值总体呈现下降的趋势，尤其是在 2014 年仅为 0.003。总资产周转率（TAT）均值基本保持稳定。非债务税盾（NDTS）均值除在 2010 年较高以外（0.042），其余年份保持较为稳定的水平。

（二）模型设定检验

由于本文是面板数据模型，首先进行模型设定的检验。

第一步通过 F 统计量检验是采用混合模型还是个体固定效应模型。F 统计量定义为：

$$F = \frac{(SSE_r - SSE_u)/(N-1)}{SSE_u/(NT-N-K)} \sim F_\alpha(N-1, \ NT-K) \tag{2}$$

其中，K 是模型设定的解释变量的个数，所以 K = 7。通过 Eviews 6.0 软件的 "Redundant Fixed Effects Tests" 检验得到：F = 32.05 > $F_{0.05}$（29，143）= 1.70，所以推翻原假设，应建立个体固定效应模型。

第二步通过 Hausman 检验是采用个体固定效应模型还是个体随机效应模型。通过 Eviews 6.0 软件 "Correlated Random Effects Test-Hausman Test" 检验得到：H = 21.50 > $X^2_{0.05}$(7) = 14.07，所以模型存在固定效应，应建立个体固定效应模型。

综合以上检验得知，应建立个体固定效应模型。

（三）回归结果分析

本文运用 Eviews 6.0 软件对面板数据的个体固定效应模型进行回归，具体结果如表 4 所示，得到式（3）。

表 4　个体固定效应的回归结果

Variable	Coefficient	Std. Error	t-Statistic	Prob.
C	4.615	0.632	7.304	0.000
ln（Size）	0.368	0.030	5.091	0.000
ROE	0.317	0.159	4.112	0.000
CVA	0.224	0.202	3.14	0.002
CR	−0.478	0.021	−7.196	0.000
OIGR	0.071	0.122	1.015	0.312
TAT	−0.236	0.137	−3.051	0.003
NDTS	−0.009	1.041	−0.135	0.892
R-square	0.648		F-statistic	14.652
Adjusted R-squared	0.591		Prob（F-statistic）	0.000
Durbin-Watson stat	1.930			

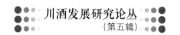

$$Y_{it} = 4.615 + \alpha_i + 0.368\ln(Size_{it}) + 0.317ROE_{it} + 0.224CVA_{it} - 0.478CR_{it} - 0.236TAT_{it} + \varepsilon_{it}$$
$$(3)$$

营业收入增长率（OIGR）和非债务税盾（NDTS）未通过显著性检验，α_i 为第 i 家公司对平均常数项的偏离程度。由于本文重点讨论酒业上市公司的资本结构的影响因素，且受篇幅所限，故未对 α_i 进行深入探讨。由表 4 可知，模型整体检验 F 统计量显著，表明回归模型整体上线性关系显著。修正可决系数 R^2 为 0.648，处于可接受范围，也表明还存在其他影响资本结构的因素。D-W 值为 1.930，表明模型自变量无自相关。

资产规模 [ln（Size）] 的回归系数为 0.368，且通过显著性检验（p = 0.000 < 0.05），说明资产规模 [ln（Size）] 与总资产负债率（Y）在 5% 水平上呈显著正相关，亦即资产规模与资本结构呈显著正相关，假设 1 得以验证。净资产收益率（ROE）的回归系数为 0.317，且通过显著性检验（p = 0.000 < 0.05），说明净资产收益率（ROE）与总资产负债率（Y）在 5% 水平上呈显著正相关，亦即盈利能力与资本结构呈显著正相关，假设 2 得以验证。资产担保价值（CVA）的回归系数为 0.224，且通过显著性检验（p = 0.002 < 0.05），说明资产担保价值（CVA）与资产负债率（Y）在 5% 水平上呈显著正相关，亦即资产担保价值与资本结构呈显著正相关，假设 3 得以验证。流动比率（CR）的回归系数为 -0.478，且通过显著性检验（p = 0.000 < 0.05），说明流动比率（CR）与资产负债率（Y）在 5% 水平上呈显著负相关，亦即偿债能力与资本结构呈显著负相关，假设 4 得以验证。总资产周转率（TAT）的回归系数为 -0.236，且通过显著性检验（p = 0.003 < 0.05），说明总资产周转率（TAT）与资产负债率（Y）在 5% 水平上呈显著负相关，亦即营运能力与资本结构呈显著负相关，假设 6 不成立。营业收入增长率（OIGR）和非债务税盾（NDTS）均未通过显著性检验，即假设 5 和假设 7 均不成立。

六、结论

通过上述实证研究，得出酒业上市公司资本结构影响因素的研究结论如下：

（1）企业资产规模与总资产负债率呈显著正相关。这一结果支持了资本结构的权衡理论，说明相对我国酒业上市公司而言，规模越大，其负债能力越强，越容易得到银行等金融机构的贷款融资，其负债比率越大。

（2）企业盈利能力与总资产负债率呈显著正相关。这一结论支持了资本结构的权衡理论，说明盈利能力越强的酒业上市公司承担债务的能力越强，从而更加充分利用了负债的避税功能来提升业绩。

（3）企业资产担保价值与总资产负债率呈显著正相关。这一结论支持了资本结构的代理成本理论，即酒业上市公司所拥有的存货和固定资产越多，资产担保价值越高，越容易降低债务代理成本而获得更多债权融资。

（4）企业偿债能力与总资产负债率呈显著负相关。这一结论表明我国酒业上市公司的资产流动性越高、具有较强的短期偿债能力，公司资产的变现能力越强，其资产负债率越低。

（5）企业营运能力与总资产负债率呈负相关关系。这一结论与原假设6正好相反，假设6不成立。其可能的原因在于：我国酒业上市公司本身的营运能力较强，公司盈利较多。按照资本结构的融资优序理论，公司盈利越多，则留存收益越多，企业在内部留存收益较多的情况下会优先采用内源性融资，导致负债比率下降，从而得出公司营运能力与总资产负债率呈显著负相关关系的结论。

（6）营业收入增长率与总资产负债率呈弱正相关，但是未能通过显著性检验。这一结论与资本结构的代理成本理论不符合。可能的原因在于从2012年开始，受国家"三公"消费政策影响，酒业行业处于调整期，上市酒业公司的成长性明显放缓，前期酒业上市公司业已形成的资产负债率并未随公司成长性趋缓而得到相应调整。

（7）非债务税盾未通过显著性检验。这一结论说明我国酒业上市公司的非债务税盾的避税效果不明显。可能的原因在于相对于一般企业酒业公司来说税负较重，特别是自2009年《白酒消费税计税价格核定管理办法》实施以来，白酒公司税负加重，从而折旧等非债务税盾对于资本结构的影响不敏感。

参考文献

［1］DeAngelo H. and R. Masulis. Optimal Capital Structure Under Corporate and Personal Taxation ［J］. Journal of Financial Economics，1980（8）：3-29.

［2］Titman S. and Wessels R. . The Determinants of Capital Structure Choice ［J］. The Journal of Finance，1988，43（1）：1-19.

［3］Harris Milton，Artur Raviv. Capital Structure and the Informational Role of Debt ［J］. Journal of Business Research，1990（45）：321-349.

［4］Saumitra N. Bhaduri. Determinants of Corporate B Borrowing：Some Evidence from the Indian Corpo-

rate Structure [J]. Journal of Economics and Finance, Summer 2007, 26 (2).

[5] Erdinc Karadeniz, Serkan Yilmaz Kandir, Mehmet Balcilar, Yildrim Beyazit Onal. Determinants of Capital Structure: Evidence from Turkish Lodging Companies [J]. International Journal of Contemporary Hospitality Management, 2009, 21 (5): 594-609.

[6] 赵冬青, 朱武祥. 上市公司资本结构影响因素经验研究[J]. 南开管理评论, 2006 (9): 11-18.

[7] 肖泽忠, 邹宏. 中国上市公司资本结构的影响因素和股权融资偏好[J]. 经济研究, 2008 (6): 119-134.

[8] 陈德萍, 陈永圣. 对我国创业板公司资本结构的实证检验[J]. 统计与决策, 2010 (314): 146-148.

[9] Modigliani Franco and Merton H. Miller. The Cost of Capital, Corporation Finance and the Theory of Investment [J]. American Economic Review, 1958, 48 (3): 261-297.

[10] Jensen and Meckling. Theory of the Firm Managerial and Ownership Structure [J]. Journal of Financial Economics, 1976, 4 (3): 305-360.

[11] Stewart C. Myers, Nicholas S. Majluf. Corporate Financing and Investment Decisions When Firms Have Information That Investors Do Not Have [J]. Social Science Electronic Publishing, 1984, 13 (2): 187-221.

[12] 孙楠. 上市公司资本结构影响因素的国内研究综述[J]. 中国乡镇企业会计, 2014 (6): 35-36.

[13] 丰蓉芳. 电力行业上市公司资本结构影响因素分析[J]. 忻州师范学院学报, 2014 (2): 39-42.

[14] 庞明, 王尽可, 郝亚平. 我国三大石油上市公司资本结构影响因素的实证研究[J]. 经济问题, 2014 (4): 100-105.

[15] 田剑英, 赵莎. 浙江农村合作银行资本结构影响因素及其优化[J]. 浙江万里学院学报, 2015 (1): 11-19.

[16] 杨玲燕. 中小企业资本结构的动态变化及其目标调整研究[D]. 无锡: 江南大学硕士学位论文, 2013.

[17] 陈雨薇. 金字塔控股对资本结构决策的影响[D]. 成都: 西南交通大学硕士学位论文, 2013.

[18] 严鸿雁. 高新技术上市公司资本结构问题研究[D]. 天津: 天津财经大学博士学位论文, 2013.

机构投资者能缓解公司的代理冲突吗?[*]
——基于酒业上市公司的实证研究

彭丁

（西华大学工商管理学院，成都　610039）

摘　要： 转型经济下酒业公司面临的管理层与股东、控股股东与中小股东的代理问题非常突出。本文基于上述制度背景从机构投资者的视角考察了其能否缓解公司的双重代理冲突。研究发现：整体上机构投资者能缓解酒业上市公司的两类代理冲突，但机构是否独立会影响其治理作用；独立机构投资者能缓解公司的两类代理冲突，非独立机构投资者的治理作用受到限制。本文的研究结论为理解机构投资者的治理角色提供了思路与证据，同时也为监管部门制定机构投资者的发展路径提供了启示与依据。

关键词： 机构投资者；公司治理；双重代理；两权分离；股权集中

一、问题的提出

公司制企业是现代企业制度的高级形式，与个人业主制、合伙制等古典企业制度不同，所有权与经营权相分离的特征揭示了现代企业在产权上的制度安排。公司所有者（委托人）将决策的权利与责任授权给公司经营者（代理人）并提供相应的报酬，

---

* 基金项目:四川省哲学社会科学重点研究基地、四川省高校人文社会科学重点研究基地——川酒发展研究中心一般项目"机构投资者能缓解公司的代理冲突吗?——基于酒业上市公司的实证研究"（CJY15-08）。

作者简介:彭丁（1984-），男，四川成都人，管理学博士，西华大学工商管理学院讲师，研究方向：资本市场财务与会计。

委托代理关系就此产生。在上述契约关系中，所有者与经营者的目标并不统一：股东追求企业价值最大化，而管理层追求个人效用最大化，所有者与经营者目标不一致、信息不对称往往引发代理冲突，这是早期对于公司代理问题的诠释（Berle and Means，1932；Jensen and Meckling，1976）。

20 世纪 90 年代的不少文献发现，无论在发达经济体或新兴市场国家，公司股权往往集中于少数人手中，大股东谋求控制权私利的行为导致公司控股股东与中小股东的利益相背离（Shleifer and Vishny，1997；Claessens et al.，2000）。在上市公司，控股股东不但无助于监督管理层的经营行为，还时常行使手中的控制权掠夺中小股东并掏空公司：关联交易、低价增发、资源输送成为控股股东谋求公司控制权私利的常用手段。因此，公司控股股东与中小股东之间的上述代理冲突成为现代公司治理亟待解决的另一类代理问题。

事实上，我国酒业上市公司多由国有企业改制而来，公司所有者缺位导致管理层的经营行为难以受到股东的有效监督与制约，加之内部人控制问题，管理层与股东之间的代理问题普遍存在。酒业企业"一股独大"的股权特征众所周知，公司生产经营决策权往往由控股股东主宰。因此，基于酒业上市公司的制度背景，管理层与股东、控股股东与中小股东之间的两类代理问题均十分突出。近年来各类型机构投资主体在国家政策力量培育下快速发展，形成了公司经营决策与公司治理的主导力量。据海通证券统计，截至 2016 年 5 月，证券投资基金、全国社保基金、保险公司、证券公司、QFII（合格境外机构投资者）持有流通 A 股市值为 18.3%。基于机构投资者在公司治理中的重要作用及酒业上市公司面临的上述代理问题，机构投资者能否缓解酒业公司的代理冲突？第一，机构投资者能否缓解管理层与股东之间的代理冲突？第二，机构投资者能否缓解控股股东与中小股东之间的代理冲突？这一研究将首次从机构投资者的视角探寻其在酒业公司中能否发挥治理作用以缓解公司面临的双重代理冲突。

二、理论分析与研究假设

我国酒业上市公司多为国有企业，所有者缺位。所有权与经营权的分离导致管理层与股东之间的利益诉求并不一致，因而公司面临着较为严重的代理问题。从始于 2015 年末的万科（000002）遭遇野蛮人（宝能系）收购的商战就不难分析出，万科管理层早已偏离上市公司规范运作要求，管理团队控制董事会、监事会，越过公司股东大会各行其是，上述内部人控制现象就是公司面临的管理层与股东之间的代理问题。另外，酒业上市公司一股独大的股权特征十分突出，较高的控制权比例诱发控股股东谋取控制权私利以侵害中小股东的利益，控股股东与中小股东的代理冲突损害了公司治理状况（彭丁，2011，2015）。

本文认为，基于酒业公司股权特征所引发的管理层与股东、控股股东与中小股东的两类代理问题，机构投资者能够发挥治理效用以有效缓解公司的代理冲突。首先，机构投资者是专业的投资主体，具备专业能力、信息获取能力及投资决策能力，其在公司经营中能够有效监督管理层、控股股东的不端行为以缓解代理冲突。其次，委托代理的资金来源模式确立了机构投资者在公司治理中发挥有效的治理作用是其最优决策（彭丁、郑蓉，2015）。最后，个人投资者持股比例低及以获取资本利得为目标，机构投资者持股高及追寻价值投资的投资逻辑赋予了其对双重代理问题监督的内在激励，毕竟"搭便车"是徒劳的。据此，本文提出以下研究假设：

H1：机构投资者能缓解酒业上市公司的两类代理冲突。

近年来随着机构投资者投资规模的提高，其对于公司治理的影响越发重要，但各类型机构投资主体在资金来源、投资目标、治理动机方面存在明显差异，其在公司治理中的作用不尽相同。证券投资基金、全国社保基金、QFII 具备委托代理的资金来源模式，与酒业公司不存在业务商业联系，投资理性独立，是相对独立的投资机构，因而能够在公司治理中有效监督公司管理层、控股股东的经营行为。相反，证券公司、保险公司等其他机构对于酒业公司的投资行为不具备委托代理的资金来源模式而多是自有资金，与公司存在较为复杂的商业利益，投资独立性较差，是非独立的投资机构，其在公司治理中的作用受到限制，进而不能有效缓解公司面临的两类代理冲突。据此，本文提出以下研究假设：

H2：独立机构投资者能缓解酒业上市公司的两类代理冲突，非独立机构投资者的治理作用受到限制。

三、研究设计

（一）样本选择与数据来源

本文选取 2012~2015 年沪深两市 A 股酒业上市公司为研究对象，并对数据做了如下处理：①剔除任一研究变量数据缺失的酒业公司；②对连续变量存在异常值的研究变量在 1% 水平上进行了 Winsorize 处理。[①] 本文最终获得 127 个观测样本，所涉及的数据全部来自国泰安研究服务中心的 CSMAR 数据库，本文所有的数据处理与分析均采用 Stata 软件，为了保证数据的可靠性，本文对数据进行了随机核对。

（二）变量设计

1. 因变量：代理成本

基于以往的研究（杨宝、袁天荣，2014），本文以管理费用率测度管理层代理成本（Mfee）；以其他应收款比重测度控股股东代理成本（Or）。

2. 自变量：机构投资者

基于前文的研究假设，本文分别以酒业公司前十大股东中证券投资基金、全国社保基金、证券公司、保险公司、QFII 持股比例之和衡量机构投资者（Inst）；酒业公司前十大股东中证券投资基金、全国社保基金、QFII 持股比例之和衡量独立机构投资者（Ind-inst）；酒业公司前十大股东中证券公司、保险公司持股比例之和衡量非独立机构投资者（Nind-inst）。

3. 控制变量

本文对可能影响代理成本的因素，如公司规模（Size）、资产负债率（Lev）、公司成长性（Grow）、股权性质（State）、流通股比例（Share）、审计意见（Opinion）、两职合一（Dual）、年份（Year），进行了控制。

各变量的符号表示及详细定义如表 1 所示。

表 1　变量定义

变量名称	符号	定义描述
因变量		
管理层代理成本	Mfee	管理费用/营业收入
控股股东代理成本	Or	其他应收款/总资产
自变量		
机构投资者	Inst	前十大股东中基金、社保、券商、保险、QFII 持股比例之和
独立机构投资者	Ind-inst	前十大股东中基金、社保、QFII 持股比例之和
非独立机构投资者	Nind-inst	前十大股东中券商、保险持股比例之和

---

① 本文对连续变量 Mfee、Or、Lev、Grow 在 1% 水平上进行了 Winsorize 处理。

变量名称	符号	定义描述
控制变量		
公司规模	Size	总资产的自然对数
资产负债率	Lev	公司资产负债率＝负债/总资产
公司成长性	Grow	营业收入增长率＝（本年营业收入－上年营业收入）/上年营业收入
股权性质	State	当最终控制人性质为国有时取 1，否则取 0
流通股比例	Share	流通股比例＝已流通股数/总股数
审计意见	Opinion	当审计意见类型为标准无保留意见时取 1，否则取 0
两职合一	Dual	若公司董事长与总经理两职合一取 1，否则取 0
年份虚拟变量	Year	控制宏观经济的影响，以 2012 年为基准设 3 个虚拟变量

（三）模型构建及说明

本文构建如下模型：模型 1 验证 H1，模型 2 验证 H2（实际分析 6 个模型，见下文）。

模型 1：$Mfee/Or = \beta_0 + \beta_1 Inst + \beta_2 Size + \beta_3 Lev + \beta_4 Grow + \beta_5 State + \beta_6 Share + \beta_7 Opinion + \beta_8 Dual + \sum_{i=1}^{3} \beta_8 + iYear + \varepsilon$

模型 2：$Mfee/Or = \beta_0 + \beta_1 Ind-inst/Nind-inst + \beta_2 Size + \beta_3 Lev + \beta_4 Grow + \beta_5 State + \beta_6 Share + \beta_7 Opinion + \beta_8 Dual + \sum_{i=1}^{3} \beta_8 + iYear + \varepsilon$

四、实证结果及分析

（一）描述性统计及分析

表 2 为描述性统计分析。从 Panel A 的基本描述性统计来看，管理层代理成本（Mfee）和控股股东代理成本（Or）的平均值分别为 0.130 和 0.010。机构投资者（Inst）在酒业上市公司的平均持股比例为 0.040，且最小值和最大值差异极大，显示机构投资决策的差异性。其中，独立机构投资者（Ind-inst）和非独立机构投资者（Nind-inst）持股比例均值分别为 0.027 和 0.013，显示在酒业上市公司独立机构投资者持股比例较高。控制变量方面，公司规模（Size）的平均值为 22.015；资产负债率（Lev）的平均

值为 0.333，说明酒业公司的债务资本较低；公司营业收入增长率（Grow Rate）的平均值为 0.105，但最小值和最大值相差很大，说明公司成长性差异极大；股权性质（State）的平均值为 0.654，说明国有公司占比达到六成以上；流通股比例（Share）的平均值为 0.915，说明考察期间酒业上市公司的平均流通股数为总股数的 91.5%。此外，审计意见（Opinion）的平均值为 0.961，表明样本中 96.1% 的酒业公司被事务所出具了标准无保留的审计意见；两职合一（Dual）的平均值为 0.173，表明上市公司仍存在内部人控制现象。

表 2　描述性统计分析

Panel A			基本描述性统计			
变量名	样本量	平均值	标准差	中位数	最小值	最大值
Mfee	127	0.130	0.165	0.090	0.040	1.576
Or	127	0.010	0.015	0.004	0.000	0.088
Inst	127	0.040	0.039	0.035	0.000	0.182
Ind-inst	127	0.027	0.035	0.018	0.000	0.182
Nind-inst	127	0.013	0.019	0.000	0.000	0.088
Size	127	22.015	1.298	21.756	19.395	25.181
Lev	127	0.333	0.182	0.314	0.020	0.763
Grow	127	0.105	0.519	0.021	-0.586	3.324
State	127	0.654	0.478	1.000	0.000	1.000
Share	127	0.915	0.172	1.000	0.206	1.000
Opinion	127	0.961	0.195	1.000	0.000	1.000
Dual	127	0.173	0.380	0.000	0.000	1.000

Panel B				代理成本差异性检验			
	Inst≥中位数		Inst<中位数		差异性检验			
变量名	平均值	中位数	平均值	中位数	平均值之差	t 值	中位数之差	Z 值
Mfee	0.102	0.087	0.159	0.090	-0.057**	-1.981	-0.003	-1.256
Or	0.007	0.003	0.013	0.005	-0.006**	-2.336	-0.002**	-2.498

注：平均值之差采用 t 检验，中位数之差采用 wilcoxon rank-sum 检验；***、**、* 分别表示在 1%、5%、10% 水平上显著。

Panel B 比较了机构投资者（Inst）持股高低对公司代理成本的单因素影响。当 Inst 大于等于中位数，即机构投资者持股比例较高时，管理层代理成本（Mfee）和控股股东代理成本（Or）的均值与中位数均小于机构持股较低时 Mfee 和 Or 的均值与中位数。

其中，Mfee 的均值之差在 5% 水平上显著，中位数之差差异明显；Or 的均值与中位数之差均在 5% 水平上显著。上述结论表明：机构投资者持股比例越高，酒业公司的两类代理成本越低，从而证实了研究假设 H1。

（二）回归结果及分析

表 3 列示了机构投资者缓解酒业公司两类代理冲突的回归结果。总体上看，模型 1 中机构投资者（Inst）的系数在 5% 水平上与管理层代理成本（Mfee）显著负相关，表明随着机构投资者持股比例提高，管理层与股东之间的代理成本降低；进一步分析，模型 2 中独立机构投资者（Ind-inst）的系数在 10% 水平上显著为负，模型 3 中非独立机构投资者（Nind-inst）的系数虽为负却不显著，证实独立机构投资者能缓解管理层与股东之间的代理冲突，但非独立机构投资者的治理作用受到限制。上述结论证实了本文的研究假设。从模型 1、模型 2、模型 3 的控制变量来看，公司规模（Size）、审计意见（Opinion）显著为负，说明当酒业公司规模较大、审计意见较好时其面临的管理层代理成本较低；股权性质（State）、两职合一（Dual）显著为正，说明国有公司、职位合一时代理成本较高。

表 3　机构投资者缓解两类代理冲突的回归结果

变量	Mfee			Or		
	模型 1	模型 2	模型 3	模型 4	模型 5	模型 6
Inst	−0.701**			−0.041		
	(−2.06)			(−1.17)		
Ind-inst		−0.707*			−0.058	
		(−1.92)			(−1.53)	
Nind-inst			−0.444			0.049**
			(−0.59)			(2.00)
Size	−0.046***	−0.050***	−0.046***	−0.004***	−0.004***	−0.001**
	(−4.29)	(−4.64)	(−4.00)	(−3.22)	(−3.47)	(−2.33)
Lev	0.047	0.043	0.037	0.012	0.011	0.004
	(0.67)	(0.60)	(0.52)	(1.58)	(1.58)	(1.63)
Grow	−0.010	−0.005	−0.009	0.003	0.003	0.004***
	(−0.38)	(−0.18)	(−0.29)	(1.05)	(1.17)	(4.37)
State	0.076***	0.076**	0.066**	0.007**	0.008**	−0.002*
	(2.64)	(2.60)	(2.29)	(2.51)	(2.58)	(−1.91)

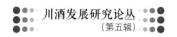
续表

变量	Mfee			Or		
	模型1	模型2	模型3	模型4	模型5	模型6
Share	−0.070	−0.071	−0.077	−0.013	−0.013	0.001
	(−0.88)	(−0.89)	(−0.95)	(−1.55)	(−1.55)	(0.39)
Opinion	−0.222***	−0.224***	−0.241***	−0.001	−0.000	0.002
	(−3.26)	(−3.29)	(−3.52)	(−0.10)	(−0.06)	(0.75)
Dual	0.113***	0.102***	0.099***	−0.002	−0.002	−0.003**
	(3.09)	(2.88)	(2.64)	(−0.54)	(−0.66)	(−2.12)
Cons	1.333***	1.412***	1.346***	0.091***	0.096***	0.020**
	(5.60)	(5.97)	(5.29)	(3.73)	(3.98)	(2.40)
Year	Yes	Yes	Yes	Yes	Yes	Yes
Adj. R^2	0.314	0.311	0.291	0.01	0.107	0.198
F	6.24	6.17	5.7	2.27	2.38	3.83
N	127	127	127	127	127	127

注：括号中为 t 统计量；***、**、*分别表示在 1%、5%、10% 水平上显著（双尾检验）。

模型 4 至模型 6 列示了机构投资者缓解控股股东代理冲突的结果。在模型 4 和模型 5 中，机构投资者（Inst）和独立机构投资者（Ind-inst）的系数均为负，表明随着其持股比例提高，控股股东代理成本（Or）降低，但显著性不高；在模型 6 中，非独立机构投资者（Nind-inst）的系数与 Or 在 5% 水平上显著正相关，证实非独立机构投资者不但不能缓解公司控股股东的代理冲突，反而有损于公司的治理状况。上述结论也基本证实了研究假设。

（三）稳健性测试

在稳健性测试中，本文检测各类型机构投资者与公司两类代理成本的关系，结果如表 4 所示。

表 4 稳健性测试

变量	Mfee					Or				
	模型1	模型2	模型3	模型4	模型5	模型6	模型7	模型8	模型9	模型10
基金	−0.865**					−0.023				
	(−2.00)					(−1.56)				

变量	Mfee					Or				
	模型1	模型2	模型3	模型4	模型5	模型6	模型7	模型8	模型9	模型10
社保		−2.787**					−0.150			
		(−2.22)					(−1.16)			
QFII			4.563**					0.082		
			(2.35)					(1.08)		
券商				−0.399					0.070**	
				(−0.45)					(1.99)	
保险					−0.558					0.040
					(−0.39)					(0.81)
控制变量	Yes	Yes	Yes	Yes	Yes	Yes	Yes	Yes	Yes	Yes
Adj. R^2	0.313	0.318	0.322	0.290	0.290	0.246	0.100	0.214	0.230	0.207
F	6.22	6.34	6.43	5.68	5.67	4.74	2.27	4.13	4.43	4.00
N	127	127	127	127	127	127	127	127	127	127

注：括号中为 t 统计量；***、**、*分别表示在 1%、5%、10%水平上显著（双尾检验）。

首先，独立机构投资者中的基金、社保能显著降低管理层代理成本（Mfee），但 QFII 的治理作用受到限制，可能的原因在于 QFII 作为境外各类型机构投资者，缺乏真正有效的监管效应；非独立机构投资者的券商、保险不能降低 Mfee。

其次，从控股股东代理成本（Or）来看，独立机构投资者中的基金、社保与 Or 负相关；QFII 和非独立机构投资者中的券商、保险不能降低 Or。上述稳健性测试表明本文的研究结论是可靠的。

五、结论及启示

本文基于我国酒业上市公司的制度背景，从机构投资者的视角分析了其能否缓解公司管理层与股东、控股股东与中小股东的代理冲突。研究发现：整体上机构投资者能缓解酒业上市公司的两类代理冲突，但机构是否独立会影响其治理作用；独立机构投资者能缓解公司的两类代理冲突，非独立机构投资者的治理作用受到限制。

基于上述研究结论：首先，政府监管当局应研究制定切实有效的治理措施以抑制公司管理层、控股股东的不端行为，落实科学有效的公司治理政策以保护中小股东的切身利益从而提升公司治理水平。其次，基于各类型机构投资者治理动机、目标、作用的本质差异，管理层应制定科学合理的机构投资者发展路径，如进一步发展养老金等独立机构、扩大独立机构的投资规模、引导非独立机构遵循长期投资的理念，从而发挥各类型机构投资主体在公司治理中的主观能动性，培育各类型机构投资主体的长期价值投资理念和主动担当治理的责任意识。上述举措的落地生根将有助于机构投资者发挥积极有效的治理作用以改善公司的治理状况，最终促进我国资本市场的健康稳步发展。

参考文献

［1］Berle A. and G. Means. The Modern Corporation and Private Property ［M］. New York, MacMillan, 1932.

［2］Jensen M. C. and W. H. Mcckling. Theory of the Firm：Managerial Behavior, Agency Costs and Ownership Structure［J］. Journal of Financial Economics, 1976, 3（4）：305-360.

［3］Shleifer A. and R. Vishny. A Survey of Corporate Governance ［J］. The Journal of Finance, 1997, 52（2）：737-783.

［4］Claessens S., S. Djankov and Larry H. P. Lang. The Separation of Ownership and Control in East Asian Corporations［J］. Journal of Financial Economics, 2000, 58（1-2）：81-112.

［5］彭丁. 大股东控制、机构投资者治理与公司绩效——基于深交所上市公司的经验证据［J］. 宏观经济研究, 2011（7）：50-55.

［6］彭丁. 机构投资者、金字塔控制与公司业绩——基于公司代理视角的经验证据［J］. 学术论坛, 2015（3）：62-66.

［7］彭丁, 郑蓉. 基于委托代理视角的机构投资者治理行为研究［J］. 会计之友, 2015（14）：58-61.

［8］杨宝, 袁天荣. 机构投资者介入、代理问题与公司分红［J］. 山西财经大学学报, 2014（6）：90-101.

财务视角的行业调整期白酒企业战略重塑[*]
——贵州茅台和五粮液的案例

杨勇[1,2]　尹波[1]　王磊[2]

（1. 西南民族大学管理学院，成都　610041；2. 成都东软学院，成都　611844）

摘　要：始于 2012 年的白酒行业理性调整，给白酒行业带来了严峻挑战。白酒企业重新调整了其战略规划应对挑战。基于 2012~2016 年贵州茅台和五粮液的财务报告，从营运能力、盈利能力、偿债能力和风险控制能力方面分析了两家企业取得的实际成效，对相应的战略实践进行了比较和检验，给出结论和建议。

关键词：行业调整期；白酒战略；贵州茅台；五粮液；财务分析

经历 2012~2016 年的行业调整，白酒行业正逐渐走出低谷。53 度飞天茅台的 1299 元的价格"红线"在供不应求的市场面前形同虚设，受飞天茅台的助推，五粮液、泸州老窖、洋河股份、水井坊等名优白酒均有不同程度的价格上调，给郎酒青花郎等其他优质白酒很好的补位机会。回顾 2012~2016 年中国白酒行业的发展历程，展望未来趋势，对于白酒产业理论和实践均有积极意义。

鉴于贵州茅台公司和五粮液公司在白酒行业的突出地位，本文基于 2012~2016 年两家白酒上市公司财务报表，对比分析两家企业的主要财务指标，发现两家公司在经营管理中的优势和不足，从财务视角回顾两家企业和白酒行业的发展历程，为两家公司的管理当局和各方利益相关者提供参考，同时希望能对其他公司财务管理和战略转型提供借鉴。

---

* 基金项目：教育部人文社科规划项目（15YJA630091）、四川省社科联系统科学与企业发展研究中心项目（XQ15B08）、四川理工学院川酒发展研究中心项目（CJZ15-01）。

作者简介：杨勇（1995-），女，重庆黔江人，西南民族大学管理学院财务管理专业学生；通讯作者：尹波（1971-），男，江西吉安人，西南民族大学管理学院教授，博士后，研究方向为企业战略和财务管理，E-mail：erikyin2013@foxmail.com；王磊（1985-），男，成都东软学院副教授，研究方向为财务管理。

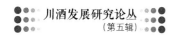

一、文献综述和分析框架

(一) 文献综述

财务分析大多是指基于财务报表的分析，主要是对公司财务的会计核算、报告资料和其他相关资料进行客观比较、分析和评价，从而了解企业财务状况，发现经营中的问题，预测企业未来发展趋势，为投资者及经营者科学决策提供依据。传统财务分析方法常用的是比率分析法、比较分析法和因素分析法等（鄢志娟，2010）。张先治（2015）从盈利能力、营运能力和偿债能力视角对企业的筹资活动、投资活动和经营状况进行了深入细致的分析，以判明企业的财务状况和经营业绩。刘晓霞和刘中艳（2015）从营运能力、偿债能力、盈利能力和成长性视角对三一重工的财务状况进行了分析。王其超（2015）从盈利能力、偿债能力和营运能力视角对三一重工的财务状况进行了分析。

科学完整的分析体系和方法是进行财务报表分析的首要前提。其次要确保分析结果的客观性。最后根据分析主体的不同，合理调整分析重点，满足分析主体对财务报表分析的要求（林介山，2016）。哈佛分析框架通过对行业竞争环境的扫描，综合分析企业发展的威胁与机会、劣势与优势，制定 SO、ST、WO 以及 WT 战略，并基于财务视角对相应战略实施进行验证（韩东，2016）。孙细燕和蒋佐斌（2013）提出了财务分析和经营分析相结合，财务指标和非财务指标相结合的财务分析理论框架。另外，企业现金流量、利润表、资产负债表等都影响企业战略指定和实施。企业通过资源配置实现企业战略，不同类型的企业资产结构，支撑不同的企业战略（李建凤，2017）。随着经济发展和资本市场不断完善，财务报表分析的应用在企业中也变得更加广泛。

在白酒企业财务分析上。谭嵩（2011）基于贵州茅台和五粮液 2008～2010 年财务数据从营运能力、偿债能力、盈利能力和成长性（也称发展能力）视角进行比率分析和比较分析，提出了相应的财务优化政策。熊静静（2016）基于贵州茅台、五粮液和行业 2009～2013 年财务数据从偿债能力与流动性、盈利能力与驱动因素、现金流、运营能力与资产管理、信用政策与存货管理水平等方面分析贵州茅台保持快速发展的原因以及发展中的不足之处。秦小丽（2017）利用杜邦财务分析体系分析了影响其股利分配的盈利能力、营运能力、偿债能力等财务因素，并利用 SWOT 法分析了影响该公司股利分配的非财务因素。2012～2016 年是白酒行业理性回归和调整期，而关于这个时期白酒企业财务报表的分析相当缺乏。

（二）分析框架

基于上述文献分析，本文分析框架如表 1 所示。

表 1　分析框架

序号	项目	财务指标	分析内容
1	盈利能力	净资产收益率、毛利率、销售净利率、每股收益	通过对企业盈利性指标的分析，了解企业盈利能力状况
2	营运能力	总资产周转率、应收账款周转率、流动资产周转率、存货周转率	通过对企业营运能力相关指标的分析，为提高企业经济效益指明方向
3	偿债能力	流动比率、速动比率、现金比率、产权比率、权益负债率、资产负债率	通过对偿债能力的分析，发现当前债务情况，预防风险
4	风险控制能力	经营杠杆、财务杠杆、总杠杆、每股经营性现金净流量	找到和评估公司面临的风险状况，以起到预防和减轻影响的作用

二、行业态势和战略重塑

（一）近五年行业态势

随着中国政经环境深刻变化，白酒消费环境呈现出四个方面的明显变化：第一，白酒消费从政务主导走向百姓主导。白酒消费的价值观从国家主导迈向民众主导，白酒消费价值观的国退民进深刻改变了白酒品牌价值塑造的方向。第二，白酒价格从公款消费主导转向居民收入价格主导。白酒消费价格指数从财政收入系数走向居民收入系数，使得白酒价格从粗放式走向消费者收入精确化。第三，白酒消费情境从群体聚饮、豪饮走向个体，或家庭适量、适度饮用。白酒消费情境变化使得白酒从功利主义消费状态回归到个人品鉴与人间亲情交流消费情境。第四，白酒消费自从众特别是服从意见领袖消费时代走向个体决策碎片化状态，白酒市场需求多元化为白酒未来发展开启了崭新天地。

中国白酒消费环境变化带来了整个白酒产业链连锁反应，白酒产业链调整意味着利益结构变化。首先，零售终端感受到阵阵寒意。从 2012 年年中开始，零售终端就已经感受到白酒滞销带来的严重影响，终端库存增大，终端动销困难。其次，一线代理商感觉到铺货难度明显变大，部分比较脆弱的企业现金流逐渐吃紧。再次，区域代理商遭遇了前所未有的库存压力，特别是高档酒经销商库存压力更大，经销商展开价格性自救，上游厂家推行的价格管控屡屡被经销商突破。最后，2013 年上半年，白酒大商与白酒企业经营举步维艰，特别是主导经营高端产品的核心大商与主营高端白酒企业，普遍出现经营亏损与增速归零。

白酒行业由高速发展期转入调整期，行业供需矛盾、结构失衡、产品品质良莠不齐、传统营销等内在问题日益凸显，高端酒销售下滑，经销商库存高企，团购渠道不畅而厂家压货，终端消费需求快速变化，行业回归理性，白酒产业发展面临严峻挑战。2013 年，14 家白酒上市企业营业总收入 1015 亿元，出现负增长。在净利润上，除贵州茅台、青青稞酒、伊力特同比增长外，其余 11 家企业均出现下滑。山西汾酒年报显示2013 年公司实现销售收入 60.87 亿元，同比减少 6.04%；实现归属于上市公司股东净利润 9.60 亿元，同比减少 27.64%，其中 2013 年第四季度收入为 7.82 亿元，同比上年下降 36.29%；净利润为-2.26 亿元。2014 年第一季度，茅台营收和净利润分别能实现5.8% 和 2.95% 的微增之外，其他大部分白酒品牌的业绩均不约而同地出现下滑。其中水井坊跌幅高达 174.95%。白酒量价都将会经历一个滞胀期，作为企业，适者生存是基本的法则，这种改变需要企业战略的重塑和模式的创新。

(二) 外部风险

风险指的是生产目的与劳动成果之间的不确定性，主要包含收益和成本的不确定性。因为风险的特有性质，企业就必须采取有效的措施将风险降到最低。目前白酒企业所面临的风险主要有：

(1) 政策风险。随着前几年"禁酒令"的深入推行和中央的"八项规定"及反腐倡廉风的全面展开，在一定程度上势必会对白酒行业的销售形成一定的影响，高档类的白酒受到的冲击更大。

(2) 行业风险。由于白酒行业较高的利润，很多地方的白酒产业都具有其自有特点和自我保护政策，竞争已经非常激烈；加上国外的各种酒类品牌也已经在全力向中国市场进军。

(3) 税收风险。由于白酒属于非必需类生活用品，会按照从价和从量的双重标准征收消费税。税收规定的不断改变和完善，无疑将对白酒行业的税负和营业利润产生不利影响。

（4）声誉风险。白酒企业作为食品企业，食品安全是众人关注的焦点。如果稍有不利的事情出现，则可能会遭受到很严重的影响。市场上的假冒伪劣产品，对白酒企业的声誉也造成了不利影响。

（三）战略重塑

企业战略有多种表述和分类，比如要素投入型和创新驱动型等。程虹（2014）将企业战略区分为速度型盈利模式和质量型盈利模式。速度型盈利模式是指主要依靠资源要素等的大量投入，依靠企业发展速度成长的外生型增长模式。质量型盈利模式是指产品质量、品牌和声誉等引致的企业内生型增长模式。

经济新常态下企业转型升级既面临着劳动力成本上升、退出风险加剧等重大的挑战，同时也面临着人力资本红利释放、质量效应不断显现等重要机遇。经济新常态下资源配置的市场机制正在逐步增强，不适应经济新常态要求的企业正在退出市场，白酒企业改变原有发展模式，积极适应经济新常态的宏观环境变化，是企业转型升级的基本路径选择。

贵州茅台几乎垄断了酱香型白酒行业，拥有较为稳定的消费群体与销售渠道。始于2012年的白酒行业调整，贵州茅台加大营销模式的创新力度，积极巩固高端白酒产品优势，积极开放满足大众消费的"民酒"产品（茅台系列酒），抢占中低端产品市场。

面对行业严峻挑战，五粮液以创新驱动发展为理念，适应市场和消费者需求。确定了"做精做细龙头产品，做强做大腰部产品，做稳做实中低价位产品"的发展方向，推出绵柔尖庄、头曲特曲以及低度酒系列，实现产品价位基本全覆盖。

三、战略重塑之财务分析

（一）盈利能力

盈利能力主要从净资产收益率、毛利率、销售净利率和每股收益来衡量。

1. 净资产收益率
净资产收益率主要用于反映盈利能力、资本的增值能力和股东价值的大小；该指标越高越好。经计算，2012~2016 年茅台公司和五粮液公司的净资产收益率情况如图 1 所示。

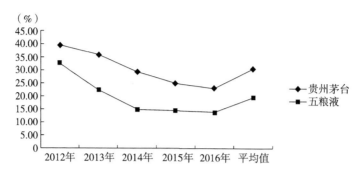

图 1　净资产收益率对比

资料来源：根据公司年报整理。

（1）茅台公司的净资产收益率高于五粮液公司，且其五年的平均值也高于五粮液公司。但在 2012~2016 年，它的总体水平呈不断下降趋势。从该指标的影响因素来看，其出现不断下降趋势的主要原因是销售净利率和资产周转率两个指标的双重下降。

（2）五粮液公司的净资产收益率走势总体上与茅台公司的走向相像，2012~2016 年也呈现不断下降趋势。

2. 毛利率

毛利率指销售毛利与营业收入的比值，该指标越高越好，反之亦然。经计算可以看出，2012~2016 年两公司的毛利率情况如图 2 所示。

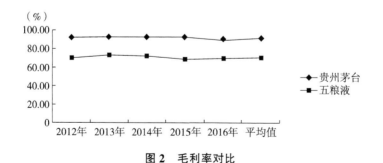

图 2　毛利率对比

资料来源：根据公司年报整理。

（1）贵州茅台毛利率这五年间总体上呈现水平的趋势，都保持在 92.26% 左右，远高于五粮液公司。这应该与茅台公司的产品策略有关系，因为该公司秉承以质量取胜的理念，大多产品都以接受提前预订为主，处于供不应求的状态。

（2）五粮液公司的毛利率远低于茅台公司，且其五年间的平均毛利率是71.14%。总体呈水平趋势，2013年和2014年出现微微凸起，说明该公司的毛利水平稳定。

3. 销售净利率

销售净利率指最终经营业绩和销售收入之间的比值，该比率越大则创利能力越强。经计算可以看出，2012~2016年两公司的销售净利率情况如图3所示。

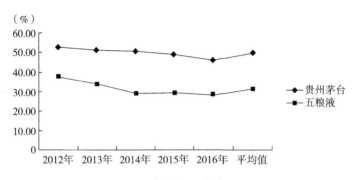

图3 销售净利率对比

资料来源：根据公司年报整理。

（1）茅台公司的销售净利率远高于五粮液公司，而且近五年来平均销售净利率保持在50.09%以上，2012年达到最高水平的52.95%，但是2012~2016年，一直呈现平稳下滑趋势。进一步分析可以发现，2012~2016年，茅台公司的费用和税金都在不断上升，这成为该公司近四年的销售净利率呈下滑趋势的一个重要原因。

（2）五粮液公司近五年的销售净利率大大低于茅台公司，其折线图的整体走势比茅台公司更为陡峭，说明该公司销售净利率波动幅度较大，其盈利能力比茅台公司低。

4. 每股收益

每股收益指普通股股东每持有一股所带来的盈亏，是税后利润与股本总数的比率。经过计算可以看出，2012~2016年两公司的每股收益情况如图4所示。

（1）茅台公司的每股收益远高于五粮液公司，而且该公司的折线图变化比较陡峭，从2013年开始呈下降趋势，该公司每股收益最高时达14.58。

（2）相对而言，五粮液公司的总体变化趋势则较为平缓，沿2.0这条直线上下小幅波动，2012年达到最高值2.62，说明茅台公司在这一指标上的盈利能力比五粮液公司强。

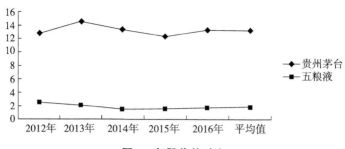

图4 每股收益对比

资料来源：根据公司年报整理。

5. 小结

（1）茅台公司以上的各项指标均优于五粮液公司，且都远远高于五粮液公司，说明其盈利能力非常强，但除了毛利率外，其他几个指标在近五年间都有明显的下滑趋势。

（2）五粮液公司虽然在盈利能力的各项指标上明显低于茅台公司，但是它的净资产收益率、毛利率的整体走势与茅台公司一致，而每股收益的波动也很平缓，它的销售净利率与茅台公司也并没有拉大差距，因此，该公司的整体盈利能力也处于较为良好的状态。

（3）茅台公司主要是以白酒的度数高低来划分产品种类，而五粮液则是以白酒价格高低来划分产品类别的；另外，两公司还经营其他业务。因此，毛利率的综合对比性不强。

（二）营运能力

营运能力主要由总资产周转率、应收账款周转率、流动资产周转率和存货周转率来衡量。

1. 总资产周转率

总资产周转率是综合评价企业资产经营质量和利用效率的指标，该指标越大越好。经过计算，2012~2016年两公司的总资产周转率情况如图5所示。

（1）茅台公司的总资产周转率近五年在总体上是下降的，平均值是0.524，说明该公司营运能力在不断下降。根据该指标相关影响因素分析，是因为资产总额在以高于主营业务收入数倍的趋势变化。

（2）五粮液公司的总资产周转率近五年的趋势和茅台公司相似，而且在2012年、2015年均有交点，其近五年平均值是0.508，与茅台公司相近，说明两公司在总资产周转率这一指标上很相近，但营运能力都在不断下降。

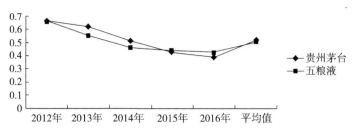

图5　总资产周转率对比

资料来源：根据公司年报整理。

2. 应收账款周转率

应收账款周转率反映的是公司应收账款周转速度，该指标越高越好。经计算可以看出，2012～2016年两公司的应收账款周转率情况如图6所示。

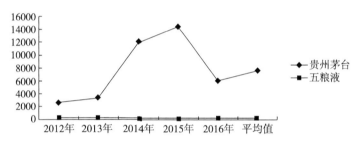

图6　应收账款周转率对比

资料来源：根据公司年报整理。

（1）茅台公司的应收账款周转率远高于五粮液公司，其近五年的平均值达7700.36，整体波动幅度也很大。总的来说，该公司的应收账款周转率快，账龄短，资产流动性也很强，营运能力较好。

（2）五粮液公司的应收账款周转率波动幅度较小，近五年其平均值是258.44，均低于茅台公司。说明五粮液公司的应收账款周转率低于茅台公司，其资金流动性和营运能力也低于茅台公司。

3. 流动资产周转率

流动资产周转率指企业一定时期内主营业务收入净额与平均流动资产总额之比。2012～2016年两公司的流动资产周转率情况如图7所示。

茅台公司与五粮液公司的流动资产周转率在近五年的总体变化趋势上很相似，在2012年和2016年有相交。但茅台公司在近五年间都高于五粮液公司，说明茅台公司的流动资产周转状况和营运能力比五粮液公司好。

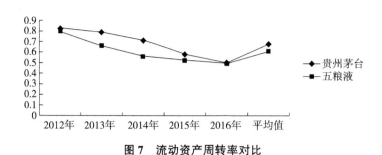

图7　流动资产周转率对比

资料来源：根据公司年报整理。

4. 存货周转率

存货周转率用于反映存货的周转速度，该指标越高越有利于企业发展。经计算可以看出，2012~2016年两公司的存货周转率情况如图8所示。

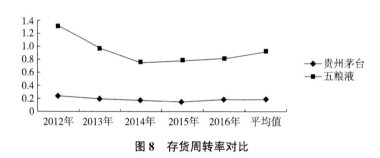

图8　存货周转率对比

资料来源：根据公司年报整理。

（1）茅台公司的存货周转率从2012年到2016年总体上呈不断下降趋势，但变化幅度很平缓，趋于直线，其近五年平均值是0.188，说明该公司的存货周转状况比较稳定，但周转速度不快，影响公司总体的营运能力。

（2）五粮液公司的存货周转率远高于茅台公司，其五年间的波动幅度也很大，近五年的平均值是0.93，说明该公司的存货周转速度比较快，营运能力比茅台公司强。

5. 小结

（1）茅台公司除了存货周转率低于五粮液公司外，其他的指标均优于五粮液公司，说明在存货管理上还有待改进。总资产周转率、流动资产周转率、存货周转率近五年总体上都处于不断下降状态，但其应收账款周转率却在迅速上升，所以整体上来说，茅台公司的营运能力还是比较强的。

（2）五粮液公司在大部分代表指标上均低于茅台公司，但在存货管理上处于优势，且其流动资产周转率和总资产周转率都在不断向茅台公司靠拢，缩小差距。总体而言，五粮液公司的营运能力比茅台公司稍弱。

（三）偿债能力

偿债能力主要是短期偿债能力和长期偿债能力，短期偿债能力主要有流动比率、速动比率和现金比率；长期偿债能力主要有资产负债率、产权比率和权益负债率。

1. 流动比率

流动比率用来衡量企业流动资产变为现金偿还负债的能力。一般来说，该比率越高则短期偿债能力越强，但并非越高越好。经计算，2012~2016年两公司的流动比率情况如图9所示。

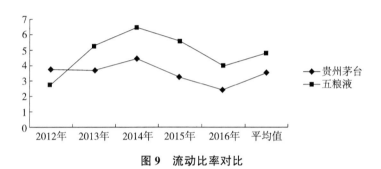

图9　流动比率对比

资料来源：根据公司年报整理。

（1）茅台公司与五粮液公司的流动比率折线在2012年相交，说明两家公司有很接近的时候。贵州茅台的五年平均值是3.54，大于2，说明该公司总体短期偿债能力比较强。

（2）五粮液公司的折线变化幅度比茅台公司更为陡峭，2012年比较低，此后便迅速超过茅台公司。该公司五年的平均流动比率是4.82，高于茅台公司，说明五粮液公司的短期偿债能力比茅台公司强，但也可能有存货积压或者资金利用效率低等问题。

2. 速动比率

速动比率是速动资产对流动负债的比，它弥补了流动比率的不足。一般来说，其比值在1:1.5左右最为合适，越低则说明短期偿债能力越弱。经过计算可以看出，2012~2016年两公司的速动比率情况如图10所示。

（1）茅台公司的速动比率在近五年中波动较平缓，主要都在2~3上下波动，其平均值为2.552，说明该公司的短期偿债能力比较强。

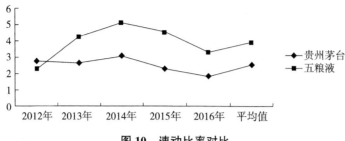

图 10　速动比率对比

资料来源：根据公司年报整理。

（2）五粮液公司的速动比率波动幅度较茅台公司大，尤其是在 2014 年达到了 5.13，在五年中速动比率的平均值是 3.902，比茅台公司高出 1 左右，说明五粮液公司的短期偿债能力比茅台公司强。

3. 现金比率

现金比率是公司现金及现金等价资产总量与当前流动负债的比值，该指标越高则偿债能力越强。经过计算，2012~2016 年两公司现金比率情况如图 11 所示。

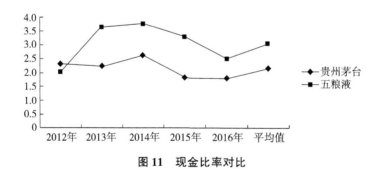

图 11　现金比率对比

资料来源：根据公司年报整理。

（1）茅台公司的现金比率在近五年内波动较为平缓，2012 年高于五粮液公司，而在此之后则低于五粮液公司，且其平均值是 2.166，说明该公司的短期偿债能力在正常情况下是比较强的。

（2）五粮液公司的现金比率在 2012 年后急剧上升并超过了茅台公司，到了 2014 年又呈下降趋势。其现金比率最高达到了 3.78，五年间的平均值是 3.064，说明五粮液公司的短期偿债能力比茅台公司强。

4. 资产负债率

资产负债率等于期末负债总额除以资产总额，对于债权人来说越低越好；单就企业所有者来说，通常希望该指标稍微高一点。经过计算，2012～2016年两公司的资产负债率情况如图12所示。

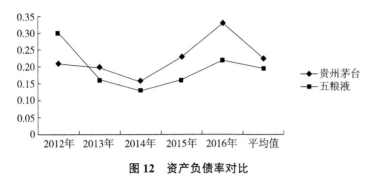

图12　资产负债率对比

资料来源：根据公司年报整理。

（1）茅台公司的资产负债率在总体水平上要高于五粮液公司，且其变动曲线的幅度比五粮液公司更为陡峭，尤其在2014年到2016年，茅台公司的资产负债率迅速上升，五年平均资产负债率达0.226，还不到0.5，说明茅台公司的偿债能力很强，但同时也说明该公司没有利用好财务杠杆来增强所有者获利能力。

（2）五粮液公司的资产负债率比茅台公司还稍微低些，从2012年到2013年急剧下降，而2014年到2016年则处于不断上升趋势，五年平均值达0.194。说明该公司的偿债能力比茅台公司好，对财务杠杆的利用也更加不理想。两公司在这方面都需要改善，以不断增强公司自身的经营能力。

5. 产权比率

产权比率是负债总额与所有者权益总额的比，该指标越低则长期偿债能力越强。经过计算可以看出，2012～2016年两公司的产权比率情况如图13所示。

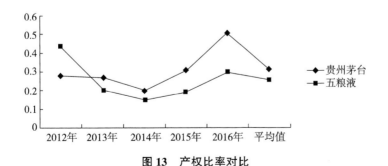

图13　产权比率对比

资料来源：根据公司年报整理。

（1）茅台公司的产权比率在 2012 年到 2013 年比五粮液公司低，但在之后就高于五粮液公司了。五年平均值达 0.314，比较低，说明茅台公司的自由资产比较充足，其长期偿债能力比较强。

（2）五粮液公司的产权比率变动与茅台公司相似，其平均值是 0.256，稍比茅台公司低，说明五粮液公司的长期偿债能力比茅台公司稍强。

6. 权益负债率

权益负债率是用于衡量公司偿债能力及分析资本结构的一项指标，该指标越高则偿债能力越强，但并非越高越好。经计算，2012～2016 年两公司的权益负债率情况如图 14 所示。

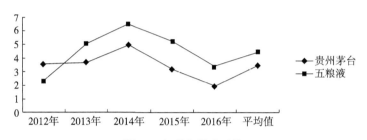

图 14 权益负债率对比

资料来源：根据公司年报整理。

（1）两公司的权益负债率走势很相似，2012～2013 年，茅台公司比五粮液公司高，但之后便低于五粮液公司了，五年间平均值是 3.512。总体来说，该公司的偿债能力较强，但对财务杠杆的利用还不太理想。

（2）五粮液公司总体与茅台公司相似，其平均权益负债率高于茅台公司，因此，该公司的财务杠杆利用率比茅台公司更为理想，其长期偿债能力比茅台公司要稍强一些。

7. 小结

（1）从短期负债偿还能力来看，三个指标均显示五粮液公司比茅台公司要强，但两家公司在利用外债扩大经营规模和利用财务杠杆获利能力方面均有待提高。

（2）从长期负债偿还能力来看，五粮液公司的偿还能力也比茅台公司稍好，两公司在经营管理上需要改善，以优化公司的资金利用效率。

（四）风险控制能力

该部分主要分析企业的经营杠杆、财务杠杆、总杠杆及每股经营性现金净流量这几个指标。

1. 经营杠杆

经营杠杆用于衡量经营风险的大小，经营风险主要是由非债务因素引起的，其大小通常可以用经营杠杆系数来衡量。经计算可知，2012~2016年两公司的经营杠杆系数情况如图15所示。

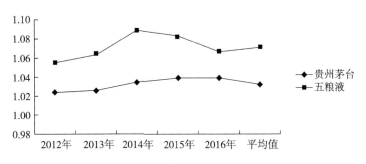

图15　经营杠杆系数对比

资料来源：根据公司年报整理。

茅台公司近五年的经营杠杆基本保持小幅度的平缓上升趋势，总体上来说，茅台公司的经营杠杆系数远低于五粮液公司，说明该公司的经营风险控制能力强于五粮液公司。另外，五粮液公司的经营杠杆系数变动较大，尤其是在2013年以后，它的息税前利润也在减少，说明该公司的经营风险控制能力不及茅台公司。

2. 财务杠杆

财务杠杆影响的是企业的息税后利润，因两公司均没有有息负债，所以理论上它们的财务杠杆系数应该是1。经计算，2012~2016年两公司的财务杠杆系数情况如图16所示。

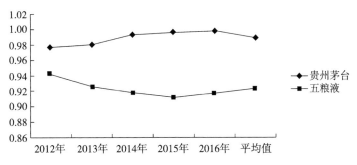

图16　财务杠杆系数对比

资料来源：根据公司年报整理。

茅台公司近五年的财务杠杆系数比五粮液公司高，但总体波动不大，呈平缓的上升趋势，其五年平均值是 0.9894，非常接近于 1，说明该公司的财务风险很小。此外，五粮液公司在整体上低于茅台公司，但其五年均值是 0.9234，也非常接近于 1。因此，五粮液公司和茅台公司的财务风险都比较小。

3. 总杠杆

总杠杆系数是财务杠杆系数和经营杠杆系数的乘积，主要用于衡量每股获利能力。一般公式是：总杠杆=经营杠杆×财务杠杆，即总杠杆=（每股收益变动额/每股收益）/（营业收入变动额/营业收入）。经计算，2012~2016 年两公司的总杠杆系数情况如图 17 所示。

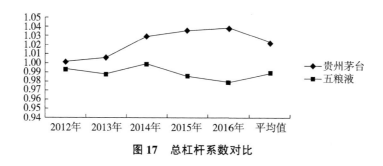

图 17　总杠杆系数对比

资料来源：根据公司年报整理。

茅台公司的总杠杆系数整体上大于五粮液公司，且 2013 年以后的上升趋势很明显，五年均值达 1.0218，说明该公司的综合风险比五粮液公司大。另外，五粮液公司总杠杆近五年的变动幅度很小，说明不仅五粮液公司的综合风险比茅台公司小，而且其稳定程度也说明其风险控制能力要比茅台公司强。

4. 每股经营性现金净流量

每股经营性现金净流量主要是对收益性风险的研究，能反映企业在控制现金流量方面的能力。经计算，2012~2016 年两公司的每股经营性现金净流量如图 18 所示。

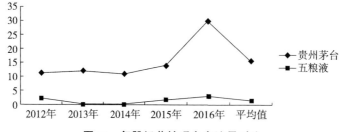

图 18　每股经营性现金净流量对比

资料来源：根据公司年报整理。

茅台公司的每股经营性现金净流量远高于五粮液公司，且两公司在近五年的总体走势上相似。但茅台公司的整体波动比较大，尤其在 2015～2016 年剧烈突升，经营性现金流量净额增长速度不平衡，而五粮液公司则波动较小。说明茅台公司创现能力很强，但五粮液公司的现金流量稳定性和现金控制能力比茅台公司强。

5. 小结

从内部风险来说，主要是各杠杆系数的变化，从经营杠杆系数看，茅台公司经营风险比五粮液公司小，在财务杠杆和总杠杆系数上，茅台公司的风险均比五粮液公司要大，这可能与五粮液公司的现金控制能力要比茅台公司强有关系。

四、结论和建议

（一）财务方面

（1）茅台公司的盈利能力、营运能力和长期偿债能力等指标都优于五粮液公司。尽管如此，茅台公司的大多数指标在近五年整体上都出现了下降的趋势，如净资产收益率、总资产周转率和流动资产周转率、权益负债率。另外，茅台公司的每股经营性现金流量净额在五年内总体上变化不大，波动幅度也不大，但账面预留了大量的现金额度，说明该公司在现金管理和控制能力上存在不足。因此，建议茅台公司在今后的发展中要注意加强对现金的管理控制力度，不断提高相应资产的使用效率，减少资金的浪费；更好地利用财务杠杆，不断地扩大市场规模。

（2）对于五粮液公司，虽然在总体能力上不如茅台公司，尤其是盈利能力，其每股收益、销售净利率、毛利率、净资产收益率都低于茅台公司。但五粮液公司依靠自身的不断发展，正在向茅台公司慢慢靠拢，比如总资产周转率、流动资产周转率、存货周转率等都与茅台公司相差不大，而流动比率、速动比率、现金比率和产权比率等指标都优于茅台公司，说明五粮液公司在短期偿债能力上要比茅台公司强。另外，五粮液公司的每股经营性现金流量净额要低于茅台公司，而且其变化幅度也很小，说明该公司的现金管理和控制能力要优于茅台公司。因此，建议五粮液公司在今后的生产经营过程中要努力提高其盈利能力，提高资金的使用效率。

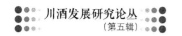

（二）战略方面

始于 2012 年的白酒行业理性回归，高端白酒价格带不断下移，高端白酒团购商不断泡沫化，高端白酒总容量大幅萎靡，高端白酒商业模式遭遇严重挑战。贵州茅台和五粮液都提出了面向大众的"民酒"战略，加强中低产品的开发，扩大市场规模，寻求新的利润增长点，促进公司的稳步发展等战略构想。

（1）从这五年贵州茅台的财务状况来看，"民酒"战略贡献有限，例如其 2015 年的主营业务收入构成中，茅台酒的销售比重达到 96.59%，而茅台系列酒比重仅为 3.39%，说明这个时期贵州茅台"茅台酒"一元化的产品和品牌战略依然奏效，也反映出贵州茅台行业里独树一帜的龙头地位。未来的贵州茅台依然尝试规模化、生态化和多元化战略。

（2）经过五年调整，五粮液整体营收已经接近 2013 年水平，重回两位数增长；单独的酒类营收的增长也超过 10%。即使在行业最困难的这几年账面资金也越来越多；尤其是 2016 年净增长近 80 亿元。五粮液实施核心大单品战略，遵循聚焦区域、聚焦产品、聚焦时间的原则，提高主销市场品牌打造的目标与要求，在各区域成熟主销市场实现份额第一、影响第一、口碑第一的三重目标。未来的五粮液将通过商业模式创新、品牌创新和营销创新，改革集团治理模式，强化核心品牌高端定位，进一步聚焦核心主业，集中力量强化五粮液主品牌的做大做强。在系列酒方面，精减产品，优化结构，重点打造一批 10 亿级以上的大单品。实现追赶型、跨越式发展，力争重新回归品牌、市场和市值的龙头地位。

（3）白酒行业的黄金十年和理性调整期，给了观察白酒产业发展的天然窗口机会。实践表明：依靠规模扩展的"速度型商业模式"在宏观经济冲击下呈现出较大的增速下滑，日渐式微。贵州茅台和五粮液等依靠品牌、质量和企业家创新等要素的"质量型商业模式"在转型发展过程中稳定发展，对宏观经济增长速度下降并不敏感，反而逆风飞扬。

参考文献

[1] 鄢志娟. 上市公司财务报表分析实用技巧[J]. 财会月刊，2010（19）：55-56.

[2] 张先治. 财务分析[M]. 大连：东北财经大学出版社，2015.

[3] 刘晓霞，刘中艳. 上市公司财务报表分析方法与运用——以三一重工为例[J]. 财会通讯，2015（5）：90-94.

[4] 王其超. 上市公司财务分析方法及技巧——基于三一重工案例分析[J]. 财会通讯，2015

（8）：77-80.

[5] 林介山.上市公司财务报表分析[J].金融经济（理论版），2015（6）：141-143.

[6] 韩东.基于发展战略视角的企业财务报表分析——以美诺华药业股份有限公司为例[J].财会通讯，2016（35）：75-79.

[7] 孙细燕，蒋佐斌.浅谈财务报表分析的局限性及其改进——以华润三九医药公司为例[J].财会通讯，2013（26）：93-94.

[8] 李建凤.基于企业战略的财务报表分析——以格力电器为例[J].财会通讯，2017（8）：67-71.

[9] 谭嵩.我国酒类上市公司的财务报表分析——以贵州茅台和五粮液为例[J].商业会计，2011（30）：33-35.

[10] 熊静静."贵州茅台"何去何从——基于2009～2013年财务报表的分析[J].财会通讯，2016（11）：78-80.

[11] 秦小丽.贵州茅台股利分配及其影响因素剖析[J].财会月刊，2017（10）：79-84.

[12] 程虹，刘三江，罗连发.中国企业转型升级的基本状况与路径选择——基于570家企业4794名员工入企调查数据的分析[J].管理世界，2016（2）：57-70.

川酒供应链协调问题及其博弈分析[*]

张介平

（西南医科大学人文与管理学院，四川泸州　646000）

摘　要：川酒供应链管理和协调是现代企业在竞争日趋激烈的生存环境中求得发展的重要管理理念与方法。川酒供应链上成员企业之间利益与决策的独立性与相互依存性特征，导致了集中式川酒供应链决策模式与分布式川酒供应链决策模式之下期望效用的差距，也昭示了川酒供应链整体收益的 Pareto 改进或是实现川酒供应链协调的可能性和必要性。本文基于博弈论和委托代理理论等天然的川酒供应链协调研究的指导理论和变分法等研究工具，进一步贴近川酒供应链协调问题的实际，对川酒供应链协调与博弈中的核心问题进行论述。

关键词：川酒供应链；协调问题；博弈分析

自 20 世纪 90 年代以来，随着科技进步与社会生产力的迅猛发展，世界经济进入了全球化时代，企业的生存与竞争环境相应地发生了剧烈的变化，主要体现在：①企业生存环境的不确定性越来越大；②产品的生命周期急剧缩短，产品的销售季节呈现越来越强的短周期化；③客户对订单响应速度的要求越来越高；④顾客需求的个性化越来越强、期望值越来越高；等等。

---

* 基金项目：四川理工学院川酒发展研究中心项目"川酒供应链协调问题及其博弈分析研究"（CJY14-13）系列论文。

作者简介：张介平（1975-），女，西南医科大学副教授，研究方向：应用心理学，地址：西南医科大学人文与管理学院心理学教研室，E-mail：165372871@qq.com。

一、相关概念界定

（一）供应链与供应链管理

广义来看，供应链就是为了完成向最终消费者提供某种或者某几种商品这一任务而组成企业的集合体。我国国家标准《物流术语》（2006）将供应链定义为：在生产及流通过程中，涉及将产品或服务提供给最终用户活动的上游与下游企业所形成的网链结构。美国供应链管理专业协会（Council of Supply Chain Management Professionals，CSCMP）将供应链管理[1]定义为：供应链管理包括对原料获取与采购、转化过程中的活动以及所有物流管理活动的规划和管理，更重要的是，它还包括渠道伙伴（如供应商、中间商、第三方服务供应商和顾客）之间的协调与协同。从本质上说，川酒供应链管理在企业内部和企业之间集成了供应和需求管理。

（二）牛鞭效应

牛鞭效应（Bullwhip Effect）指供应链中各个企业的需求波动（表现为库存量）从下游至上游逐级迅速放大的现象。[2]

（三）供应失调与川酒供应链协调

系统论研究中的协调被认为是"管理各种活动之间独立性的过程"，系统协调的目的在于组织、调控系统，使之从无序变为有序、达到协同状态。[3]关于供应链协调目前尚没有表述明确的定义，总结前人的研究可以说供应链协调是指对供应链上的各个企业的活动的相互依赖关系进行调整和处理的过程。[4-6]从当前供应链协调问题研究的焦点来看，本文将川酒供应链协调理解为"实现了川酒供应链总体利益的最大化的状态"。川酒供应链失调就是川酒供应链协调的对立面。

（四）短销售周期产品（SSCP）及其川酒供应链（SSCSC）

短销售周期产品（Short Sales Cyde Product，SSCP），也可称为短生命周期产品（Short Life Circle Product，SLCP）、季节性产品（Seasonal Product，SP），顾名思义，是

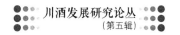

指销售季节较短、从开发上市销售至停产下市的时间长度较短的产品。当前，企业乃至川酒供应链所面临的市场需求呈现出高度不确定、高度个性化以及高期望值的特点，从而越来越多的产品（如服装等）呈现出短生命周期的特点。产品的短生命周期、短销售周期化，将是一个越来越强的发展趋势。对于这一类产品，其采购次数往往是很少的，甚至只有一次，其川酒供应链面临的协调问题与困难将迥异于过去企业运作管理中基于无限生命周期产品的优化问题。

（五） Newsvendor 模型

对于短销售周期产品（SSCP）的采购方（如零售商）而言，由于通常其产品的采购次数仅为销售季节之初的一次采购，因此决策者的决策问题就是一个典型的 Newsvendor 模型，即在随机需求下通过衡量销售季节的缺货量与季末的库存积压量来寻找最优的订购批量。

（六） 合作博弈与非合作博弈

传统上博弈论被分为非合作博弈（Non-Cooperative Game）与合作博弈（Cooperative Game）两大类，然而，"非合作"并不是说参与者拒绝与其他人合作，简言之，在"非合作博弈"中，参与者只是根据其"可察觉的自我利益"（Perceived Self-interest）来决策，参与者之间的协议、威胁、许诺等，并不是有约束力的、必定自动实施的。反之，如果参与者能够达成一个具有约束力的协议，即合作是外生的，那么就成为一个合作博弈。

在非合作博弈当中，强调的重点主要在于个人行为：每个理性的参与者（决策者）会做出什么样的决策、理性的参与者实际上是怎样选择行动的、博弈可能会出现什么结果等。在合作博弈当中，强调的重点则在于参与者集体会形成什么样的联盟、参与者之间如何分配合作的收益等。[7]

二、研究的必要性及意义

（一） 研究的必要性

在业界，作为川酒供应链运营的驱动力量，市场上的顾客需求模式出现了重要的转变，如对产品和服务需求的个性化程度越来越高、能接受的等待时间越来越短、对新产品的追逐意识越来越强等。这些转变使得产品从开发、生产、销售到停产下市的时间越来越短，即越来越多的产品呈现出报纸等产品类型的特征，即短销售周期化的特征，从而基于 Newsvendor 模型思想的问题及相应决策分析逐渐占据了之前基于 EOQ 模型思想的地位，关于短销售周期产品，川酒供应链的管理与协调问题现已成为业界一个迫切需要进行深入研究的问题。

在学界，近年来川酒供应链协调理论已成为运营管理与管理科学领域持续、主要的研究热点。从国际情况看，作为本领域的重要组织，运筹学和管理学研究协会（IN-FORMS）主办的重要学术期刊（*Management Science*、*Operations Research* 等）在 2003～2007 年出版的论文中，在供应链管理方面的论文中研究供应链协调问题的论文超过了 70%。从国内情况看，代表我国科研最高水准的国家自然科学基金（申请人按物流、供应链关键词查询）在这一领域于 2014 年资助 12 项，2015 年资助 4 项，2016 年资助 7 项，2017 年资助 2 项，这从一个侧面反映了我国学术界对这一领域研究的高度重视。然而，虽然目前国内外学者在供应链协调领域进行了大量的研究，但是与企业的实践要求还存在着很大的差距，主要体现在两个大的层面。

1. 缺乏基于川酒供应链本身特征的研究

目前的川酒供应链协调研究主要是基于单期 Newsvendor 模型展开，这是一个天然的主从博弈的模型，而恰恰是因为这一特征，人们往往自然地更关注博弈理论的直接应用，换句话说，川酒供应链被弱化为博弈背景中的一个简单的二级供销系统，以至于川酒供应链自身所面临的问题反而被忽视。

2. 缺乏动态性

即便不去考量川酒供应链自身问题的研究必要性，目前关于川酒供应链协调的研究也存在着"静态"的不足，即研究的问题、模型的前提与时间没有关联，体现为一次性供需方的博弈关系。在实践当中，企业、川酒供应链的关系、运作毫无疑问是随时间变化的、动态的。在理论与实践的关系上，人们常常强调：没有伟大的理论，就没有伟大的实践。然而，脱离实践的理论往往演变为空谈，换言之，在学术研究领域，科学的研究思路首先强调的应该是对实践中的问题进行分析，从中抽象出重要的科学问题。本文将贯彻这一思路，尝试首先对川酒供应链协调关系问题本身进行分析，之后运用博弈论、激励理论、委托代理理论等相关的理论、方法等工具，从动态的观点对川酒供应链协调问题中的科学问题进行深入分析，以期尽量贴近实践。基于以上分析，对短销售周期川酒供应链协调及其博弈问题进行深入分析有其显著的必要性。

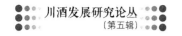
（二）研究意义

由于实践中川酒供应链的分布式决策、其成员利益独立等结构性特征，导致了川酒供应链的个体理性与集体理性之间的冲突，这使得川酒供应链协调成为川酒供应链管理领域中一个非常重要的问题，同时也意味着川酒供应链协调问题是一个天然的博弈问题。本文将对川酒供应链协调领域的几个核心问题进行深入研究，其研究意义和价值体现在以下几个方面：

（1）对单期博弈的研究将当前研究的结论拓展到一般的模型条件之下，这有利于人们对川酒供应链契约本质属性进行深入的了解。

（2）多期博弈（离散时间下的动态博弈）是对当前静态博弈下研究的一个较重要的发展，其中所提出川酒供应链合作与博弈关系的长期性、重复性和动态性特征及相应的深入研究将拓展川酒供应链协调（主从博弈）的研究深度，进一步贴近川酒供应链管理的实践。

（3）微分对策（连续时间下的动态博弈）基于连续性合作时间考察川酒供应链合作与协调关系（Nash博弈），将川酒供应链间的博弈问题拓展至一个全新的视角，其价值与复杂性体现在：与现有优化问题研究中最优解为一个一维实数值或者（较低的）有限维向量值不同，由于考虑了决策者策略的动态性，此时决策者的最优解将呈现为一个特定的关于时间的函数，从而相应的分析与求解的思想、理论与方法都有很大的改变。其研究成果对于川酒供应链协调理论的发展具有非常重要的理论意义，同时对于川酒供应链中的企业合作策略具有重要的指导意义和实践意义。

三、川酒供应链协调问题研究现状

竞争全球化带来的压力迫使企业反思自身的运作模式，由此，曾经被人们奉为圭臬的纵向一体化管理模式逐渐暴露了其无法适应新形势的致命弱点。所谓"纵向一体化"，是指企业出于对制造资源、顾客资源的占有要求和对生产过程直接控制的需要而扩大自身规模或参股到上下游企业形成一种所有关系的管理模式。人们发现，专注于企业内部的决策、运营过程的科学化、最优化，并不能很好地提高自身的竞争力、解决新形势下所面临的新问题。于是，横向一体化管理模式浮出了水面。所谓横向一体化，是指企业利用其外部资源快速响应市场需求，企业自身只关注自身的核心业务，将非核心业务委托或者外包给合作企业。在横向一体化管理模式下，诸多上下游企业因其间的供需关系而依次连接起来，至此，"供应链"的框架逐渐清晰起来。在 1988 年 Houlihan 首次提出供应链的概念[8]之后，一时间，供应链、供应链管理成为了风靡业界和学界的热门术语和全新的管理理念。1996 年，英国著名的物流与供应链管理领域的学者 Martin Christopher 指出："企业之间的商业竞争模式日益演变为企业的供应链、供应网络之间的竞争。"这一断言正式宣告了供应链管理时代的来临。

作为一种新型管理模式，当前，川酒供应链管理已作为现代企业的全新管理理念和重要的管理手段而广为人们所接受、执行，并对全球经济发展产生了显著的影响。同时，供应链管理理论也是管理学界近年来持续时间最长的一个热门研究领域。但在川酒供应链管理的理论与实践中，目前还普遍面临以下的结构性困难：

（1）所有权分离。川酒供应链上各个成员企业均是独立利益主体、独立决策主体，它们仅需对自身内部的利益负责。

（2）个体利益的冲突与竞争。首先，独立决策的川酒供应链中的成员企业在利益的追求上是以自身利益最大化为前提的，而各自利益往往具有竞争性、排他性；其次，川酒供应链的成员企业有着不同的背景和文化理念，在合作过程中会形成一定程度的心理和行为冲突。

（3）信息隔绝与私有。在全部合作过程中——无论谈判、建立合作伙伴之前或者开始合作之后，川酒供应链成员均可能分别拥有不为外人所知的私有信息，如零售商更熟悉产品市场需求的波动情况、变化趋势，而供应商则更了解产品的原材料成本、生产成本等信息。出于自利目的，信息优势方更可能借助这一优势来赢得更大的收益。这一障碍导致了川酒供应链各方进行决策时所需的信息不完备，即便集中式川酒供应链的决策也无法保证最优。

（4）不确定性充斥。川酒供应链中存在很多的不确定性因素，主要表现为环境不确定性和运作不确定性。环境不确定性是指川酒供应链的外部环境如市场需求、政策法规等方面的不确定性，而运作不确定性是指组织内部缺乏有效的衔接与控制机制所导致的系统运行不稳定性。例如，2000 年 3 月，手机巨头爱立信公司唯一的无线射频芯片供应商——飞利浦公司位于新墨西哥州阿尔伯克基的工厂突然着火，导致爱立信立即丧失了供应链中的一个关键环节，而由于其反应迟缓，这一事件导致公司当年的损失高达 17 亿美元，并最终将其手机制造业务外包给其他公司；等等。

除了由于川酒供应链本身的先天结构性问题之外，在川酒供应链的具体日常运营过程中也存在着大量的障碍，信息传递障碍是其典型代表。信息传递障碍指信息在川酒供应链不同成员企业及不同部门之间传递过程中发生扭曲。运作障碍同样会给企业和川酒供应链的预期收益造成重大损害。例如，由于错误的需求预测及信息传递触发了不合理采购，最后 Cisco 系统公司在 2001 年出现了 25 亿美元的报废库存，给公司造成了很大的损失。

在信息不完全、不对称及市场竞争日益激烈的情况下，如何克服川酒供应链中存在的这些困难和障碍以实现川酒供应链关系与运营的协调、达到最大化各方收益的目的，已经引起了人们越来越多的关注和重视。由于川酒供应链合作与协调机制目前的理论研究尚与实际环境和需求有较大距离，各国管理学界均从各个角度努力攻克这个难题。

就我国的川酒供应链管理问题而言，当前，随着我国加入世界贸易组织，国内企业已经在快速地融入全球经济，这导致了企业面临着国际和国内双重竞争压力。同时，由于我国经济处于快速发展初期，企业还面临着川酒供应链环境的巨大差异，国内与国外、沿海地区与内地的川酒供应链成员企业所属的经济形式和管理水平存在相当大的差别，因此，上述背景对构建川酒供应链优化与协调机制构成了诸多困难并提出了迫切要求。

四、研究的技术领域

通过前面对短销售周期供应链协调（Short Sales Cycle Supply Chain，SSCSC）问题研究现状的回顾我们发现，由于短销售周期产品本身的特性，因而 Newsvendor 模型是 SSCSC 问题的一个主要研究基础和背景，相关研究的进展主要体现在该模式的各个条件、参数的变化，即研究的边界条件的复杂化。

结合现有检索、分析的研究文献总体来看，关于川酒供应链协调理论及方法的研究目前已成为川酒供应链管理领域的热点，众多学者做了大量的工作并取得了一些理论成果，在实践中也具有一定的指导作用。但是总体上说这方面的研究角度比较分散，这与川酒供应链协调问题所涉及的学科领域与研究方法的复杂性和多样性有关。在大方向上形成系统性的川酒供应链协调与激励理论以及方法体系的要求之外，还有以下不足有待以后进一步研究。

(一) 理论与方法研究层面

(1) 已知的模型大多只深入到两级 (一对一或一对多),而实际川酒供应链结构却要复杂得多,一般都包括原材料供应商、生产商、分销商与零售商直到最终消费者,并且每一级又可能包括多个企业,这种情况下结论是否适用? 会发生怎样的变化? 有待深入研究。

(2) 对于非对称信息下的协调模型,针对单一具体信息非对称情形的分散的研究较多,但未形成体系。

(3) 川酒供应链协调模型的建模策略研究较多,具体模型求解的研究较少,这导致协调方法的不实用性。模型的求解在实践中的意义与重要性完全不低于其设计与构建。

(4) 川酒供应链最优协调问题研究较多,其中也涉及了在出现突变事件情形下的协调问题,但是纳入最优均衡解的脆性衡量,从而考虑川酒供应链协调机制的鲁棒性及优化的研究很少。

(二) 理论与实践结合层面

(1) 很多上 (下) 游企业横向竞争层面的研究基于同质假设,与实践中非同质的实际情形不符,而后者将导致问题复杂性的急剧增加。

(2) 基于川酒供应链委托代理模型的协调策略设计研究较多,但是绝大多数均只考虑了单一、单向的委托代理关系,而实践中多产品、多代理任务更常见。

(3) 对于决策者风险态度的研究有所涉及,然而研究比较初步,并且基本上考虑的是绝对风险偏好,而事实上决策者的风险偏好常常是可变的。

(4) 目前由于短周期产品高需求不确定性的特点,引发了人们更多的研究兴趣,从而现有模型的博弈过程通常只分析单周期的行为。然而短周期产品订购交易的一次性并不等于川酒供应链伙伴之间合作伙伴关系的一次性,在实践当中川酒供应链伙伴合作通常是长期的,这说明多阶段博弈情形下的协调与激励问题具有更大实际意义,有待深入研究。

在这些有待于进行进一步深入研究的问题当中,本文的主要兴趣包括与时间关联的川酒供应链合作与博弈关系的属性,及其多阶段重复博弈与连续时间动态博弈。

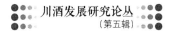

参考文献

［1］ http：cscmp. org/About CSCMP/Definitions/Definitions. asp.

［2］ Lee H. L. , V. Padmanabhan, Seungjin Whang. The Bullwhip Effect in Supply Chains ［J］. Sloan Management Review, 1997, 38（2）：93-102.

［3］ Malon T. W. , Crowston K. G. . The Interdisciplinary Study of Coordination ［J］. ACM Computing Surveys, 1994, 26（1）：87-119.

［4］ Hewitt F. . Supply Chain Redesign ［J］. The International Journal of Logistics Mangement, 1994, 5（2）：1-9.

［5］ Simatupang T. M. , Wright A. C. , Sridharan R. . The Knowledge of Coordination for Supply Chain Integration ［J］. Business Process Management, 2002, 8（3）：289-308.

［6］ Romano P. . Coordination and Integration Mechanisms to Manage Logistics Processes Across Supply Networks ［J］. Journal of Purchasing & Supply Management, 2003（9）：119-134.

［7］［法］克里斯汀·蒙特, 丹尼尔·塞拉. 博弈论与经济学 ［M］. 张琦译. 北京：经济管理出版社, 2005.

［8］ Houlihan J. B. . Supply Chain Management ［R］. Proceedings of the 19th Intemational Technical Conference of the British Production and Inventory, Control Society, 1984：101-110.

典型川酒企业的创新活动及其
创新模式分析[*]

范莉莉

（西南交通大学经济管理学院，四川成都　610031）

摘　要：随着中国经济进入"新常态"，国内白酒行业正在面临经济、政策、技术、营销、消费观念等各方面快速变化的不断影响，这对每个企业来说既是挑战又是机遇。因此对企业而言，只有不断改革创新，才能提高自身的整体实力，以保持竞争优势。本文拟对五粮液、泸州老窖、沱牌、水井坊四家典型企业的创新活动及其创新模式进行研究，在此基础上，归纳总结出白酒企业较一般的创新模式，以期为白酒企业开展创新活动提供参考，并对白酒企业选择创新模式提供借鉴。

关键词：案例分析；白酒；创新模式

一、研究背景及意义

我国经济、政治、技术、社会文化等的不断发展变化对白酒行业产生了深刻影响，就目前白酒行业发展来看，竞争异常激烈，既有国内白酒品牌众多，大品牌、老品牌

---

* 基金项目：四川省社科规划"白酒产业发展专项课题"：四川白酒产业科技创新路线图研究——基于白酒企业创新能力及创新模式选择（SC16BJ018）；四川理工学院川酒发展研究中心项目：川酒产业中企业创新能力评价及创新模式选择研究（CJZ16-02）。

作者简介：范莉莉（1957-），女，西南交通大学经济管理学院教授、博士生导师。研究领域为企业竞争力、低碳竞争力、市场营销等。

往往先声夺人，中小品牌的发展空间被挤压，又有红酒、洋酒、啤酒等其他酒类抢占市场。在这样的环境中，白酒如何通过创新求得生存和发展，成为每一个白酒企业面临的巨大挑战。

通过对已有研究成果的总结发现，白酒企业创新多为酿酒技术创新，而在创新模式方面的研究较少。本文通过对五粮液、泸州老窖、沱牌、水井坊四家典型川酒企业创新模式的案例分析，提炼出白酒企业一般的创新模式，这对川酒企业发展有一定借鉴作用，也能为白酒行业创新模式提供参考。

二、五粮液集团有限公司的创新分析

正处于创新驱动发展战略时期的五粮液，自 2013 年以来，卓有成效地推进了营销体制改革和企业混改，制定了创新驱动发展战略。[1] 以"创新、开拓、竞争、拼搏、奋进"为企业精神的五粮液集团一直以来都在不断地进行着创新，具体表现在以下几个方面。

（一）产学研结合

五粮液集团对内组建了以技术中心为核心的 10 多个科研技术开发机构，大力转化科研成果；建立五粮液商学院、世界酒文化研究中心，并依托中国酒文化与酒产业博士后创新实践基地培养人才，积极与中科院四川分院、四川大学、电子科技大学、宜宾学院等国际国内科研机构、大专院校建立了长期的人才培养机制，同时在"互联网+"和"工业 4.0"两个方面展开深度合作。

（二）产品创新

在技术上，凭借"勾兑双绝""浓香型酒类 T 法工艺研究""双开高排酒曲发酵室""利用超临界二氧化碳萃取技术提取酒中呈香呈味物质"等创新技术，极大地提高了产品质量。同时，为保证产品质量，五粮液集团投入巨资，购置了大量先进的分析检测仪器和设备，并提出了"预防、把关、报告"的"三并重"，以及由"42 道防线"衍化提升的18 个关键过程和76 个专检点的质量管理思想，形成了一套五粮液独特的安全保证体系。[2]

在新品研发上，2013 年，五粮液集团推出了技术难度极大的五粮液高端低度系列产品，此举将引领未来白酒消费潮流，开辟白酒高端消费的蓝海市场。[3] 2016 年，五粮液集团与中国工商银行共同打造的五粮液 70°珍藏私人定制期酒[①]，一改传统意义上的定制，首创"私人定制期酒"的新业态和新模式，将产品、互联网、金融进行了完美的整合。[4]

（三）营销创新与"互联网+"

在营销模式创新上，五粮液开创了中国酒业共建共赢模式[②]。从 1996 年起，每年 12 月 18 日都举行厂商共建共赢大会。如今，又在原来的基础上不断创新，将五粮液商家作为内部"职工"的一部分，让其增持内部股，实现了从"以产品为纽带"到"以产品+资本为纽带"的厂商共建共赢新模式的重大跨越。[5]

在营销机构方面，五粮液从 2013 年的"中心+公司"营销体系逐步调整成 2015 年新五品部（五个工作处+七大营销中心），始终以市场为核心，形成快速响应机制，以更加贴近市场、更加服务市场的理念与消费者对接。[6]同时实行精细化营销，尽可能规避白酒行业产品同质化的影响，并且着力推进"中转仓"项目发展，在有效降低经销商仓储费用，完善配送服务的同时，逐步构建五粮液的销售大数据。[7]

近年来五粮液与长虹集团、成都铁路局、四川中烟、施华洛士奇等企业在信息技术、物流运输、渠道等多个方面展开合作，推出跨界产品、打造跨界渠道、共建共享信息技术平台。与枫丹百丽、成都尚作开展合作，充分发挥三方优势，打造全产业链生态循环发展模式，通过"打通一条产业链，打造一个生态圈"塑造了全球化有机农业项目的新名片[8]。

五粮液一直以来都在寻求既拥抱互联网又不会冲击线下原有体系的策略。早在 2007 年 1 月，就与国内最大的跨平台博客传播网络 BOLAA 网携手合作，对其红酒新产品进行大规模市场推广，这是传统名牌酒类企业利用互联网渠道进行的一次重要营销突破。自 2012 年以来，五粮液已陆续与京东、苏宁、唯品会达成战略合作，采用差异化策略与天猫、酒仙网、吃喝科技等建立电商业务往来，在互联网零售、渠道整合、产品定制、营销推广、大数据等多个方面展开合作。2016 年，五粮液自有"B2B2C+O2O"模式的服务型电商平台"五品库"上线。通过升级改造五粮液专卖店，打造新零售体系。[9]五粮液形成酒类行业领先的互联网综合管理平台，真正将互联网和传统企业内部的信息流、物流、资金流以及渠道、消费者信息结合起来，建立起基于消费者

---

① 期酒即消费者与酒商预先签订合同、预先付款购买指定酒，但需等待一段时间（通常是一到两年）后才能实际拿到酒。

② 共建共赢模式就是共同建立从生产到终端销售的厂商一体化商业模式，并合理分配从上游的原材料供应到产品生产，再到下游的销售等每个环节的利润。

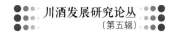

大数据的综合性平台，形成五粮液互联网战略。

（四）品牌塑造创新

五粮液除了通常意义上酒的拍卖外，其于 2014 年还进行了一次公车拍卖，在节省企业开支方面起到了良好的带头作用。积极投身公益慈善事业，不管是助力灾后重建、推进扶贫攻坚工程、设立教育资金，还是助力生态文明建设，均成为捐赠生态文明促进基金的第一家企业。五粮液一直勇于承担社会责任，树立了良好的企业形象，曾多次荣获"中华慈善突出贡献奖""中华慈善奖"等奖项。如今，五粮液采取多种创新模式进行品牌形象的树立。一是在传统媒体固有价值再发现的基础上拥抱新媒体。大力宣传推广"全国理性饮酒日"以及健康、理性饮酒的方式和文化，在"现代型"责任行为上也做出了贡献。二是通过"小品会""大品会"以及"五粮液文化之旅"三种方式加强消费者培育，贴近核心消费圈层，提高消费者对五粮液品牌的好感乃至忠诚度。三是率先在小品会的举办场所、五粮液专卖店体系内的专柜、经销商自营或直供终端、部分常规销售以及部分 KA 卖场终端开展氛围营造工作，做好"最后一公里"的宣传，形成有效的销售转换。[10]

三、泸州老窖集团有限责任公司的创新分析①

（一）产学研

泸州老窖公司建立"泸州老窖人才乐园"，培养管理、科研和营销人才，并且不断加强校企合作，与很多高校拥有长期、稳定的科研合作关系，保证了人才的引进。同时凭借国家博士后科研工作站、国家固态酿造工程技术研究中心、国家级技能大师工作站、国家级工业设计中心、国家酒类及加工食品质量监督检测中心打造一流品质。除此之外，泸州老窖在养生酒的开发上确定了"以产业链为依托，产、学、研为抓手，打造一流大师团队"的工作思路，2015 年，泸州老窖提出酿酒工程技改项目，项目将以自动化、机械化、信息化、智能化为切入点，降低生产成本，淘汰和替换落后产能，提升产品质量。这是一项跨度长达 10 年的技改规划，全部建成后，将形成集白酒酿造、制曲、

---

① 本文中，"泸州老窖"特指以此命名的酒产品，泸州老窖指泸州老窖集团有限责任公司。

科研创新、基酒储存、生产配套设施、旅游文化产业为一体的产业中心。[11]

(二) 产品及质量创新

在众多企业纷纷远离果汁鸡尾酒背景下，泸州老窖进军果汁鸡尾酒市场，面向年轻消费者推出了与锐澳定位颇为类似的超体鸡尾酒[12]，并在 2015 年拿到邓老凉茶西南区域的经销权，实现凉茶和白酒销售资源共享。此外，泸州老窖作为行业内唯一一家拥有"六大国家级创新平台"养生酒研发企业，带领中国白酒进入养生时代。2013年，泸州老窖在业内第一个提出了"养生白酒"和"大健康产业"概念，致力于为即将风起云涌的健康养生白酒市场树立价值标杆。[13]

在产品质量方面，泸州老窖于 1979 年率先在白酒行业中推行全面质量管理，先后建立了质量、食品安全、有机等七大管理体系，形成了全方位的、完善的管理体系，并且建立了从农田到餐桌全过程的全产业链的质量管理体系。2000 年，泸州老窖在行业中率先提出"有机酿造"的理念，经过十余年的不懈努力，国窖 1573 已是中国有机白酒的领导品牌，泸州老窖也已成为中国白酒行业质量的标杆。污水处理是酿酒企业一项环保难点。泸州老窖在污水处理方面采用先进科技处理污水。严格制定环保标准，积极接受公众的检验，公司清洁生产水平达到了白酒行业清洁生产一级标准。

(三) 营销创新

近年来，泸州老窖公司积极推进大单品战略①和一体两翼产品战略②，同时对公司旗下老字号特曲实行结算价格双轨制，即计划配额内结算价格保持不变，计划外结算价格有所上调。[14] 2017 年泸州老窖创新营销组织架构，搭建了"四总三线一中心"，建成全国"七大营销服务中心"，将原有 20 余支营销团队统一整合为国窖、窖龄、特曲和博大四大品牌专营公司，并按照属地化和专业化选聘相结合的方式推动销售团队扩充。在厂商合作模式上，泸州老窖将特曲湖北分公司的全部股权转让给湖北当地的一名经销商，实现了新的探索，有利于进一步重塑特曲品牌价值。

泸州老窖对 2006 年确立的"大集团小配套"的发展战略进行了不断的改革创新，在仓储和运输的基础上延伸开展供应链和供应链金融服务，创造性地采用金融工具进行营销创新，从产品销售转变为金融衍生品销售。泸州老窖坚持"双轮驱动"，以酒业为核心，以传统制造业与资本运营的有机结合实现扩张，并且构建白酒交易中心，积

---

① 以国窖 1573，百年泸州老窖窖龄酒，泸州老窖特曲、头曲、二曲为核心。
② 以老字号特曲为主体，特曲纪念版、特曲晶彩系列作为特曲系列两翼。

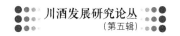
极助推大宗行业规范发展。值得一提的是，交易中心与泸州市商务局合作开展白酒价格指数的顶层设计，于 2012 年 3 月起，定期每月发布"泸州·中国白酒商品批发价格指数"，填补了中国白酒领域价格指数的空白，打造了白酒金融生态圈。[15]

在合作创新上，2016 年，泸州老窖与中粮名庄荟达成"红酒白酒"战略合作，在专卖店渠道体系和供应链服务方面达成更深入的合作。在直销市场，泸州老窖集团与康美药业公司进行战略合作，双方就大健康产业产品研发与销售展开全方位合作，共同开发泸州老窖滋补大曲酒的直销市场，同时继续开展养生酒业其他产品在直销渠道的合作。[16] 从 2013 年的"生命中那坛酒"，到 2014 年的网络定制酒"三人炫"，泸州老窖在中低端打造"互联网+"的模式。为进一步拓宽销售渠道，2013 年泸州老窖与最大的白酒电商网站酒仙网展开战略合作，推出泸州老窖在线电子商务平台，成为国内高端白酒 O2O 模式第一电商平台。

（四）信息管理创新

在企业信息化管理创新上，泸州老窖于 1998 年率先引进了用友财务管理软件，之后建设了 38 个针对各项工作的信息化系统。2005 年 6 月，又在酿酒行业内首家引入了 SAP R/3 系统①作为公司的核心管理系统和核算平台，满足了企业从生产制造到销售的"一揽子"管理和资源优化。2010 年，泸州老窖在新时期下提出了"三大平台②、四大系统③"的信息化架构。为各级管理层提供大量数据支持，同时全面整合企业信息资源，不仅帮助泸州老窖有效消除了信息孤岛，而且提高了整体运行效率。[17]

四、四川沱牌舍得集团有限公司的创新分析④

（一）产品创新

沱牌首创原粮汽爆技艺，革新了白酒的酿造技艺，开发出人工品评、电子感官和

---

① 即 systems applications and products in data processing。
② SAP 系统、供应链运营管理平台和商务智能体系。
③ 从 2011 年开始搭建的销售订单模块、营销费用模块、客户关系管理模块以及 2012 年的物流管理四大模块。
④ 本文中"沱牌"特指沱牌酒，沱牌指四川沱牌舍得集团股份有限公司，沱牌舍得指四川沱牌舍得酒业股份有限公司。

计算机优化技术相结合的"三结合"技术，与高新分析仪器配套保证了白酒的质量，同时建立企业博士后工作站，保证了相关专业人才的供给。沱牌用大量的资金投入到生态环保建设，创造了中国白酒行业多个第一，成为了实现全程生态化生产的酒企。[18] 沱牌产品线过长，技协产品、定制产品和公司自有产品众多，过多的产品、过长的产品线衍生、五花八门的包装形象严重分化了品牌价值。所以调整产品结构一直是公司工作的重点，通过打造开发新产品，打造重点产品来增加沱牌的品牌张力。公司在2017年底前逐步缩减近1000个沱牌老产品，聚焦打造沱牌天曲、特曲、优曲系列产品，主攻大众化白酒市场，同时确定了舍得、陶醉、特曲、曲酒四个主要品类，并将主导产品聚焦中高端市场。

（二）组织、管理创新

2016年7月，天洋控股通过国有股权转让及增资扩股取得公司控股股东沱牌舍得70%的股权，间接控股上市公司。在公司混改中，作为第一家在集团层面进行混合所有制改革全面退出国有股权的上市酒企，沱牌舍得这样整合股权而进行深入的混改案例开创了酒业混改的全新模式，具备一定的样板意义。此前，三家发布混改方案的上市酒企中，贵州茅台、五粮液的混改都集中在子公司或者新成立公司层面，老白干酒只涉及上市公司层面。可以说沱牌的混改方案设计得非常精心巧妙，将股权出让拆分成两步——第一步以3.31亿元出其38.78%的股权，第二步投资人必须再以8.88亿元的价格认购其后续31.22%的新增扩股。在天洋控股集团入主沱牌舍得一年半之后，就开始正式启动沱牌舍得的资本战略，定增18亿元用于酿酒配套工程技术改造项目、营销体系建设项目和沱牌舍得酒文化体验中心项目。这一举措给沱牌舍得注入了巨大的资本活力。

在员工管理层面，将员工所有收益与市场挂钩，打破工资收入的传统模式，员工如果工作出色，未来将从工资、奖金、提成、费用考核等多方面来增加收入。在机构设置方面，沱牌不断创新机构，变办事处为分公司，大大加快了市场推进速度，提高了业务服务效率，并且所有市场投入全部实行规划和申报制，由各分公司和事业推广部向公司提交所有详细进度市场方案，并协助和监督客户实施，同时确保效果。在市场管理方面，沱牌调整了过去传统的市场投入和管理模式，取而代之以重点市场重点投入、核心客户重点打造、沱牌舍得专业客户大力扶持的原则，同时加大处罚跨区销售、低价销售和假酒销售的三大恶性违规违法行为。

（三）营销创新

在天洋集团接手沱牌舍得后，最大动作就是对营销体系进行改革。在营销团队上，

提出了两个要求，一个是团队管理，用 KPI 进行考核，这样可以提高公司的运作效率，另一个是招商布局，加快公司全国布局的速度。同时，扩大销售队伍，大量增加经销商动销服务人员，并且调整激励机制，将产品动销作为销售区各级人员考核的关键指标。此外，还加强渠道管控稳定价格体系，改变价格混乱、串货严重、产品能见度差等现状，形成全国统一的价格体系，大力提升了沱牌舍得的品牌形象。

在与经销商合作上，沱牌舍得从提升客户盈利水平出发，帮助他们提升管理、拓宽渠道、改进服务，并且制定适当的营销政策。2016 年，沱牌舍得改变价费模式，取消费用打包制，改为中央总控双月审批制，提高费用使用效率，客户利润和积极性提高。同时，沱牌、舍得两个系列分类进行渠道拓展。前者通过采取厂商"1+1"运作模式，以区、县为单位全国扁平化招商的方式实现沱牌系列聚焦，提升产品终端动销能力，后者通过厂家帮助经销商全面导入终端精细化营销模式。

五、四川成都水井坊集团有限公司的创新分析①

（一）产品创新和管理创新

在质量管理方面，水井坊率先实现酒体的国际国内"双重检测"和包装材料的专项检测，保证了产品质量。在产品线方面，推出了适用于婚寿宴请场合的系列产品，以及中低价位的"天陈号"系列，回归臻酿八号、井台装和典藏核心三大产品，被认为是"产品线最干净的白酒企业"。在其他白酒企业都遍地开花，实施多元化发展战略时，水井坊通过不断地瘦身剥离其他产业，尤其是 2014 年完全退出房地产业务，将全部主业放在白酒上。

在企业内部管理上，自帝亚吉欧控股水井坊以来，前几任总经理都是外国人，新上任的范祥福则是首位中国籍总经理。帝亚吉欧认识到，在中国白酒行业，由外国人直接领导很难达到理想效果，所以选择采用中国人进行本土化管理。值得注意的是，范祥福曾经多年供职于啤酒行业，以啤酒行业的优秀人才来领导白酒企业的发展，或许会碰撞出新的火花。总经理范祥福上任后为自己设定的"使命"是构建一个平台，立足这个平台，水井坊可以对品牌、市场、价格、渠道和公司内控等各个方面进行持

---

① 本文中，水井坊指四川成都水井坊集团有限公司。

续的优化改良。

同时，水井坊在管理上着重强调了数据。之前水井坊的决策缺乏数据支撑，范祥福上台后，致力于有针对性地为水井坊建立一套管理体系，不按大区来统计销售，而是细化到每个省，推行核心门店计划，让水井坊直接掌握门店数据，一切靠数据说话。

（二）营销创新

自 2012 年底起，为了顺应新的市场形势，满足不同省份和地区的市场需求，水井坊采取更加灵活和具有针对性的商业运作模式，如总代模式、一级分销商直接合作的新模式。之后，水井坊又向新总代制倾斜，它是优化的总代制，更加扁平化。由水井坊团队来覆盖和管控零售点，总代为平台商提供服务，强调团队服务和管控市场终端，这样的制度将有利于产品价格管控和体系保障，而公司也将增加相应的销售人员来管理核心市场终端。在网络宣传上，2015 年上半年水井坊与优酷土豆集团及其他多家视频网站深度合作，开展视频广告贴片营销。除此之外，公司还加大了自媒体平台的营销改革，全面调整了微信平台的运作策略。

（三）体验创新

作为白酒企业，茅台、五粮液这类有着上百年窖池的酒企，一向是白酒拍卖市场的宠儿。水井坊在拍卖行业涉足较晚，直到 2013 年 12 月 1 日才首次登上拍卖市场的舞台，拍卖是由国内唯一高端酒类拍卖公司歌德盈香主办，19 坛"第一坊"珍稀原浆是当场拍卖会的主角，这些原浆分别酿自"1979""1989""1999"三个不同年代的原坛老酒，首次亮相就得到收藏家的热捧，最终面上成交价高达 6670 万元。在高端消费群体上，水井坊针对个体的需求差异，采取产品个性定制的方案。比如，针对爱好艺术的高端群体，水井坊与现代艺术大师方力钧进行跨界合作，将方力钧的代表画作与水井坊相融合，赋予产品艺术性、稀缺性，让喜爱艺术的消费者获得独特的艺术体验。

六、总结与启示

通过以上分析，可以将白酒企业按规模大小进行创新模式的总结，如图 1 和图 2 所示。

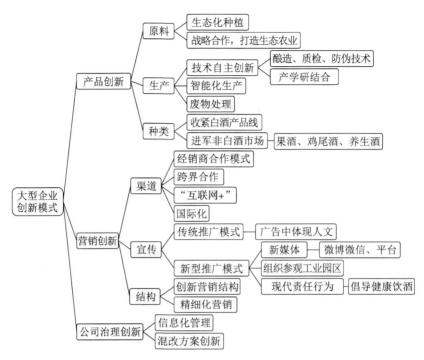

图1 大型白酒企业创新模式

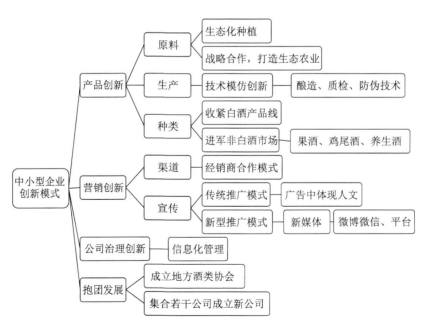

图2 中小型白酒企业创新模式

对于大企业而言，在资本实力的支持下可以进行形式多样的创新活动；而对于中小企业而言，就不能这么"大包大揽"地进行创新活动了，而是要在资本实力允许的情况下，找准发展模式，着力创新。

参考文献

[1] 龚平. G20 给五粮液带来哪些发展机遇？[N]. 华夏酒报，2016-10-11（D03）.

[2] 五粮液：继承和弘扬"世博精神"踏上国际化新征程[J]. 廉政瞭望（上半月），2016（5）：78，2.

[3] 章玉. 五粮液一种顺时而动的品牌力量 [N]. 中国食品报，2016-10-10（004）.

[4] 小刘. 五粮液携手中国工商银行独家发售限量 70 度珍藏酒 [DB/OL]. http://zgj. china. com. cn/mil/1970. html，2016-08-01.

[5] 龚平. 共建共赢是五粮液成功的密码 [N]. 华夏酒报，2016-11-08（D01）.

[6] 江源. 五粮液品牌价值突破 700 亿[J]. 酿酒科技，2013（11）：108.

[7] 卞川泽. 五粮液精细化营销的意义何在？[N]. 华夏酒报，2017-03-07（D03）.

[8] 郑红艳. 枫丹百丽与五粮液、尚作农业战略合作 [N]. 农资导报，2016-11-15（B03）.

[9] 刘一博. 重启专卖五粮液捡烫手山芋 [N]. 北京商报，2017-02-14（004）.

[10] 王剑兰. 五粮液：执行力突破谋求于未来 [N]. 企业家日报，2017-03-23（004）.

[11] 吴林静. 泸州老窖去年净利增近七成投 74 亿技改谋"智能酿酒" [N]. 每日经济新闻，2016-04-28（007）.

[12] 周子黉. 泸州老窖进军鸡尾酒　内部人都不看好 [N]. 中国商报，2016-08-23（P07）.

[13] 吕俊岐. 泸州老窖养生酒业创领"健康中国"[N]. 华夏酒报，2015-12-08（A19）.

[14] 关子辰. 泸州老窖两大单品首推双轨制结算 [N]. 北京商报，2017-01-05（004）.

[15] 唐梅芝. 泸州老窖"大集团、小配套"的航母舰队[J]. 企业管理，2017（1）：70-72.

[16] 吴富强. 泸州老窖做直销？[J]. 知识经济（中国直销），2015（9）：70-71.

[17] 张维，文广，代国强. 白酒企业信息化阶段性特征分析——以泸州老窖为例[J]. 情报探索，2015（3）：77-80.

[18] 尹贵超. 沱牌舍得开启"天洋时代"[N]. 华夏酒报，2016-07-19（A01）.

白酒企业节能减排效益评估实证分析[*]

龙志[1,2]，曾绍伦[2*]

（1. 四川理工学院管理学院，四川自贡　643000；

2. 四川理工学院川酒发展研究中心，四川自贡　643000）

摘　要：在能源资源和环境约束趋紧的大背景下，白酒行业能源消耗与污染排放面临巨大的环境压力。基于节能减排视角，采用SFA方法，对白酒企业进行实证分析，通过分析白酒企业节能减排的经济与社会效益，确立投入产出指标体系，以四川某大型白酒企业为例，通过调研白酒企业及其发布的年度报告和社会责任报告获取基础数据，使用超越对数生产函数，应用统计软件对数据进行计量分析，结果表明该企业污染排放偏高；并对白酒企业提出相应的建议，以期为白酒企业节能减排提供决策参考。

关键词：节能减排；效益评估；随机前沿分析；白酒企业

一、引言

我国每生产1吨白酒，消耗2~3吨粮食，煤炭0.6~3吨，工业用电45~55度，产生酒糟8~10吨，废气排放量约为3.95吨，废水排放量约为3吨。白酒产生的酒糟呈酸性，极易霉变，不易贮存，且含有大量的脂肪、蛋白、纤维、维生素、微量元素及

---

* 基金项目：酿酒生物技术及应用四川省重点实验室项目《白酒节能减排技术经济评价研究》（NJ2012-15）。

作者简介：龙志（1991-），男，湖南益阳人，硕士研究生，主要从事环境规制研究。

通讯作者：曾绍伦（1974-），男，四川泸州人，博士，教授，硕士生导师，主要从事环境规制与企业社会责任研究。

无氮浸出物等，如果不能及时处理及利用，随意丢弃或者掩埋会对区域内的土壤、水、空气造成严重污染，进而破坏酿酒微生物环境，直接影响到白酒产业的持续健康发展。[1]国家统计局最新统计数据显示，2014 年 1～12 月，我国白酒行业累计产量1257.13 万千升，同比增长 2.5%。随着白酒产量的增加，白酒产业能源消耗与污染排放面临巨大的环境压力。虽然白酒行业在"十二五"期间已经采用了一系列清洁生产技术和采用科技创新手段开展节能减排工作，但在"十三五"期间，基于国家应对气候变化以及更为严格的生态红线制度和环境治理要求，白酒行业和白酒企业将面临更大的节能减排压力，因而评估白酒企业节能减排效益具有重大的意义和参考价值。

二、文献综述

在能源资源和环境约束趋紧的大背景下，关于节能减排这类研究呈现研究视角多样化、研究方法趋于复杂化的特征。主要研究视角有：①从区域发展视角的分析，如：余泳泽通过将非期望产出（污染物）纳入投入产出的 DEA 模型，计算我国节能减排的潜力和效率以及污染治理效率，分析了各地区的节能减排路径，通过深入分析我国节能减排面临的压力，提出了相关政策建议；[2]与此同时，余泳泽和邓姗姗通过梳理我国节能减排的现状、存在的问题，并对解决路径进行了述评，揭示了我国产业结构、外贸结构、FDI 结构以及技术结构不合理直接导致了节能减排的乏力和低效率，并提出了相应的建议；[3]魏楚等通过将污染物纳入全要素生产率（Total Factor Productivity，TFP）框架，对全国各地区的能源利用效率、节能和减排潜力进行估计，在此基础上对中国能否实现节能减排目标进行了评价和模拟，提出节能减排工作重心在于建立节能减排的内在动力机制。[4]②从行业视角的分析，典型如：何小钢和张耀辉在考虑能源与排放因素的基础上，测算并分解中国 36 个工业行业基于绿色增长的技术进步，分析了工业节能减排的转型特征，并在此基础上采用面板技术分析了技术进步和能源消费结构对节能减排具有显著正向影响。[5]③从企业的视角分析，如：林永居梳理了近几十年国内外关于企业节能减排的相关研究，简要评述了企业节能减排行为相关概念以及基于不同影响因素的管理对策，并对理论与实证的补益研究做出展望；[6]金桂荣和张丽运用DEA 方法对我国 30 个省份的中小企业节能减排效率进行了评价，得出了对节能减排效率具有显著影响的因素是中小企业的技术水平、管理水平、发展规模以及产业结构的

结论，并对企业节能减排提出相关的政策建议。[7]

在研究方法方面，随机前沿分析（Stochastic Frontier Analysis，SFA）被广泛应用于我国工业的全要素生产率（TFP）研究，越来越多的文献开始运用随机前沿方法对资源配置效率、研发创新效率、要素投入与产出效率以及节能减排和碳排放效率做出评价与分析。陶长琪和王志平对随机前沿分析方法发展的历史沿革及其研究进展做出了评述，指出了随机前沿分析方法在经验分析中的优势与作用，总结了国内区域与行业经济增长中随机前沿方法的应用与不足，并就进一步研究的发展方向做了展望。[8]与此同时，随机前沿分析方法也被广泛应用于节能减排和碳排放效率分析，如：赵国浩等通过界定碳排放效率的内涵，基于随机前沿模型，对山西省1995~2010年的碳排放效率进行了测算，并与中部其他省份碳排放效率进行了比较分析，发现山西省的碳排放效率在中部六省中效率最低，且碳排放效率呈逐年降低的趋势；[9]宋罡和徐勇采用SFA方法测算了2001~2010年我国30个省份中小企业的技术效率，结论表明，目前我国中小企业的技术效率整体偏低并呈上升态势，中小企业技术效率与地方经济发展结合紧密且具有显著的收敛趋势，并提出相关的政策建议；[10]孙慧等运用随机前沿分析对中国西部地区2003~2011年的碳排放效率进行了评价研究；[11]杨青峰利用1995~2009年我国高技术产业地区面板数据，运用随机前沿模型，分析了高技术产业地区研发创新效率及其影响因素。[12]

关于白酒企业节能减排、低碳发展的也有研究。翁靓和曾绍伦从费用和效益的视角，以某大型白酒企业为例，研究白酒企业开展节能减排项目的可行性，并针对白酒企业开展节能减排提出了建立循环经济发展体系、树立新型节能减排管理理念、加强技术创新、发展生态酿酒等方面的建议；[13]王艳红和周健将层次分析法（The Analytic Hierarchy Process，AHP）和模糊评价法结合，构建节能减排的技术评价指标体系，并采用模糊矩阵进行综合评价，建立了白酒行业节能减排技术评价模型，通过对四川某白酒企业进行实证分析，得出该企业的节能减排的技术效率，并据此提出相应的对策和建议；[14]王晓莉等将全生命周期评估方法（Life Cycle Assessment，LCA）引入白酒企业纯粮固态发酵白酒生产过程，动态计量并掌握该企业白酒生产过程中各个阶段的碳排放量，测度该企业需要通过技术创新减少废水排放的COD浓度，并分析了江苏某企业白酒生产的低碳转型路径。[15]

综合现有文献，不管是在研究方法方面还是在研究视角方面，现有关于白酒行业和白酒企业节能减排的研究尚需进行深度分析和系统研究。为此，本文基于节能减排的视角，通过调研大型白酒企业经济数据、能源消耗与污染排放数据，采用随机前沿分析方法，对白酒企业进行实证分析，并对白酒企业实施节能减排提出相应的对策建议。

三、实证分析

（一）白酒企业节能减排效益评价指标体系

当前中国经济增长下行压力较大，人口、资源环境和社会发展的矛盾突出，随着工业化和城市化的深入推进，资源环境形势日益严峻；我国正处于能源结构调整和转型发展的新时期，加快清洁生产、节能减排、提高能源利用率是企业可持续发展不可规避的主题。节能减排效益的评估通常包括经济效益和社会效益两个方面，而社会效益评估的重点在于环境效益。

1. 经济效益

企业节能减排的经济效益评价包括微观经济效益和宏观经济效益评估两个层面。就微观经济效益来看，节能减排可以提高能源利用效率，降低能源强度；优化产业结构和企业运作，减少材料和设备损耗，提高生产效率可以直接降低企业成本投入。同时，实施节能减排可以降低环境污染后治理难度，减少治理成本，尽可能减少排污费用和避免环境污染违法处罚等。从宏观经济效益层面来看，节约能源可以缓解社会的能源压力，降低能源勘探开发的投入；减少污染排放可以直接降低社会承担的环境污染治理成本，排放物回收再利用可以提高利用率，创造新的价值，从而实现绿色、可持续的经济增长，实现经济转型。

2. 社会效益

企业节能减排的社会效益是十分显著的，环境效益作为社会效益评估的重点尤为突出，企业节约能源，降低能源消耗，提高能源利用率，减少废水、废气、固体废弃物的排放，可以直接缓解企业所在地的环境压力，改善当地的生态环境。面对当前全球气候变化，企业作为污染排放的主体，减少废气和二氧化碳的排放不仅体现了企业的社会责任，而且对于应对全球气候变化，更是具有重大的现实意义，其带来的环境效益也是非常明显的。企业节能减排，可以有效避免环境突发事件，造成重大环境污染。同时来自环境方面的压力又促使企业优化产业结构和生产运作方式，提高技术水平，加大科研投入，追求技术进步，实现技术创新，改变原有"先污染后治理"的落

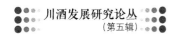

后观念，落实科学发展观，实现可持续发展。节能减排包括节能和减排两大技术领域，二者既有联系，也有区别。节能必定减排，但是减排却不一定节能，减排必须加强节能技术的应用，避免片面减排而造成能耗激增，需要注意社会效益和环境效益的均衡。

3. 白酒企业节能减排的经济效益与社会效益评估指标体系

通过考查企业的从业人员、原材料投入、研发投入和环保投入，分别确立人力投入和资本投入指标；考查企业主营业务收入，白酒产量，废气、废水和废渣排放量，分别确立期望产出和非期望产出指标（见表1）。运用模型分析投入与期望产出和非期望产出之间的关系，分别得出相应的产出效率，以评估企业的经济效益和社会效益。

表1　白酒企业投入产出指标体系

	指标	备注
投入指标	从业人员	人力投入
	原材料投入	资本投入
	研发投入	
	环保投入	
产出指标	主营业务收入	期望产出
	白酒产量	
	废气排放量	非期望产出
	废水排放量	
	废渣排放量	

（二）模型与方法

随机前沿模型是艾格纳（Aigner）、洛弗尔（Lovell）和施密特（Schmidt）以及米奥森（Meeusen）和梵登·伯洛克（Van den Broeck）分别独立提出。[16]最初的模型是专门针对具有横截面数据的生产函数，并将生产函数中的误差项分为两部分：一个是随机误差项，另一个是与技术无效有关的非负随机变量。随机前沿模型的一般形式如下：[17]

$$Y_i = X_i\beta + (V_i - U_i) \tag{1}$$

式中，Y_i为厂商在 i 时期的产出；X_i为厂商在 i 时期的投入；β 为未知参数，V_i为统计噪声的随机误差项，$V_i \sim i.i.d. N(0, \sigma^2)$；$U_i$为与技术无效有关的非负随机变量。该模型的基本含义是个别生产者由于受随机扰动项 V_i 和技术无效率变量 U_i 两个因素的影响而不能达到生产前沿。

运用随机前沿模型进行分析首先需要选择合适的生产函数，常用的生产函数有超越对数（Translog）函数和柯布—道格拉斯（Cobb-Douglas）生产函数两种形式。超越对数生产函数模型是由 Christensen、Jorgenson 和 Lau 于 1973 年提出的，超越对数生产函数形式灵活，对技术没有限定，具有易估计、包容性强等特点，本文采用超越对数生产函数：[18]

$$\ln(Q_i) = \beta_0 + \beta_1 \ln(L_i) + \beta_2 \ln(K_i) + \beta_3 \ln(L_i)^2 + \beta_4 \ln(K_i)^2 + \beta_5 \ln(L_i) \ln(K_i) + (V_i - U_i)$$

(2)

式中，Q_i 表示产出，L_i 表示劳动投入，K_i 表示资本投入，β 为未知参数，V_i 为统计噪声的随机误差项，U_i 为与技术无效有关的非负随机变量。

厂商的技术效率（Technical Efficiency）可用样本中该生产者产出的期望与随机前沿的期望的比值来确定，表示厂商的技术效率状态，即：

$$TE_i = \frac{E(Y_i)}{E(Y_i \mid U_i = 0)} = \exp(-U_i)$$

(3)

技术效率状态在 0 和 1 之间取值，当 u = 0 时，TE = 1，处于技术效率状态；若 U > 0 时，0 < TE < 1，则处于技术非效率状态。

（三）数据

以四川某大型白酒企业为例，通过调研及其发布的年度报告和社会责任报告获取基础数据（见表 2）。

表 2 白酒企业投入产出相关数据统计

	2014 年	2013 年	2012 年	2011 年
主营业务收入（万元）	535344.00	1043112.00	1155635.00	842791.00
产量（万吨）	19.76	17.86	22.12	15.77
从业人员（人）	1815.00	1826.00	1862.00	1815.00
原材料（万元）	212300	350800	308900	225600
研发支出（万元）	5536.00	7831.70	7020.31	5308.55
环保投入（万元）	2774.42	3558.86	2120.00	1290.51
废气排放量（万立方米）	22526.40	26790.00	25659.20	18453.00
废水排放量（万吨）	77.66	70.73	87.60	50.75
废渣产生量（万吨）	7.24	6.52	8.01	5.65

应用软件 Frontier 4.1 对数据进行计量分析，得到统计结果如表 3 和表 4 所示。

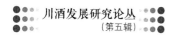

表3 计量分析结果

参数	系数	标准差	显著性
β_0	-2782.983^{***}	0.9999	-2783.016
β_1	-852.017^{***}	0.9993	-852.596
β_2	941.985^{***}	0.998	943.938
β_3	190.376^{***}	0.960	198.206
β_4	9.740^{***}	0.576	16.901
β_5	-158.107^{***}	0.875	-180.693
σ^2	286.295^{***}	1.001	283.535
γ	0.9999^{***}	0.414	2.417
μ	-0.437	2.258	-0.193
η	0	0	0
Log 值	-12.137^{***}	单边 LR 检验	9.577

注：＊＊＊代表在1%显著水平下具有统计显著性。LR 为似然比检验统计量，此处它符合混合卡方分布。在对无效率项的估计模型中系数表示变量对无效率项的影响，负的变量系数表示对效率存在正向影响。

表4 各项产出指标的生产效率

	2014 年	2013 年	2012 年	2011 年	平均
营业收入	0.1969	0.8140	0.6720	0.2097	0.4424
产量	0.5933	0.7145	0.7002	0.6033	0.6528
废气排放	0.5803	0.7262	0.8484	0.5900	0.6862
废水排放	0.4808	0.8814	0.8191	0.5092	0.6726
废渣排放	0.4372	0.8824	0.7436	0.4689	0.6330

（四）结果与讨论

（1）由表3可见，$\gamma=0.9999$，γ 值接近于1说明用 SFA 做分析是合理的，LR 统计检验在1%显著水平下具有统计显著性，而且各系数也通过了1%水平下的显著性检验。人力资源产出弹性为负，表明该企业人力资源要素产出弹性呈现出不断下降的趋势；资本产出弹性为正，说明该企业资本要素产出弹性处于不断上升的状态，这表明该企业产出效率的提升越来越依赖于资本要素的投入。因此，企业经济效益的提升需要合理配置人力和资本投入，正确利用人力和资本产出弹性，在保证基本人力资源投入的情况下，扩大资本投入，以提高经济效益。

（2）由表4可见，2011~2014年营业收入效益总体不高，2011~2013年呈增长趋势，2014年出现断崖式下降；白酒产量效率为中等，2011~2013年呈增长趋势，2014有所下降；废气、废水、废渣排放偏高，2011~2013年呈增长趋势，2014年有所减少；营业收入和产量与废气、废水、废渣排放呈线性相关关系，在营业收入和产量增长的同时，"三废"排放也相应地增长。由此可见，该企业白酒产出效率不高，废气、废水和废渣的排放偏高，产量的增长依赖于污染的排放，企业生产效益以及节能减排还有很大的提升空间，企业进行节能减排具有非常显著的经济、社会和环境综合效益。

四、结论与建议

本文进行白酒企业节能减排经济社会效益评估，可以得出以下结论：

（1）该企业人力资源要素产出弹性呈现出不断下降的趋势，资本要素产出弹性处于不断上升的状态，企业产出效率的提升越来越依赖于资本要素的投入，对人力资源投入依赖日趋下降。

（2）企业环境安全可靠性差，废气、废水、废渣排放偏高，尚未实现白酒酒糟的规模化、产业化利用，产量的增长依赖于污染的排放，企业生产效益以及节能减排还有很大的提升空间，企业进行节能减排具有非常显著的经济、社会和环境综合效益。

为此，本文提出如下对策建议：

（1）企业需要合理配置人力资源和资本投入，正确利用人力和资本产出弹性，在保证基本人力资源投入的情况下，扩大资本投入，以提高经济效益。

（2）企业需要加强生产科研，坚持传统工艺和现代生产相结合，不断改进生产工艺，实现成本、粮耗、能耗下降，基础酒产量同比增长，提升经济效益。

（3）企业实行节能减排，加强环境保护，启动丢糟综合利用项目等重点环保建设工程，变废为宝，实现丢糟完全资源化利用，进一步实现节能减排和清洁生产，为保护社会环境承担企业责任。

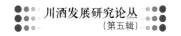
参考文献

［1］彭雅．中节能：酿酒余渣"变废为宝"［EB/OL］．多彩贵州网，http：//gzjj. gog. cn/system/2014/12/26/014006209. shtml，2014-12-26.

［2］余泳泽．我国节能减排潜力、治理效率与实施路径研究［J］．中国工业经济，2011（5）：58-68.

［3］余泳泽，邓姗姗．我国节能减排的现状、问题与解决路径——一个文献综述［J］．产业经济评论，2014（6）：33-43.

［4］魏楚，杜立民，沈满洪．中国能否实现节能减排目标：基于 DEA 方法的评价与模拟［J］．世界经济，2010（3）：141-160.

［5］何小钢，张耀辉．技术进步、节能减排与发展方式转型——基于中国工业 36 个行业的实证考察［J］．数量经济技术经济研究，2012（3）：19-33.

［6］林永居．企业节能减排行为的影响因素与管理对策研究述评［J］．东南学术，2011（3）：111-122.

［7］金桂荣，张丽．中小企业节能减排效率及影响因素研究［J］．中国软科学，2014（1）：126-133.

［8］陶长琪，王志平．随机前沿方法的研究进展与展望［J］．数量经济技术经济研究，2011（11）：148-161.

［9］赵国浩，李玮，张荣霞，梁文群．基于随机前沿模型的山西省碳排放效率评价［J］．资源科学，2012（10）：1965-1971.

［10］宋罡，徐勇．基于随机前沿分析的中小企业技术效率［J］．系统工程，2013（2）：77-83.

［11］孙慧，张志强，周锐．基于随机前沿模型的中国西部地区碳排放效率评价研究［J］．工业技术经济，2013（12）：71-77.

［12］杨青峰．高技术产业地区研发创新效率的决定因素——基于随机前沿模型的实证分析［J］．管理评论，2013（6）：47-58.

［13］翁靓，曾绍伦．基于费用效益分析的白酒企业节能减排项目可行性评估［J］．酿酒科技，2015（7）：132-136.

［14］王艳红，周健．白酒企业节能减排技术评价实证分析［J］．酿酒科技，2014（9）：129-134.

［15］王晓莉，王海军，吴林海．基于 LCA 方法的工业企业低碳生产评估与推广——白酒企业的案例［J］．中国人口·资源与环境，2014（12）：74-81.

［16］Aigner D. J. , Lovell C. A. K. , Schmidt P. . Formulation and Estimation of Stochastic Frontier Production Function Models［J］. Journal of Econometrics，1977，6（1）：21-37.

［17］ Timothy J. Coelli, D. S. Prasada Rao, Christopher J. O. Donnell, George E. Battese. An Introduction to Efficiency and Productivity Analysis［M］. 北京：中国人民大学出版社，2008.

［18］李子奈．计量经济学模型方法论［M］．北京：清华大学出版社，2011.

四川白酒类上市公司盈利能力分析[*]

张莉[1]　姚慧[2]　朱靖[1]　蒋晓莲[1]

（1. 成都理工大学，四川成都　610051；

2. 北京金十达酒业有限公司，北京　100012）

摘　要：企业获利能力分析是财务报表分析的主要内容，长期以来受企业利益相关者以及财务信息使用者的高度关注，使得获利本领高低成为影响企业发展的重要因素之一。就白酒企业这种制造企业来说，其员工数量巨大，因此其生存发展更事关很多人的利益。然而在 2012 年"八项规定""禁酒令"以及限制"三公消费"政策的影响下，白酒行业整体业绩下滑，迫使行业改变产品结构、市场定位等重要经营战略，但近几年随着消费者越来越注重白酒品牌品质，又拉动了中高端白酒的销量。笔者将在此背景下叙述国内外对白酒行业的盈利能力分析；与盈利能力相关的财务指标；从生产经营、资产、所有者权益、成本控制四个角度分析 2013 年以来四川白酒类上市公司（以泸州老窖、五粮液、沱牌舍得为例）的盈利能力状况，最后得出相关结论并给出措施建议。

关键词：盈利能力；五粮液；四川白酒类上市公司

---

* 基金项目：四川理工学院川酒发展研究中心项目（CJY16-02）。

作者简介：张莉（1972-），会计学硕士，成都理工大学讲师，研究领域为财务会计、产业经济；姚慧（1995-），助理会计师，北京金十达酒业有限公司，研究领域为财务管理；朱靖（1974-），经济学博士，成都理工大学副教授，研究领域为产业经济；蒋晓莲（1964-），成都理工大学副教授，研究领域为企业管理。

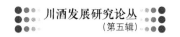

一、前言

（一）选题背景以及研究意义

1. 选题背景

追溯起中华文化的源远流长、博大精深，不得不提及中华的酒文化与中华文化两者之间的联系，从我们熟知的唐诗宋词里便能窥见一二。"酒逢知己千杯少""举杯消愁愁更愁"等诗句，"酒香不怕巷子深"等俗语均体现出炎黄子孙对白酒的情有独钟。改革开放以来，白酒行业飞速发展，其中以"五粮液""贵州茅台"为首的高端白酒更是家喻户晓，然而2013年白酒行业全年营业收入同比下降，其中沱牌舍得2013年营业收入同比下降27.6%，五粮液营业收入同比下降9.13%，主要原因是国家"八项规定"和限制"三公消费"导致高档白酒销量下滑，从而导致企业的获利能力下降。在国家政府倡导廉政节约的大环境下，以高端白酒为主营业务的白酒公司不得不进行转型。与此同时，随着国民收入的增加，白酒对身体的负面影响也受到消费者的关注。此外，虽然中国市场足够大，国民购买能力也日渐上升，但是国外商家的进入也使得国内白酒市场的竞争十分激烈。总而言之，看似市场庞大的白酒行业，由于多种因素的影响，白酒企业能否实现高盈利备受利益相关者的关注。

2. 研究意义

难以想象，中国上下五千年的历史文化没有了白酒的点缀还会不会这么璀璨耀眼。自古以来，酒就是文人雅士抒情之必备，就是皇亲贵族筵席之点睛，也是厨娘煎炸烹煮之诀窍，故而一定程度上白酒行业的发展状况可以反映出国内外对中国文化的关注程度。国外洋酒入驻中国市场，使得国内消费者有了更多的消费选择，加上当下对酒后驾车的惩罚力度加大以及消费者对"喝酒伤身"的健康理念等都对国内市场产生了一定的影响，虽然中国白酒行业数量众多，但上市的公司较其他行业却很少，本文研究白酒行业的盈利能力有如下几点意义：

第一，可以为投资者和潜在投资者提供更全面的方法来判断公司的盈利能力，达到保护其权益获得投资回报的目的。因为在投资者考虑盈利能力的财务指标优劣时，如果结合企业资产周转率、产品结构、销售方式、行业特点等可以更准确、全面地评价企业的获利水平，有助于投资者做出合理的决策，从而达到降低投资风险、取得回报的效果。比如，通常评价企业获利能力时，部分普通投资者往往只关注市盈率、市净率等指标或者完全跟风盲目投资，但通过对盈利能力系统的剖析，可以帮助投资者找到适合用于评估企业获利能力的方式，进而在某种程度上达到降低投资者投机风险的目的。

第二，就企业管理者而言，提高企业效益是其取得合法合规的高回报的唯一途径，通过分析企业的盈利能力，可及时发现企业经营过程中的潜在问题，诸如产品成本控制是否得当，资产配置是否合理等，提高公司生产经营的效益和财务管理水平，进而利于其实现公司资本价值最大化，促进公司的可持续发展。

第三，从债权人角度来看，分析企业的获利本领的高低，有利于降低债权人借出资金的收回风险。由于债务偿还期限的不同，资金回收风险也不一样，因此短、长期债权人评价企业盈利能力时参考的依据会有所差异。对于短期债权人而言，其侧重分析企业当期的获利本领；对长期债权人来说，主要关注企业长期的获利本领高低、获利的稳定性和持久性。必须要指出的是，债权人在考虑是否借出资金时，还应考虑企业的偿债能力、行业特点等因素。

第四，分析企业获利水平有利于员工维护个人权益。企业员工通过对公司的获利能力分析，可以了解公司经营状况，从而判断企业是否有能力给员工提供稳定持久、多元化的工作环境。

（二）文献综述

1. 国外相关研究概况

外国学者对盈利能力的研究主要体现在评价指标的选取和评价方法的完善上。美国学者亚历山大·沃尔（1928）①首次创立了沃尔评分法，给定所选定的 7 个财务比率在总评价（100 分）中的比重，然后根据行业情况得出标准比率，并与实际比率相比较，最后得出总评分的评价企业综合财务状况的方法。[1]Persen 和 Lessig（1979）以问卷的方式对几百家公司进行调查后将销售利润率、每股收益、现金流量和内含报酬率等指标计入绩效评价体系；杜邦分析法（美国杜邦公司首创）以权益报酬率为起点，通过对权益报酬率的数学推导和分拆，即权益报酬率等于总资产净利率和权益乘数的乘积，再对资产净利率进行分拆，最后列示出影响总资产收益率的各项财务因素及其关系。[2]

---

① 引自贺毅.非营利组织财务绩效评价研究［D］.长沙：湖南大学硕士学位论文，2007.

2. 国内相关研究概况

由于国内资本市场的发展缓慢，国内学者对企业盈利能力的研究起步较晚，赵和玉（2012）用因子分析法分析了广西上市公司的盈利能力，发现广西上市公司盈利能力整体情况一般。[3]张勋尘、陶瑞妮（2014）以五粮液集团为例研究了其营运、盈利和发展能力。[4]蔡依凝、巴瑀、赵宣臣（2016）研究了在企业盈利能力分析中应注意的一些问题。[5]张晶（2016）提出了盈利能力分析的重要性和与盈利能力分析相关的具体内容。[6]

通过以上对国内外研究状况的了解，可以看出随着经济发展企业形式的完善和发展，国内外对上市公司盈利能力的分析逐渐倾向于全面评价。

二、盈利能力的基本概念

（一）盈利能力的含义

企业盈利能力是指企业获得利润的本领，是解读企业的营运状况的核心，与企业利润高低有直接关系，常用净资产报酬率、资产净利率等相对数指标来衡量。

盈利能力分析是综合分析企业运用各种资本创造收益的能力，简而言之，就是一个评价企业的资金增值能力的过程，是财务报表分析的主要内容之一。只对某一类指标的分析难以评价企业真实的盈利能力，要揭示公司的财务状况，预测公司的未来前景，必须要考虑企业运作流程的方方面面，以及企业所在行业的平均水平等。总而言之，企业盈利能力能够代表企业一段时间的综合实力。

（二）盈利能力的评价要素

本文将评价盈利能力的财务指标分为了四类，对四川白酒类上市公司进行盈利能力的分析也会对这四个方面进行综合的考虑，不同角度的分析可以为投资者、管理者提供更为全面完整的信息，利于投资者做出投资决策，管理者制定公司发展战略等。

第一，生产经营方面的盈利能力。生产是企业盈利的源头，从生产工艺的选择、产品原材料采购，产成品包装、入库，到最终实现销售，获得利润。这是工商制造业运作的主线，是盈利的核心。

唐朝诗人李煜如是说"剪不断理还乱"，这句词恰可用于形容企业生产规模与获利能力之间的关系，即两者间不仅存在着产销关系，还存在规模经济的现象，即可解释为固定成本的存在使得成本下降受限，因此企业的生产规模若能在一定的范围内（总的固定成本不变的条件下）增加，使得单位产品分摊的固定成本降低，产品能提供的边际收益就越多，实现的利润便会越多；另外，产品结构是指产品类型，产品结构的多元化可降低产品单一化带来的风险，比如2013年以前，白酒行业的主要收入来源是高端白酒，但由于宏观政策和市场环境导致高端白酒销售下滑，使得白酒行业在一段时间内亏损面巨大，经过行业转型后白酒行业出现回暖迹象。此外，销售收入是实现盈利的主要来源，因此上市公司销售团队的能力对企业获利能力的影响也不可小觑。综上所述，在分析时，信息使用者应综合考虑影响盈利能力的方方面面，尽可能做到面面俱到，而非只考虑某一类指标。

第二，资产的收益能力。资产是一个企业最重要的资源，有了资产才能进行生产线投资等。所谓的资产盈利能力，就是衡量企业运用资产创造经济利益的能力，对企业来说，必须关注资产的闲置率，闲置率越高，单位收益负担的成本就越多，盈利状况就越差。根据企业会计准则的规定，固定资产只要未转入处置、未进行改良，无论企业是否使用，都应当对其计提折旧，倘若固定资产出现闲置现象，那么固定资产就只产生经济利益的流出但没有流入，对企业利润的贡献就为负，导致企业利润的减少，企业吸收资本的能力就会受到一定的影响，甚至可能会导致企业破产，因此资产的盈利能力不仅是投资者进行投资决策会考虑的因素，也是企业管理者为实现企业可持续发展不得不关心的指标。总而言之，企业要想实现持续经营就必须要考虑其资产的盈利能力。

第三，所有者权益的盈利能力反映企业运用企业投资资本创造回报的能力。换言之，公司要想获得扩大企业规模的资本就要提升自己的权益报酬率，权益报酬率对股东的投资规模有很大的影响，回报高则股东的投资额可能就会增加，反之可能减少。据有关统计显示，影响投资者投资的因素除了投资者心理因素外，另一个就是公司的前景，因此为了吸资，任何一个想发展壮大的公司都不得不对此非常重视。

第四，成本费用的盈利能力，单位产品的边际毛利率直接与成本相关，成本费用控制越科学有效，同样成本费用水平下，创造的收益则越高。故而，从成本控制角度来诠释企业盈利能力同样具有一定的可靠性。

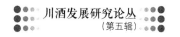

三、四川白酒类上市公司盈利能力分析

（一）白酒行业盈利能力特点

1. 受政府政策影响程度高

21 世纪初，白酒行业发展速度惊人，但在 2013 年由于国家限制"三公消费"等政策的影响，白酒行业 2013 年营业收入大幅下降，下降比例高达 20%，由此可见，国家政策对白酒行业的冲击十分巨大。此外，国家税收政策与白酒企业产品定价之间的关系对白酒市场整体的产销也带来了不容忽视的影响，例如 2001 年对白酒实行从价从量复合征税的方式使得部分白酒企业推出高价酒，2014 年消费税从生产环节转移至批发环节，企业税基增高，负担加重只能提高白酒价格以减负。

2. 主要依赖中高档白酒创收

国家限制"三公消费"之所以能给白酒行业带来很大影响，就是因为白酒企业营业收入主要依赖于高价酒，以沱牌舍得为例，2012~2016 年中高档白酒占总收入的比例一直处于 64% 以上，其中 2013 年受国家政策影响，中高档白酒收入从 2012 年的 14.01 亿元下降到 8.58 亿元，相对而言，低档酒销售额受国家政策影响不大（见表 1）。

表 1　沱牌舍得 2012~2016 年中高端白酒和低档白酒收入分析　　　单位：亿元

年份	2016	2015	2014	2013	2012
中高档酒	10.51	7.24	8.06	8.58	14.01
低档酒	1.86	2.37	4.52	3.70	3.56
合计	12.37	9.61	12.58	12.28	17.57
中高档酒收入占比（%）	84.96	75.34	64.07	69.87	79.74
低档酒收入占比（%）	15.04	24.66	35.93	30.13	20.26

3. 与产品知名度关系密切

白酒行业一直以来都是毛利率较高的行业，其产品附加值也较高，因为酿酒所需原材料易取得且便宜，即使原材料存在季节性原因，使得原材料存储成本增加，但是这对白酒定价的影响并不大，相反，由于产品本身具有一定的象征意义，如国窖 1573 等，扩大了企业的定价空间，从而使得企业实现高毛利率。

（二）四川白酒类上市公司现状

受国家相关政策影响，2013 年白酒行业进入调整期，行业被迫转型，使得行业整体效益下滑，源于公款消费的收入降低，但随着个人消费的升级，消费者越来越重视消费体验和品牌品质，拉动了对中高端白酒的消费，从近六年来白酒消费越来越向名优品牌集中便可窥得一二，其中，2016 年，全国规模以上白酒企业完成酿酒总产量为135. 836 亿升，同比增长 3. 23%。中高端白酒的销量仍在企业销售收入中占有很大比重，同时四川省白酒年产量为 40. 267 亿升，同比增长 8. 65%，产量位居全国第一。

但在当下国内经济进入新常态的情况下，国内市场供大于求，供需关系增大了白酒行业销售压力，在行业中，产能过剩的现象普遍存在，高端白酒价格的波动，以及中低端白酒市场竞争激烈，致使白酒企业间的较量更加残酷，另有人工、原材料、物流等成本增加，压缩了公司利润空间。"祸不单行"恰好描述了白酒行业现在的遭遇，在上述恶劣环境下，白酒行业还面临着产销总量的降低、消费者更看重品质等影响企业销量的问题，各种因素共同作用致使市场集中度加速提高。

（三）从生产经营角度分析

1. 生产经营盈利能力指标选取

（1）营业毛利率，是指营业毛利占营业收入的比例，其中营业毛利即营业收入减去营业成本，故而可以看出该指标反映了企业成本控制、产品竞争和产品定价的能力。[7] 毛利率高表明成本在收入中所占的比重越小，在其他费用率和其他项目不变的情况下，净利润率就会越高，从而企业的盈利本领越强。用公式可表示为：

营业毛利率=营业毛利/营业收入×100%[8]　　　　　　　　　　　　　　（1）

（2）营业净利率，即净利润占营业收入的比例，考虑到一些不确定性、不可预见性因素可能对净利润产生影响，如投资收益、营业外收支等项目，在采用此指标时，应该考虑企业是否存在大额的非正常的收支项目，对于金额较小的可以忽略其对利润的影响。用公式可表示为：

营业净利率=净利润/营业收入×100%　　　　　　　　　　　　　　　　（2）

（3）营业利润率，反映的是营业利润占营业收入的百分比[9]，需要指出的是，营业利润是营业毛利减去企业非日常活动形成的利得和损失以及所得税费用后的金额，简言之，该指标反映了企业日常活动中所产生的经营效益，比值越高则企业经营效率越好，获利本领越强，反之亦然[10]。用公式可表示为：

营业利润率=营业利润/营业收入×100%　　　　　　　　　　　　　　　　（3）

2. 对三家白酒上市公司生产经营方面的盈利能力分析

为了达到分析结果客观准确的目的，笔者选择了白酒行业中 16 家公司 2011～2016 年的数据并且计算行业平均值，再以此为基础分析沱牌舍得、五粮液、泸州老窖三家公司的生产经营盈利能力。

首先，从营业毛利率这一指标来看，三家白酒上市公司都在 50%以上，这是因为白酒行业成本构成中的原材料成本偏低，而销售价格较高。从图 1 中可以看出，五粮液的营业毛利率一直处于行业水平之上，沱牌舍得和泸州老窖一直低于行业水平，从这点来看五粮液的盈利本领在行业中处于较高水平。

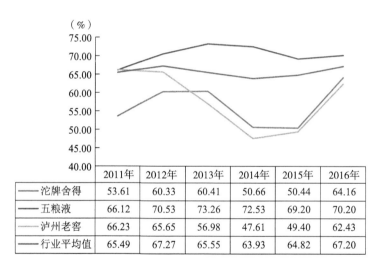

（%）	2011年	2012年	2013年	2014年	2015年	2016年
沱牌舍得	53.61	60.33	60.41	50.66	50.44	64.16
五粮液	66.12	70.53	73.26	72.53	69.20	70.20
泸州老窖	66.23	65.65	56.98	47.61	49.40	62.43
行业平均值	65.49	67.27	65.55	63.93	64.82	67.20

图 1　2011～2016 年三家白酒上市公司营业毛利率趋势

其次，根据图 2 和图 3 可以看出，2012～2014 年整个白酒行业营业利润率和营业净利率都处于下滑状态，究其原因是受国家宏观政策等的影响，白酒行业进入了深度调整期，自 2015 年起出现略微的上升，一方面是行业结构调整的成效，另一方面可能是由于消费升级带来的影响等。值得关注的是，三家企业中沱牌舍得 2013～2015 年营业利润率和营业净利率远低于行业平均水平，并且在 2013 年下降幅度达到 20%左右，五粮液和泸州老窖营业利润率和营业净利率高于行业平均水平，2013 年下降幅度在 10%以内。可见，四川省白酒类上市公司间的竞争也是十分激烈的。

综合来看，尽管 2013 年白酒行业受国家宏观政策的影响较大，但在经过几年的改革调整后，白酒行业上市公司的平均营业净利率从 15.82%上升到 19.78%，出现了回暖的迹象，同时四川省的白酒类上市公司生产经营的盈利能力指标也出现了上升的趋

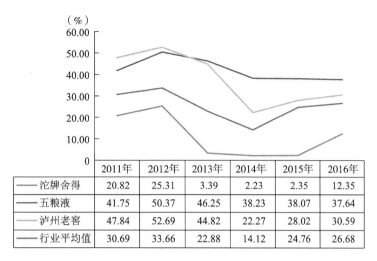

	2011年	2012年	2013年	2014年	2015年	2016年
沱牌舍得	20.82	25.31	3.39	2.23	2.35	12.35
五粮液	41.75	50.37	46.25	38.23	38.07	37.64
泸州老窖	47.84	52.69	44.82	22.27	28.02	30.59
行业平均值	30.69	33.66	22.88	14.12	24.76	26.68

图2　2011~2016年三家白酒上市公司营业利润率趋势

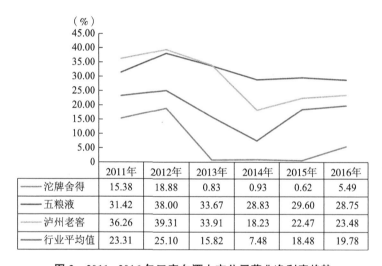

	2011年	2012年	2013年	2014年	2015年	2016年
沱牌舍得	15.38	18.88	0.83	0.93	0.62	5.49
五粮液	31.42	38.00	33.67	28.83	29.60	28.75
泸州老窖	36.26	39.31	33.91	18.23	22.47	23.48
行业平均值	23.31	25.10	15.82	7.48	18.48	19.78

图3　2011~2016年三家白酒上市公司营业净利率趋势

势。故而，从生产经营角度分析，四川白酒类上市公司的盈利能力整体情况较好。

（四）从资产角度分析

1. 有关资产的盈利能力指标选取

（1）总资产报酬率亦可称为总资产收益率，是指企业一定时期内实现的息税前利润与同时期总资产平均余额的比值关系，其中息税前利润等于利润总额加上利息支出（财务费用）。该指标剔除了利息和税收对收益的影响，因此总资产收益率反映了企业经营活动的真实盈利，该指标越大，表明企业运用全部资产进行经营管理的效益越好，企业的

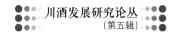
获利能力也越强。相反，该指标越小，可能表明企业资产利用率过低，获利本领越低。

总资产报酬率＝息税前利润/总资产平均余额×100%[11]　　　　　　　　　　（4）

息税前利润＝利润总额＋利息支出　　　　　　　　　　　　　　　　　　　（5）

总资产平均余额＝（期初总资产余额＋期末总资产余额）/2[12]　　　　　　（6）

（2）总资产净利率，该比率是指净利润占总资产平均余额的比值，反映每100元资产所创造的净利润多少。一般而言，总资产净利率越高，说明企业运用总资产获利的能力越强，反之则弱。

总资产净利率＝净利润/总资产平均余额×100%[13]

＝销售净利率×总资产周转率　　　　　　　　　　　　（7）

总资产周转率＝销售收入/总资产平均余额　　　　　　　　　　　　　　　（8）

2. 对三家白酒上市公司资产方面的盈利能力分析

通过图4对沱牌舍得、五粮液和泸州老窖三家公司总资产报酬率的分析可以看到，泸州老窖的总资产报酬率在2013年前都高于规模较大的五粮液集团，这主要是由于五粮液集团的资产远多于泸州老窖；2014~2015年泸州老窖低于五粮液，不难发现其原因是，受政策影响大的五粮液等主打高档酒的酒企，缓过劲来夺回了市场份额，使得主打中低档酒的泸州老窖的销售受到影响，故而，泸州老窖的总资产报酬率会低于五粮液。需要注意的是，沱牌舍得的总资产报酬率一直低于另两家公司，结合其总资产周转率分析，沱牌舍得的总资产周转率在40%左右，六年时间里都低于五粮液和泸州老窖，由此可知，沱牌舍得的资产使用率较低，对总资产报酬率产生了不容忽视的负面影响。

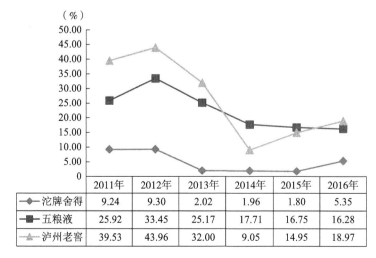

（%）

	2011年	2012年	2013年	2014年	2015年	2016年
沱牌舍得	9.24	9.30	2.02	1.96	1.80	5.35
五粮液	25.92	33.45	25.17	17.71	16.75	16.28
泸州老窖	39.53	43.96	32.00	9.05	14.95	18.97

图4　2011~2016年三家白酒上市公司总资产报酬率趋势

整体来说，三家公司的总资产报酬率在 2013 年都呈下降趋势，且幅度较大，考虑到总资产报酬率的分子易受销售收入的影响，因此可以得出下降原因主要是国家政策的影响。2016 年泸州老窖和沱牌舍得均出现上升趋势，五粮液出现微小波动属于正常现象，因此单从总资产报酬率来看，四川白酒类上市公司的盈利能力还是较强的。

（五）从所有者权益角度分析

1. 有关所有者权益的盈利能力指标选取

净资产报酬率也称为权益报酬率、股本报酬率，是杜邦分析法的核心起点，反映企业为投资者创造投资回报的本领，因此是最受投资者关注的，对企业影响最大的指标。比率越大，表明企业利用每 1 元净资产创造的利润越多，相应投资者的投资风险越小。[14]计算公式为：

净资产报酬率=净利润/平均净资产总额×100%[15]

$$=总资产净利率×权益乘数 \qquad (9)$$

其中，权益乘数=资产总额/股东权益 $\qquad (10)$

2. 对三家白酒上市公司所有者权益方面的盈利能力分析

对三家白酒上市公司 2011~2016 年净资产报酬率的数据进行处理，得出图 5 和表 2，为分析所有者权益角度的盈利能力提供依据。

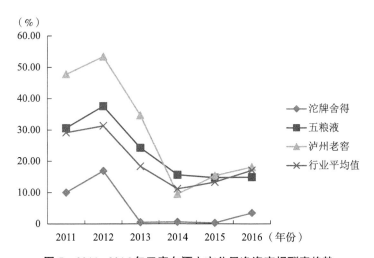

图 5　2011~2016 年三家白酒上市公司净资产报酬率趋势

表2　2011~2016年三家白酒上市公司总资产净利率、权益乘数、净资产报酬率

	年份	2011	2012	2013	2014	2015	2016
沱牌舍得	总资产净利率（%）	6.05	10.99	0.34	0.38	0.19	2.08
	权益乘数	1.66	1.54	1.50	1.58	1.66	1.69
	净资产报酬率（%）	10.05	16.94	0.51	0.60	0.32	3.51
五粮液	总资产净利率（%）	19.50	25.16	18.62	13.38	12.96	12.30
	权益乘数	1.57	1.49	1.30	1.17	1.14	1.21
	净资产报酬率（%）	12.23	20.55	0.72	1.50	0.61	5.67
泸州老窖	总资产净利率（%）	29.81	32.39	24.14	7.26	11.77	14.52
	权益乘数	1.60	1.65	1.44	1.32	1.31	1.25
	净资产报酬率（%）	47.79	53.45	34.67	9.55	15.39	18.15

根据图5可以看出，前两年三家公司的净资产报酬率有所增加，主要是净利润的增加幅度大于净资产的增加幅度，2013年下降幅度巨大，主导因素就是主营业务收入减少太多，资产使用效率下降，且由于固定成本的存在导致单位成本下降幅度不大，从而导致净利润的减少和净资产报酬率的下滑。2015~2016年净资产报酬率呈上升趋势，究其原因得出总资产净利率和权益乘数的升降导致净资产报酬率的增加。其中沱牌舍得增加的首要原因是资产的变化率3.85%远小于净利润的变化率1025.11%，同时，五粮液的增加是因为权益乘数的增加，即其资本结构发生了变化，权益乘数由1.14增加到1.21，才使得其在总资产净利率下降的情况下实现净资产报酬率的增加。另外，从表2中可以看出，泸州老窖权益报酬率的增加则是因其总资产净利率的上升抵消了权益乘数下降带来的影响，使其能有近3个百分点的上涨。

从趋势图反映出的整体情况来看，五粮液、泸州老窖的净资产报酬率都是高于行业平均水平的，唯独沱牌舍得2011~2016年都低于行业平均水平，因此可以得出这样的结论，沱牌舍得的盈利能力不是甚好，但如果以整个四川白酒类上市公司分析，那么四川白酒类上市整体的盈利能力还是较为可观的。

（六）从成本控制角度分析

1. 有关成本控制的盈利能力指标选取

（1）销售费用率，即销售费用占营业收入的百分比，该比值具有一定的行业特征，比如餐饮业、医药制造业等由于广告投放、销售服务费用高，导致其销售费用率高于其他行业，如建筑业、采矿业等。销售费用率高的行业同时毛利率一般也比较高，因

为只有高的毛利率才能支撑高额的销售费用。销售费用率低的行业往往销售过程相对简单且客源稳定，不需要在销售上投入大量的人力、物力。其计算公式为：

销售费用率＝销售费用/营业收入×100%　　　　　　　　　　　　　　　（11）

（2）管理费用率，即管理费用与营业收入的百分比，管理费用属于期间费用中需要重点关注的项目，基本上除了应归于销售费用、财务费用，其他费用都列入了管理费用，因此该指标反映了企业对日常杂费的控制情况等。计算公式为：

管理费用率＝管理费用/营业收入×100%　　　　　　　　　　　　　　　（12）

2. 对三家白酒上市公司成本控制方面的盈利能力分析

企业成本控制越好，相关费率就越低，所体现出的企业的生产经营效率就越高，盈利能力就越好。笔者在此处采用了管理费用率和销售费用率来评价三家公司的盈利能力大小。

图6反映了2011～2016年三家公司管理费用率的情况，通过与行业水平的对比我们可以看出，沱牌舍得的管理费用率远高于行业平均，这说明其对管理费用的控制比较差，反之，五粮液和泸州老窖对管理费用的控制却很占优势。而且横向纵向对比，结合来看，2014～2016年，无论是行业水平还是五粮液、泸州老窖的管理费用率都呈下降趋势，唯独沱牌舍得还处于上升趋势，从这一点亦可证明沱牌舍得的盈利能力较弱。

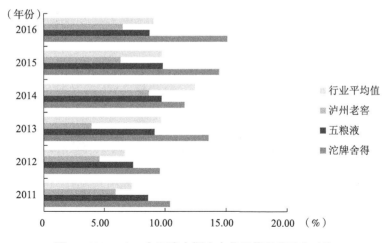

图6　2011～2016年三家白酒上市公司管理费用率对比

鉴于五粮液和泸州老窖可观的管理费用率，笔者认为，尽管存在个别企业盈利能力较弱的现象，但从四川白酒类上市公司整体情况来看，盈利能力还是有可圈可点之处。

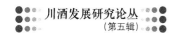

根据图 7 显示的情况来看，2011～2016 年销售费用占营业收入的百分比整体是先上升后下降的状态，这部分可以说是因为白酒行业进入调整期，中高端白酒营业收入减少，为适应国家宏观环境的变化，不同企业销售策略有所改变，如沱牌舍得在 2016 年加大市场开放投入，减少广告投入；泸州老窖在 2016 年为促进销售加大广告宣传和市场促销力度；五粮液在 2016 年加大市场开放和品牌形象宣传的投入等。

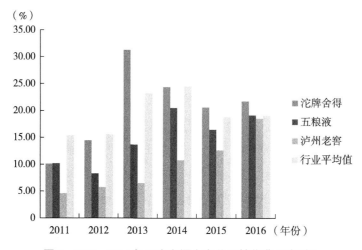

图 7   2011～2016 年三家白酒上市公司销售费用率对比

近年来，白酒行业进入结构调整期，不同企业因其不同的销售策略导致销售费用率的不同变化，这种差异还是在可接受范围的，因为销售策略的调整带来的效益是有时间滞后性的。总的来说，以三家公司为代表的四川白酒类上市公司的销售费用控制得到了加强，其所反映的盈利能力有待关注。

四、有关生产经营和成本控制方面的建议

（一）有关生产经营方面的建议

1. 提升品牌形象，提高市场占有率

在国家进入经济新常态的大环境下，白酒行业不仅受政策影响很大，而且国外洋酒的侵袭降低了消费者对白酒的忠诚度。为了能稳固或提升企业的市场地位，提升品牌形象必不可少，只有这样才能提高消费者对企业产品的可信度，只有这样才能抓住年青一

代消费者对时尚、潮流的追求，提升与洋酒竞争的优势，从而在市场中占据优势。

2. 实践创新生产，满足消费需求的变化

改革开放以来，国民收入有了很大的提升，消费需求从求温饱转变到求品质，就白酒行业来说，除了传统五谷类白酒外，出现了越来越多的果酒、养生酒等产品。故而，龙头企业要想地位稳固，不能过度依赖高端白酒创收，应实行多元化生产，细分市场，满足消费者的需求。

3. 合理有效配置资源，提高企业资产使用率

白酒行业各企业资产规模都在 9 位数到 11 位数不等，如若资产使用率能有所提高，可想而知，其利润率指标亦会更加可观。具体来说，企业可对闲置资产做相应的处理，如转让使用权、出售所有权、投入生产等，提高资产的使用率，从而降低诸如固定资产累计折旧分摊到单位产品上的成本，达到提高企业的资产净利率等指标和提升企业的盈利能力。

（二）有关成本控制方面的建议

1. 合理制订生产计划，降低采购成本

增加企业利润的方法无非有两种：一是扩大销售、增加营业收入；二是降低成本费用。白酒行业主要的成本就是直接材料（粮食作物），具有一定的季节性效应，因此不可避免会产生一定的仓储费用，这就需要企业根据市场情况制订生产计划从而做出合理科学的原材料采购计划，尽量减少原材料成本。

2. 加强营销管理，降低销售费用

众所周知，名酒造假的现象泛滥到难以控制，作为企业不仅应保护企业的品牌形象，更肩负着社会普罗大众对企业的期望。对此，企业可加强对经销商的管理，提高经销商的入门标准，从长远来看有利于降低对经销商的后期管理成本，完善销售渠道，达到降低销售费用的目的。

五、结论

本文首先详细介绍了研究四川白酒类上市公司盈利能力的选题背景、研究意义以及评价盈利能力的相关财务指标的基本概念等基本信息；其次结合白酒行业的平均指

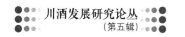

标值分析了五粮液、泸州老窖和沱牌舍得三家四川白酒类上市公司生产经营角度、资产角度、所有者权益角度以及成本控制角度的盈利能力状况，虽然不同企业的财务指标呈现的趋势有所不同，但总的来说，以三家企业为代表的四川白酒类上市公司的盈利能力较为可观；最后根据分析情况给出了几点生产经营和成本控制方面的建议。

（一）生产经营方面的建议

（1）提升品牌形象，提高市场占有率。即抓住消费者崇尚品牌效应的消费心理，尤其是年轻人，如此一来，才能顺应时代的发展，留住客源并发展客源，提高市场占有率。

（2）实践创新生产，满足消费需求的变化。市场的存在源于消费需求，企业只有切身体会消费需求并将其运用到产品生产中，才有可能立于稳固之地。

（3）合理有效配置资源，提高企业资产使用率。在国家提倡"去产能"的大环境下，传统白酒制造业也不能免俗，也需顺应中国进入经济新常态的发展。

（二）成本控制方面的建议

（1）合理制订生产计划，降低采购成本。企业需根据市场情况制订生产计划，从而做出科学合理的原材料采购计划，尽量减少原材料成本。

（2）加强营销管理，降低销售费用。加强对经销商的监管，降低不良经销商损坏企业声誉的风险等。

参考文献

[1] 贺毅. 非营利组织财务绩效评价研究[D]. 长沙：湖南大学硕士学位论文，2017.

[2] 姜津津. 基于 EVA 的上市公司绩效评价指标体系研究[D]. 天津：天津财经大学硕士学位论文，2016.

[3] 赵和玉. 广西上市公司盈利能力分析[J]. 梧州学院学报，2012（4）：35-39.

[4] 张勖尘，陶瑞妮. 上市公司营运、盈利和发展能力分析——以五粮液集团有限公司为例[J]. 商场现代化，2014（13）：95-96.

[5] 蔡依凝，巴瑀，赵宣臣. 企业盈利能力分析应注意的几个问题[J]. 时代金融，2016（33）：336，339.

[6] 张晶. 企业盈利能力分析浅议[J]. 合作经济与科技，2016（4）：103-105.

[7] 邢璐. 我国企业技术创新投入与财务竞争力的相关性研究[D]. 合肥：合肥工业大学硕士学位论文，2015.

［8］贾晶晶．企业生命力分析与评价研究［D］．青岛：中国海洋大学硕士学位论文，2016.

［9］张梨花．企业盈利能力分析［J］．合作经济与科技，2017（4）：94-95.

［10］吴继良．企业运营效率的衡量及提升路径探析［J］．对外经贸，2016（7）：100-101.

［11］王永肖．会计师事务所审计风险评价与控制研究［D］．保定：华北电力大学（河北）硕士学位论文，2017.

［12］王伟娣．我国酒类上市公司投资价值研究［D］．杭州：浙江大学硕士学位论文，2016.

［13］周伟轩．引入企业社会责任的我国房地产上市公司财务风险研究［D］．湖南科技大学硕士学位论文，2017.

［14］信忠宝．大中型房地产企业投资管理有效性研究［D］．天津：天津大学硕士学位论文，2017.

［15］程爱娣．如何阅读上市公司会计报表［J］．价格月刊，2003（6）：43-44.

［16］莫春兰．上市公司股权融资能力的评析与提升策略［J］．会计之友，2013（34）：78-81.

［17］张佳琪．××财险公司盈利能力分析［D］．昆明：昆明理工大学硕士学位论文，2015.

［18］马迎春．工业企业利润率的计算与评价［J］．大庆社会科学，2012（2）：108-109.

［19］刘微．基于模糊综合评价法的企业新船利润评估研究［D］．武汉：华中科技大学硕士学位论文，2013.

［20］汪宝娣．生物制药上市公司杠杆效应的实证研究［D］．沈阳：沈阳理工大学硕士学位论文，2013.

［21］黄潇．民营上市公司治理与成长性的实证研究［D］．北京：首都经济贸易大学硕士学位论文，2013.

［22］赵力．公允价值变动损益的会计核算与思考［J］．洛阳理工学院学报（社会科学版），2010（5）：64-67.

［23］Boreum Lee, Heetae Chae, Nak Heon Choi, Changhwan Moon, Sangbong Moon, Hankwon Lim. Economic Evaluation with Sensitivity and Profitability Analysis for Hydrogen Production from Water Electrolysis in Korea［J］. International Journal of Hydrogen Energy, 2017, 42（10）.

［24］Ivana Blažková. Profitability of Czech Food Enterprises in Relation to Their Size［J］. Acta Universitatis Bohemiae Meridionalis, 2016, 19（2）.

［25］Anna Rutkowska-Ziarko. The Influence of Profitability Ratios and Company Size on Profitability and Investment Risk in the Capital Market［J］. Folia Oeconomica Stetinensia, 2016, 15（1）.

［26］Shengyin Tang, Zhenghua Zhang, Xihui Zhang. New Insight into the Effect of Mixed Liquor Properties Changed by Pre-ozonation on Ceramic UF Membrane Fouling in Wastewater Treatment［J］. Chemical Engineering Journal, 2017, 314.

［27］Arzu Kabadayi Catalkopru, Ismail Cem Kantarli, Jale Yanik. Effects of Spent Liquor Recirculation in Hydrothermal Carbonization［J］. Bioresource Technology, 2017, 226.

供给侧结构性改革背景下白酒行业发展策略研究[*]

林东川[1]　胡慧敏[2]　邓荣超[1]　王欢[3]

（1. 四川农业大学商学院，四川成都　611830；2. 西南财经大学会计学院，

四川成都　611130；3. 西南财经大学工商管理学院，四川成都　611130）

摘　要：供给侧结构性改革已成为引领经济新常态的重要任务，对于白酒行业而言，在供给侧结构性改革的背景下，如何激发和释放新的需求，提供和创造新的供给是亟待思考和解决的重要问题。白酒行业需求结构变化、电子商务重构白酒行业消费模式、其他酒类产品冲击白酒市场。对白酒行业而言，适应新的消费需求，转变经营方式，创新生产技术，降低能耗，提高供给的质量和效益，是产业转型发展的重要任务。本文分析了江小白主动适应供给侧改革案例，并且提出白酒行业唯有转变观念，转型发展，不断创新，才能取得长远发展。

关键词：供给侧结构性改革；结构失衡；创新；产业链

---

　*　基金项目：四川理工学院川酒发展研究中心项目"新常态下川酒龙头企业风险管理研究"（CJY15-06）、2015 年国家级大学生创新训练计划项目（201510626022）、四川省大学生创新训练计划项目（201510626022）、四川农业大学 2016 年学科"双支计划"第八层次资助项目。

　作者简介：林东川（1986-），男，四川邻水人，汉族，管理学硕士，四川农业大学讲师，商学院财务管理系副主任；主要从事企业风险管理、创业板公司财务研究。胡慧敏（1994-），女，四川泸州人，汉族，管理学学士，西南财经大学财务管理硕士研究生在读，研究方向为公司财务理论与实务。邓荣超（1995-），男，四川宜宾人，汉族，四川农业大学商学院管理学学士，四川超凡知识产权服务股份有限公司，企业会计，主要从事企业财务风险管理研究。王欢（1995-），女，四川巴中人，汉族，管理学学士，西南财经大学大数据管理硕士研究生在读，研究方向为金融优化。

一、引言

2015 年 11 月，习近平总书记在中央财经领导小组第十一次会议上首次提出"在适度扩大总需求的同时，着力加强供给侧结构性改革，着力提高供给体系质量和效率，增强经济持续增长动力，推动中国社会生产力水平实现整体跃升"。2016 年 1 月，习近平总书记强调"要在适度扩大总需求的同时，去产能、去库存、去杠杆、降成本、补短板，从生产领域加强优质供给，减少无效供给，扩大有效供给，提高供给结构适应性和灵活性，提高全要素生产率，使供给体系更好适应需求结构变化"。因此，要想实现转型发展，白酒企业就必须改革创新，破除长期积累的一些结构性、体制性的突出矛盾和问题。

二、供给侧结构性改革概述

（一）供给侧结构性改革与"互联网+"的融合

习近平总书记在中央全面深化改革领导小组第二十四次会议上强调："供给侧结构性改革本质是一场改革，要用改革的办法推进结构调整，为提高供给质量激发内生动力、营造外部环境。"自 21 世纪以来，处于转型期的中国，央企生产力变革变得很缓慢，主要原因就是央企的体制与机制很陈旧。因此，要想再次实现"惊人一跃"，就必须破除长期积累的一些结构性、体制性、素质性突出矛盾和问题，无论是降低企业成本、化解房地产库存、提升有效供给还是防范和化解金融风险，解决的根本办法都得依靠深化改革。全面深化改革，是推进供给侧结构性改革的根本动力。

供给侧结构性改革的实质主要包括供给方式和供给结构的改革。供给方式改革就是按照市场导向的要求来规范政府的权力，离开市场在配置资源中的决定性作用谈供给侧改革，以有形之手抑制无形之手，不仅不利于经济结构调整和产业结构调整，也会损害已有的市场化改革成果；供给结构改革是指推动供给侧结构性改革，着力改善供给体系的供给效率和质量，完善以市场化为导向、以市场所需供给约束为标准的政府改革。

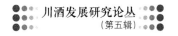

随着互联网的飞速发展，"互联网+"模式也在不断受到各行各业的重视，"互联网+"代表一种新的经济形态，即充分发挥互联网在生产要素配置中的优化和集成作用，将互联网的创新成果深度融合于供给侧结构性改革的各领域之中，提升实体经济的创新力和生产力，形成更广泛的以互联网为基础设施和实现工具的经济发展新形态。因此，白酒行业在供给侧结构性改革背景下，在国家各项政策的支持下，抓住"互联网+"创新的模式，有利于企业寻找良好的发展策略。

（二）白酒行业转型升级

供给侧结构性改革将助力白酒行业转型升级，白酒行业在经历了三四年的深度调整之后，目前仍处在一个调整的阶段，虽然像五粮液、泸州老窖一样的龙头酒企业绩呈现出增长态势，但从四川白酒行业的整体来看，不少原酒企业依然存在着不同程度的产能过剩现象，在供给侧结构性改革的大背景下，酒业尤其是白酒行业的去产能与转型升级，也变得更加迫切。截至目前，全省白酒企业包括作坊式的原酒企业共有6000家左右，但规模以上的企业数量则只有340余家，分散经营式企业造成了环境、资源、生态、人才等方面的有限资源配置分散，以前供应省外的原酒中，有七成以上是四川的原酒企业生产，不过随着外省自主生产量的提高，四川不少白酒企业由于市场需求减少产能过剩，亏损面也有所增加。

中国酒业协会公布的数据显示，2015年，全国规模以上白酒企业累计完成销售收入为5558.86亿元，与上年同期相比增长5.22%；累计实现利润总额达727.04亿元，与上年同期相比增长3.29%，四川中国白酒金三角酒业协会副秘书长杨荣生表示，虽有不少白酒业的龙头企业支撑，但四川白酒行业的增长率与销售利润率较全国平均水平仍有一定差距，"可以说，现在四川的白酒行业已经进入到稳定整固期，仅仅依靠扩大规模、增大产量的单一传统型增长已经不能满足行业发展的需求，要解决白酒行业产能过剩的问题，其根本出路还在于改革创新，转型升级"。

三、白酒行业"需求侧"的市场信号

（一）白酒需求结构发生变化

近年来，我国白酒消费市场发生了很大变化，由生产者占主导地位的卖方市场转变为由消费者占主导地位的买方市场。我国白酒行业消费呈现出多元化、差异化等特点，当前，"复苏""互联网+""创新、突破""供给侧结构性改革""个性化定制、柔性化生产""工匠精神"成为酒行业热议。中国白酒产业的发展需要更深入的创新探索，需要在供给侧结构性改革背景下对产业体制改革、发展战略、政策环境、消费文化、技术升级等方面主动做出更多、更积极的转变，需要运用集体的智慧创造白酒产业的社会新生态，进而赢得产业的未来。

（二）电子商务重构白酒消费模式

目前互联网已经进入千家万户，电子商务平台也得以普及和发展，这些影响着食品消费模式的改变。与传统销售模式相比，电商平台具有成本较低、便捷程度高、产品多样化等特点，我国电子商务交易额近年来实现了井喷式上涨。随着酒类电商渐趋崛起，且多以低价竞争，直接伤害到酒企的自身价格体系，鉴于此，各大酒企不仅在天猫、京东等平台开设旗舰店自建电商渠道，而且更多开始打造自身商城以及配送体系，希望借此树立价格标杆保护自身利益。洋河的电商布局在酒企中走在前列，2013年末洋河股份就自建平台，推出"洋河1号"APP客户端，如今，已在浙江、广东和湖南等10余省份上线；五粮液虽然至今并没有在自营电商平台上大举发力，最开始五粮液关于混改的方案中，就明确提出预计用6.6亿元建设服务型电子商务平台，而在2015年华东营销中心年度会议上，五粮液负责人就透露，其电子商务平台将在2016年开始正式运营，由华东营销中心代为管理。由此可以看出，酒企发展电商的原因在于，一是传统渠道转型，二是网购兴起，酒企和经销商需调整适应。如今，在经济新常态下网购的兴起，白酒企业需要抓住"互联网+"的有效模式，根据企业自身找准其切入点和着力点，才能催生白酒市场新的活力。

（三）其他酒类产品冲击白酒市场

随着消费者在酒类需求上对口感、性价比等方面要求的不同，洋酒、鸡尾酒已经对白酒市场产生了一定的冲击。全球第一大洋酒集团帝亚吉欧2015年上半年财报显示，帝亚吉欧大中华区2015年上半年净销售额增长13%。其在中国市场高档和超高档苏格兰威士忌净销售额增长45%。反观我国白酒的几大顶尖品牌，在国内市场的销售情况还算可圈可点，但在国际市场上却鲜有建树。

我国作为白酒生产大国，却非蒸馏酒的出口大国。洋酒进入我国市场后，经多年浸入，如今其消费人群也从高端社会精英转变为普通大众百姓，尤其是日益成长起来

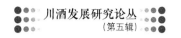

的年轻消费群体，越发倾向于选择洋酒。

四、供给侧结构性改革背景下我国白酒行业发展问题分析

（一）白酒业生产方面的问题

1. 白酒业供需市场失衡

白酒行业是中国的传统行业，进入门槛较低，品质良莠不齐，然而在一段时间内，人们对白酒的需求总是有限的，这就在根本上造成了白酒市场供需方面不平衡，需求与供给结构的不匹配。随着国内白酒企业纷纷增加产能，未来几年之内，我国的白酒生产总量将远远超过国内的消费总量，出现"产能大于产量，产量大于销量"的情况。据统计，全国白酒生产企业约为1.8万家，年生产能力超过1200万千升，而市场对白酒每年的需求大约为500万千升。白酒行业的产能过剩大约在50%。白酒库存很大，这些库存特别是在渠道上的库存，数据非常惊人。

白酒行业经历产量的快速扩张，人均消费量增长速度不及产量增长速度，未来这种供过于求的矛盾还将激化。

2. 产品结构失衡，缺乏创新

随着经济的发展，消费者的消费动机变得更加理性，人们对酒类产品的需求呈现出健康化、时尚化、安全化的趋势，单一的酒类产品线已经不能满足当代消费者的需求，创新对白酒企业的发展来说就显得极为重要，如果酒企没有创新发展，早晚会被残酷的市场所淘汰。以"80后""90后"为代表的消费群体对轻松、自由、个性消费需求变得更加明显。研发工艺、产品品质、质量安全、独具特色等特点对于驱动白酒行业的发展就变得尤为重要。传统白酒行业缺乏创新主要体现在以下几点：

（1）经管观念保守。在市场化的今天，传统企业应该抛弃以前固有的观念，应该转变经营理念。不断创新思维才会有发展的空间，应该用发展的眼光看待问题，不要局限于一时的利益得失。大部分白酒企业以"酒香不怕巷子深"抑或是"高端大气上档次"为经营理念，缺乏过硬的促销队伍及专门的营销研究机构去审时度势，研究当前的消费趋势。一些中小白酒企业没有自己的营销队伍，其营销人员多为原有职工兼职或临时改行，对现代营销手段知之甚少，甚至存有畏惧与怀疑的想法，因此企业对不断变化的市场状况也无法调研、预测和把握。导致许多白酒企业被迫退出市场。

（2）经营体制的落后。白酒企业目前的经营方式多为前集体或个体经济转化来的合作式、家庭式作坊。这样的组织结构存在发展目标不明确问题，只重视眼前利益，忽视长远利益；对科技改造了解不深，不注重学习先进的生产技术；权力集中有余，适度分权不足；分配上保守、随意，不讲价值导向、激励和控制等先进企业文化的建设和培育。这种状况的根源在于企业没有随市场竞争的加剧较好地构建现代企业经营机制，而是固守计划经济时期相对大集体和国有企业较为优越的个体、私有企业的经营机制。

（3）消费意识单一。由于白酒企业既面临行业间无序和过度的竞争，又面临洋酒、红酒、啤酒等替代品的冲击，一些企业为了生存，不得不对产品进行不合理的宣传，"喝得越多情谊就深""酒精度数越高越能变现出对一个人尊重"等。在宣传时主要强调喝酒如何传递情感。随着社会的进步，人们生活水平和知识水平的提高，人们参与社会活动的频次和质量要求的提升，理性饮酒的需求，消费者必然要提出新的消费理念。为了少喝酒，不喝醉，减少过量饮酒危害，保护自己的健康，多数消费者开始选择白酒以外的酒。

（二）资本方面存在的问题

1. 设备较落后，大部分是以小型手工作坊为主

据统计，1.8万户白酒生产企业中，规模以上企业（国有企业及年销售额超过2000万元的企业）每年仅为1200家左右，仅占6.67%。这说明我国白酒企业大部分都是中小规模企业，而这些企业基本都存在资金短缺，它们没有能力更换新的设备，也习惯使用旧的设备，导致不少白酒企业设备老化，检测手段落后，仍停留在粗放型生产、人工作坊式操作阶段。

目前，我国白酒业的硬件设施与国家食品卫生标准差距很大，标准化体系不健全，技术标准由于各种原因，长期以来发展缓慢。标准的出台实效很差，新标准不新，行业技术标准发展不平衡，跟不上行业技术的进步速度。标准之间缺乏系统科学的研究，有些标准严重滞后，甚至标准间互相抵触，同时，这些因素阻碍了白酒行业的技术进步。

2. 资本投资方向不精确

近年来，白酒行业快速发展并且得到很高的社会地位，但同时，目前白酒行业也存在着一些亟待解决的问题。

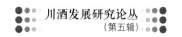
白酒产业结构和资本配置不匹配，行业门槛较低，"散、小、乱"的局面仍然存在。目前，一些白酒企业只关注高端白酒的生产，对中低端产品不够重视，并且采用具有科技含量低、能耗高、经济效益低、环境污染严重等特点的传统方式生产，严重地限制了白酒企业的发展，改造传统工艺、发展新型工业化生产，对白酒企业来说尤为重要。白酒企业要不断地培养高素质的技术人才，有了人才，白酒行业才能不断创新，白酒的品质才能不断提高。企业要通过技术创新开发生产高质量的中低端产品，满足广大人民群众的需求。

3. 大企业盲目扩张并购，小企业规模不足

在传统白酒行业呈粗放式发展惯性的作用下，实力雄厚的大型企业过于注重规模的扩大，其为了提高市场占有率，会对一些在短时间内看来有价值的中小企业进行收购，在外延扩大的同时却忽视了内涵的发展，并且随着中国经济的高速发展，这种外延扩张过快和内涵发展滞后的矛盾越来越突出，而中小规模白酒企业在面对如此激烈的市场竞争，现实的销售很难扩大，它们在营销方面的经验不足，加上资金的短缺，规模难以扩大。无限制的并购扩张导致企业之间的文化很难在短时间内融合，一方面会造成大量的成本，使企业陷入亏损；另一方面现实的生产必须继续投入，这也为企业带来巨大的压力。由于白酒工艺当中对生产的连续性比较高，因此，即使销售停滞，生产上也必须要保证一定量的班次开工，使成本增加。

4. 融资成本高

由于中小企业融资需求的特点是金额小、需求急、次数多，中小白酒企业点多、面广、量大，由于其经济规模比较小。在资金筹集费用方面，中小企业在贷款申请环节都需要进行固定资产抵押登记、信用评估、财务审计，这些费用的支出一般具有数额固定的特点。由于中小企业一般融资金额较小，这些费用在筹资金额中的比重就会相对较高。在中小企业自身资产不足，需引入外部担保的情况下，考虑到担保支出的影响，筹资费用将进一步升高。

中小白酒企业在融资过程中除了支付商业银行贷款利息以外，还必须支付抵押物登记的费用、监管公司的监管费用、担保公司的担保费用等。这些费用已经占到了融资利息费用的50%左右。由于经营者的素质、经历等原因，许多白酒中小企业产业结构不合理，大部分中小企业都属于传统产业和劳动密集型产业，这些行业的产品附加值低，成本相对较高，盈利水平低，抗风险能力弱，企业技术装备落后，创新能力不强，员工素质普遍低下，自有资金严重不足，负债率偏高。因此，新陈代谢快、稳定性差是我国中小企业的一大特点，这就造成了银行贷款在行业选择上将中小企业列入

不支持或限制之列。银行向中小白酒企业提高的贷款利息基本上都在人民银行同档次基准利率上浮 40% 以上。

五、供给侧结构性改革背景下我国白酒行业转型发展案例分析——江小白

供给侧结构性改革对白酒行业具有重大影响，需求侧升级促进供给侧结构性改革。供给侧结构性改革不仅是压力，也是动力。对白酒行业而言，适应新的消费需求，降低产能，转变经营理念，创新生产技术，提高供给的质量和效益，而重庆江小白酒业有限公司作为一家集高粱酒研发、酿造、分装与销售于一体的专业酒业公司，以新青年群体为目标市场，把"简单、纯粹"作为企业经营理念，在略显沉闷的传统白酒市场走出了一条真正的创新之路，对其他白酒企业转型具有重要借鉴指导意义。

（一）创新驱动供给侧结构性改革

近年来，我国白酒行业整体发展不景气，但是江小白却保持着较高水平的增长速度。江小白定位于青年群体，以青春的名义创新，摒弃了传统酒业看起来必须要"高端大气上档次"的理念，以往的酒类包装十分复杂，有的酒类产品包装成本高达 25%~30%，江小白则放弃豪华包装，采用玻璃磨砂瓶，采用裸瓶销售，将成本控制在 10% 以内。着力于传统酒业的品质创新和品牌创新，致力于引领和践行中国酒业的年轻化、时尚化、国际化。同时，江小白加大新品研发力度，推出 Se 系列、Emo 系列、JOYYOUTH 系列，推崇个性化，以易记的名字、拟人化的形象、个性化的包装赢得了较好的市场预期。比如江小白瓶子上都印有短小精悍的个性化语录，令品牌包装独一无二，这些文字有的感性、有的幽默，较好地与消费者产生了共鸣。江小白未来产品推广的核心策略是，将继续强化年轻化、个性化等特质，江小白通过企业的持续创新和转型发展，主动适应供给侧改革，在低迷的白酒市场，销量却稳步增长。

（二）线上线下销售一体化

在产品营销上，传统渠道营销从总代理、省级、市级、县级层层代理，到终端网络复杂，层层加价，层层收费。然而江小白只有一级渠道，稍偏远的地方有二级。与

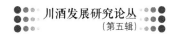
此同时，利用互联网思维经营传统行业，相当于直销，使渠道费用节省15%，也提高了流通效率。利用微博宣传产品做文章，或者是电视赞助商，而不是像传统酒类产品利用报纸电视广告等媒介进行传播，这使得广告费用大大降低。江小白创造出属于自己的"江小白O2O营销模式"，即利用线上互联网社区论坛、微博微信等社交媒体，围绕"80后""90后"的生活形态与心理特征，结合社会热点，制造有趣的新鲜的内容；在线下，通过大量集体创意活动吸引人们的眼球，比如"遇见江小白""末日最后真言派对"等活动并与线上形成联动，提高人们的专注度。

（三）强调文化创意

文化是企业成员所共有的价值观，积极的企业文化有利于为公司创造价值。在品牌的传播与推广上江小白以"生活很简单"作为品牌理念。主张简单、纯粹的生活方式，这既契合了当今时代所倡导的绿色、低碳、环保等生活理念，又提出了一种以真心换真心，不矫揉造作的待人处事方法。为了符合"80后""90后"消费者的特点，江小白把"以青春的名义制造流行"作为青春口号。无论是在酒瓶设计、外观包装，还是在宣传口号上，无不透露着青春的气息，比如"青春不朽，喝杯小酒""再不开心我们就老了"，这就是江小白贯穿始终的"青春""简单"文化理念。

六、供给侧结构性改革背景下白酒行业转型战略建议

（一）积极适应市场需求变化

客观上，我国白酒行业存在着供求不平衡的现象，在品质、健康性、功能和价格等方面，市场供应的白酒产品与消费者的需求并不完全匹配。白酒企业要加强市场调研，研究人们消费偏好的变化趋势和特点，主动适应人们生活方式、观念的变化对酒类产品产生的新需求，加强产品设计，开发出更多更好的酒类品种和类别。对于白酒企业来说，要注重社会效益与经济效益统一，注重人们对白酒健康、保健功能等方面的需求，就要主动研发新产品，创造新需求。

（二）保障有效供给，提高供给质量

白酒行业长久以来存在产能过剩问题，一部分供给和消费者需求不匹配，因此要

着力保障有效供给，注重供给"质量"的提高。白酒企业首先要转变发展观念，做到技术与经营理念的创新，同时确保产品的安全，提供优质产品，将更健康的新产品推向市场，满足消费者健康型、时尚型消费需求。提高对市场需求的反应速度，迅速捕捉消费者消费趋势的变化，确保有效供给。

（三）延长产业链，提高附加值

我国已进入经济新常态发展阶段，经济由高速增长转为中高速增长，市场增量空间有限。要适应供给侧结构性改革，白酒行业应延伸其产业链，从研发、设计、营销、品牌等方面入手，沿着产业链纵向延伸，从而提高酒类产品核心竞争力与其附加值。

（四）加强互联网和大数据的运用

互联网的发展以及大数据的运用，弥补了传统销售渠道的不足，在给消费者带来更多的选择、便利、实惠的同时，酒类企业也可以利用大数据对网上消费者的消费偏好收集资料，从而帮助白酒企业更好地定位市场需求。将白酒销售的线下与线上方式相结合，提高分销渠道效率。白酒企业应当加强互联网和电商平台的运用，运用搜索引擎、社交网站、移动终端拓展白酒消费模式和销售渠道。运用大数据服务企业的生产经营，指导经营活动的开展策划，定位消费群，分析消费者的行为偏好、饮酒口味偏好和竞争者状况等，加强对数据信息的搜集、分析和预测，给企业的品牌推广、市场定位、产品开发、产品线分析等提供参考依据。

参考文献

［1］陈于后．打造"中国白酒金三角"的区域合作问题研究［J］．四川理工学院学报（社会科学版），2012（1）：57-60.

［2］刘杜茗．关于我国白酒产业国际竞争力的研究［D］．江南大学硕士学位论文，2008.

［3］宫萌．我国上市公司财务风险管理体系的研究［D］．吉林财经大学硕士学位论文，2014.

［4］韩金宏，励建荣．我国白酒行业的现状和发展前景［J］．农产品加工（学刊），2006（2）：50-52.

［5］蒋佳．名优白酒企业深度调整期的应对策略——以四川为例［J］．四川理工学院学报（社会科学版），2014（3）：123-146.

［6］刘洁琼．酒业转型，告别黄金十年［J］．中国经济信息，2015（2）：52-53.

［7］唐贤华，杨官荣，黄志瑜，周玲，黄海，赵福意．中国白酒与人体健康关系研究综述［J］．

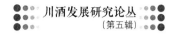
酿酒，2014（5）：10-13.

　　[8] 许景 . 双白酒品牌竞争的新形势[J].公关世界，2014（1）：82-83.

　　[9] 徐彦英 . 浅议企业财务风险的预防和控制[J].甘肃科技，2009（23）：121-213.

　　[10] 张娟，谭立永 . 我国白酒行业的现状与发展趋势[J].时代经贸，2007（7）：75-76.

基于价值链的白酒上市公司社会责任履行的评价研究[*]

陶莹

（西南交通大学经济管理学院，四川成都　610031）

摘　要：从价值链角度，白酒产品主要经历原材料生产—采购—加工—分销—消费五个阶段，其整个价值链都可能对环境与社会产生重要的影响，利益相关者对白酒企业的社会责任有着其特殊的期望，需要对其社会责任进行专门的研究。本文运用内容分析法，对白酒上市公司各价值链阶段的社会责任的履行进行了评价研究，结果显示，白酒企业比较重视加工阶段的社会责任，其次是原材料生产与消费阶段的社会责任，而采购阶段与分销阶段的社会责任承担较少。

关键词：企业社会责任；白酒上市公司；价值链；内容分析法

一、引言

在西方，随着可持续发展理念的深入，企业的社会责任思想已深入人心，企业社会责任日益受到重视。处于经济转型期的我国，随着经济的发展、市场竞争的加剧，自然灾害的增加，"苏丹红事件""松花江事件"等一系列具有深远社会影响事件的频

---

　*　基金项目：四川理工学院川酒发展研究中心项目"经济新常态下白酒企业社会责任与竞争力关系研究"（CJY15-05）。

　　作者简介：陶莹（1966-），女，汉族，重庆市人。副教授，硕士生导师，博士。主要从事社会责任、公司治理的研究。

繁发生，表明我国诚信、道德、资源、环境等问题日益突出，企业的社会责任行为也引起了人们的广泛关注，成为学术界研究的重点。

根据利益相关者理论与可持续发展理论，企业社会责任就是企业对利益相关者承担的经济方面、环境方面及社会方面的责任。其中，经济责任是企业存在的基础，是基础性的企业社会责任。由于不同的行业具有不同的行业特征，以及不同利益相关者对企业社会责任的关注点的差异性，即使是相同的利益相关者，对不同行业的企业甚至是同一行业的不同企业也具有不同的社会责任期望，因而，企业社会责任的研究还应具体针对单个行业进行，以提高研究的有效性。

中国是世界上最早开始酿酒的国家之一，经过几千年的历史积淀，白酒已经成为中国文化的一部分。作为一种食品饮料，白酒也是人们社会生活的情感调节剂与情感消费品，它能够缓解人们的负面情绪，或带给人们愉悦的情感享受。中华悠久的历史文化赋予了酒类产品旺盛的市场需求，白酒企业也随着人们生活水平的改善而发展兴旺，随着白酒企业数量的增加，酒类产品的丰富，白酒行业也逐渐加入市场化竞争的行列，而市场的角逐让白酒企业往往为了经济利益而忽视了环境与其他方面的社会责任。如表1所示，近年来酒类企业"酒鬼酒塑化剂""白酒勾兑门"等违法勾兑、假冒伪劣、酒精中毒等安全质量问题频频出现，人们的生命健康受到挑战，引起了社会各界关注，负面事件的曝光让利益相关者对酒业企业产生质疑，引起酒业上市公司股价下跌。

表1 我国酒类行业上市公司关注较高的负面事件

时间	涉事酒企	事件
2008年9月	古井贡酒、张裕A、青岛啤酒	致癌门
2012年4月	洋河股份	散酒门
2012年8月	古井贡酒	勾兑门
2012年8月	张裕A	农残门
2012年8月	山西汾酒	召回门
2012年9月	酒鬼酒	塑化剂事件
2014年1月	白酒企业	年份酒事件
2015年7月	海南椰岛等酒企	伟哥门

而且，由于酒类产品生产排放的高污染性、高能耗，以及过度饮酒等所造成的负面效应，酒类企业饱受诟病。Logan和Connor（2005）认为，企业的社会责任应该包括更加宽泛的利益相关者，企业应该从原材料采购、生产、提供服务、销售、废物回收等整个价值链的角度来考虑企业应该履行的社会责任。从企业价值链的角度来看，没

有一个行业像酒类行业那样，既能在产品原料生产阶段、产品加工阶段，又能在产品消费阶段对环境与社会产生重要的影响。钟宏武、张蒽和翟利峰（2011）强调研究酒类企业社会责任的重要性，他们从原材料、包装及其回收利用、产品信息披露、饮酒宣传、循环经济、节约能源与资源等方面分析了白酒企业的实质性社会责任议题，需要对其社会责任进行专门的研究。郭岚和汪芳（2012）也认为酒类产品从原材料生产到最终消费整个价值链均会对环境和社会产生重要影响。生态酿酒、有机酒、酒品安全、理性健康饮酒、责任广告、履行社会责任对农户的经济和技术指导责任是酒类企业价值链特殊的社会责任议题。

研究酒类企业的社会责任，首先应确定其社会责任的具体内容，并在此基础上，对其社会责任的履行进行计量评价。因此，本文结合白酒企业的产品和生产特点，借鉴Logan 和 Connor（2005），钟宏武、张蒽和翟利峰（2011），郭岚和汪芳（2013）[3]的观点，从企业价值链角度，对白酒上市公司各价值链阶段的社会责任履行进行评价研究。

二、基于价值链的白酒企业社会责任的内容

关于社会责任的内容，目前，人们一般根据利益相关者理论，从利益相关者角度，提出企业针对不同的利益相关者应承担的社会责任的具体内容；或根据三重底线理论，以及全球报告倡议组织（GRI）2006 年发布的《可持续发展报告指南》（第三代）的企业社会责任内容框架体系，提出企业应承担经济责任、环境责任、社会责任三方面的具体内容。

由于不同的行业具有不同的行业属性与经营特点，不同的利益相关者对企业的社会责任也有不同的期望，因而，研究单个行业企业的社会责任还应具体结合行业的特征。结合白酒企业的产品和生产特点，在 Logan 和 Connor（2005），钟宏武、张蒽、翟利峰（2011），郭岚、汪芳（2013）研究的基础上，从企业价值链角度，本文将白酒企业的生产经营分为原材料生产、采购、生产加工、分销与消费五个阶段，各价值链阶段的社会责任的主要内容如下：

原材料生产阶段的社会责任，包括农户责任、食品安全责任和环境责任，白酒企业在粮食种植中对种植户提供一定的技术指导，保证有效有机、无污染的原材料来源，并注重对周围环境的保护。

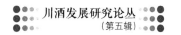

采购阶段的社会责任，包括食品安全责任、农户责任，如白酒企业在采购时应注意原材料储存运输的防霉防虫药物的安全使用，保证原材料质量，提高产品质量及其竞争力。

生产加工阶段的社会责任，包括食品安全责任、环境责任和员工责任，如白酒企业对酒瓶装包装材料选择上的安全性，严格管理酿酒工艺流程，生产中废物回收，循环利用，关注员工的利益，加强技术培养，注重员工身心健康。

分销阶段的社会责任，包括客户责任、产品责任，如白酒企业与下游销售渠道商的公平贸易，产品的质量保证，对假冒伪劣产品的打击，与销售商建立良好的供销关系等。

消费阶段的社会责任，包括广告责任、环境责任，如白酒企业在追求经济利益时承担对消费者利益保护的责任，进行相应的广告宣传，倡导理性健康饮酒，并在消费阶段通过保证酒的安全质优和售后服务获得消费者的认同，注重包装物的回收循环利用，在节约成本的同时保护生态环境，提高品牌价值，增强竞争力。

三、白酒企业社会责任履行的评价方法

（一）评价方法概述

关于社会责任履行的评价方法，目前主要有四类，即社会责任会计方法、内容分析法、专业评估机构社会责任数据库评价法、问卷调查法（包括声誉指标法）。其中，内容分析法运用广泛。内容分析法就是根据企业的社会责任报告、年报、公告或其他文件中披露的社会责任信息，按照一定的标准来进行量化评价。

目前，国内外少有文献研究酒类企业的社会责任的计量与评价，国内仅见郭岚和曾绍伦（2013）运用内容分析法中的指数法，从利益相关者角度，构建酒类企业两级社会责任评价指标体系，并采用"三值赋值法"对其指标进行量化赋值，评价其社会责任状况，而且进一步分析了其六方面特殊社会责任议题披露，以及不同类型酒类企业社会责任现状及其可能的原因。

在其研究的基础上，本文运用内容分析法，从价值链角度，结合白酒企业价值链不同阶段的社会责任和特殊行业议题，首先构建白酒企业内容分析的指标体系，其次由于企业社会责任的履行情况可通过其社会责任信息披露予以反映，本文通过逐篇阅读与分析样本公司社会责任报告、年报、公司公告等资料，通过对评价指标采用较为具体的"六值赋值法"赋值打分来评价白酒企业总的社会责任及其各价值链阶段社会责任的履行现状。

（二）评价指标体系构建

在 Logan 和 Connor （2005），钟宏武、张蒽和翟利峰（2011），郭岚和汪芳（2012）研究的基础上，根据白酒企业的原材料生产、采购、生产加工、分销与消费五个价值链阶段的社会责任的主要内容，本文构建了白酒企业社会责任内容分析法评价指标体系，如表 2 所示。

表 2　白酒企业社会责任内容分析法评价指标体系

白酒企业价值链阶段	一级评价指标	二级评价指标	三级评价指标
原材料生产阶段	农户责任	产品技术责任	提供技术支持
	食品安全责任	原材料来源安全	原材料如酿造粮食的安全性
	环境责任	污染控制	无污染的原材料来源，减少生产行为对周围空气、水、土等环境产生负效应的措施
采购阶段	农户责任	公平贸易经济责任	订单农业，保证农民经济利益
	供应商责任	责任采购	建立责任采购制度，保证供应商利益
	食品安全责任	安全储存运输	原材料储存运输阶段的防霉防虫药物的安全使用
生产加工阶段	食品安全责任	食品添加剂安全使用	安全使用食品添加剂
		产品包装安全	酒瓶装包装材料的安全性
	环境责任	节能减排	单位能耗率、资源消耗水平 温室气体排放、污水排放
		循环经济	污水、废气、废渣及包装物的回收利用
		绿色产品	绿色包装 绿色运输
	员工责任	平等就业	平等的就业、晋升、退休等，包括性别、少数民族、残疾人士、是否雇用童工等
		健康与安全	关心员工健康 提供安全的生产条件
		员工稳定性	人员流失
		职业发展	员工培训

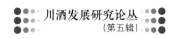

续表

白酒企业价值链阶段	一级评价指标	二级评价指标	三级评价指标
分销阶段	客户责任	公平贸易	与竞争者和商业伙伴的公平竞争，保证销售商利益
		销售集中度	建立良好的客户关系管理，保证经销商利益
	产品责任	产品、服务质量	产品创新 产品安全保证，产品安全性 客户关系管理
消费阶段	广告责任	责任广告	理性、健康饮酒 未成年饮酒教育 责任广告等
	环境责任	回收与利用	产品包装物的回收利用

表 2 显示，每个价值链阶段均设一级评价指标、二级评价指标及三级评价指标，其中，原材料生产阶段的一级评价指标有 3 项，二级评价指标有 3 项，三级评价指标有 4 项；采购阶段的一级评价指标有 3 项，二级评价指标有 3 项，三级评价指标有 3 项；生产加工阶段的一级评价指标有 3 项，二级评价指标有 9 项，三级评价指标有 12 项；分销阶段的一级评价指标有 2 项，二级评价指标有 3 项，三级评价指标有 5 项；消费阶段的一级评价指标有 2 项，二级评价指标有 2 项，三级评价指标有 4 项。五个价值链阶段共有 28 项三级评价指标。

（三）评价指标赋值

确立了社会责任的评价指标体系之后，需要制定三级指标的具体评分标准，本文借鉴李正和向锐（2007）研究社会责任信息披露中采用的赋值方法，将价值链阶段社会责任履行表现进行量化，目前国内外主要采用赋值法，具体主要有"三值赋值法"（沈洪涛，2007）与"五值赋值法"（英国咨询机构 Sustain Ability，联合国环境开发署 UNEP）等方法。其中，"三值赋值法"是：未披露，0 分；定性披露，+1 分；定量披露，+2 分；过于简单。"五值赋值法"在此基础上，不是从定性披露与定量披露角度，而是从简单披露与详细披露角度来研究信息披露状态，又进一步按详细披露的不同程度予以赋值打分。李诗田（2009）在参考"三值赋值法""五值赋值法"的基础上，将社会责任信息披露划分为七种状态，分别予以赋值打分，即：未披露，0 分；简单披露，+1 分；详细披露，+1 分；定量披露，+1 分；能够与前一年度比较，+1 分；能够与国家标准、行业标准或竞争对手比较，+1 分；披露了负面信息，+1 分。

本文认为，这里的详细披露很难客观判断，其具体披露程度实际上可从定量披露、能够与前一年度比较，能够与国家标准、行业标准或竞争对手比较，披露了负面信息这些披露状态反映出来，因此，本文在李诗田（2009）将社会责任信息披露采用的"七值赋值法"的基础上，将价值链阶段白酒企业的社会责任表现采用"六值赋值法"进行量化，即把样本公司社会责任信息的披露方式分为六种：未披露，简单披露，定量披露，能够与前一年度比较，能够与国家标准、行业标准或竞争对手比较，披露了负面信息，未披露赋值0，其他五种披露赋值均为1，如表3所示。按此方法，先分别计算五个价值链阶段的社会责任得分，再将其加总得出样本公司社会责任总分。

表3 信息披露赋值方法

披露状态	分值
未披露	0
简单披露	+1
定量披露	+1
能够与前一年度比较	+1
能够与国家标准、行业标准或竞争对手比较	+1
披露了负面信息	+1

值得说明的是，根据 Botosan（1997）、李诗田（2009）等的研究，本文假设社会责任信息各级指标的重要性是相同的，即在计算过程中，五个价值链阶段维度、12 项社会责任一级评价指标、19 项社会责任二级评价指标，以及 31 项社会责任三级评价指标的权重相同。这样会导致一级指标得分不均衡的结果，可能对企业社会责任履行的评价尤其是各价值链阶段社会责任履行的横向比较评价有一定影响，但出现这种后果的原因在于各价值链阶段的社会责任具体内容本身就有多与少的差距。

四、白酒上市公司社会责任履行的实证分析

（一）研究样本的选取

由于本文专门研究的是我国白酒企业的社会责任，选取的样本研究时间段为2007~

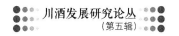

2015年，因此，本文参考中国证监会（CSRC）的行业分类标准，在15家白酒类沪深上市公司的初始样本基础上，剔除多元化经营的顺鑫农业及2011年才上市的青青稞酒两家公司后，选取其余的13家公司作为研究样本，以其2007~2015年的相关数据为数据来源，为保证样本研究的有效性，剔除连续两年以上亏损及年报财务数据缺失的年份，最后共得到104个样本观测值为研究对象，如表4所示。

表4　13家白酒上市公司样本

公司名称	（代码）	观测值年份	公司名称	（代码）	观测值年份
贵州茅台	（600519）	2007~2015	伊力特	（600197）	2007~2015
老白干酒	（600559）	2007~2015	沱牌舍得	（600702）	2007~2015
古井贡酒	（000596）	2007~2015	洋河股份	（002304）	剔除2007~2010
皇台酒业	（000995）	剔除2013~2015	泸州老窖	（000568）	2007~2015
酒鬼酒	（000799）	剔除2013~2015	水井坊	（600779）	剔除2015~2015
山西汾酒	（600809）	2007~2015	五粮液	（000858）	2007~2015
金种子酒	（600199）	2007~2015			

（二）白酒上市公司社会责任履行现状的实证结果

本文运用SPSS 21.0软件对社会责任变量进行了统计分析，总的社会责任履行现状的描述性结果及具体的各价值链阶段的社会责任履行现状如表5和表6所示。

表5　描述性统计分析

	N	极小值	极大值	均值	标准差
总的社会责任	104	2.00	48.00	17.6635	11.79403
原材料生产阶段社会责任	104	0.00	18.00	3.5577	3.67312
采购阶段社会责任	104	0.00	5.00	1.1731	1.26524
生产加工阶段社会责任	104	0.00	23.00	7.7019	6.00142
分销阶段社会责任	104	0.00	9.00	1.6346	1.58915
消费阶段社会责任	104	0.00	18.00	3.4904	3.59070

表6 企业各价值链阶段的社会责任

年份	企业各价值链阶段的社会责任					
	原材料生产阶段	采购阶段	生产加工阶段	分销阶段	消费阶段	合计
2007	33	19	67	23	21	163
2008	31	10	82	11	22	156
2009	31	14	82	15	31	173
2010	41	14	104	21	35	215
2011	50	15	124	34	74	297
2012	77	15	138	28	67	325
2013	38	10	90	15	44	197
2014	24	15	53	11	25	128
2015	45	10	61	12	44	172
合计	370	122	801	170	363	1826

1. 社会责任履行的总体描述

首先，加总白酒企业社会责任各年份得分，即从总的104个样本观测值来看，表5显示，13个研究样本中的104个样本观测值的社会责任的总得分最小值为2，最大值为48，标准差约为11.8。由于本文确立的白酒企业社会责任内容指标体系共分三级指标，并按第三级评价指标打分，其中，社会责任三级评价指标共有31项，并且每项指标最高得分为5分，因此，社会责任总得分的满分为155分，而研究的样本观测值最高分仅为48分，最低分甚至只有2分，这说明白酒企业社会责任总体履行很不够，且其社会责任得分较大的标准差还显示其社会责任行为的差距较大。

其次，从时间上的纵向比较来看，根据表6中2007～2015年各价值链每年的合计得分来看，白酒企业的社会责任得分开始处于上升趋势，到2012年后达到最高值后，2013年与2014年的得分则有较大下降趋势，至2015年止跌并开始出现一定幅度的上升。这说明，白酒企业开始注重与履行一定的社会责任，但其社会责任行为不稳定，且有反复。

2. 各价值链阶段的社会责任履行状况

从企业各价值链阶段的社会责任得分来看，生产加工阶段的社会责任得分最高，分销阶段的社会责任得分最低，这可能与生产加工阶段的三级评价指标最多，多达14个，而其他四个价值链阶段的三级评价指标为3～5个，则生产加工阶段的社会责任得分肯定大大高于其他四个价值链阶段的社会责任得分有关，虽然如此，但其也能在一定程度上反映白酒企业在各价值链阶段社会责任的现况，尤其是在时间上的各价值链

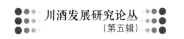

阶段社会责任的纵向比较，即其各价值链阶段的社会责任行为的变化。

首先，从各价值链阶段社会责任得分的横向比较来看，表6显示，生产加工阶段的社会责任总得分为801分，是原材料生产阶段总得分370分与消费阶段总得分363分的两倍多，是采购阶段社会责任总得分122分的6倍多，是分销阶段社会责任总得分170分的近5倍，由于原材料生产阶段、采购阶段、生产加工阶段、分销阶段、消费阶段的三级评价指标分别为4项、3项、12项、5项与4项，生产加工阶段社会责任的满分应分别是原材料生产阶段、采购阶段、分销阶段、消费阶段满分的3倍、4倍、2倍多与3倍，因此，无论是从社会责任得分的绝对值还是相对值来看，在五大价值链阶段中，相对来讲，白酒企业比较重视生产加工阶段的社会责任，其次是原材料生产与消费阶段的社会责任，而采购阶段与分销阶段的社会责任承担较少。

其次，从各价值链阶段社会责任得分在时间上的纵向比较来看，2007~2015年，几乎这五个价值链阶段的社会责任得分以2012年的得分为顶点，呈现一个近似倒U形的变化趋势，但各阶段价值链社会责任的具体变化仍有不同，其中，采购阶段社会责任得分的这种倒U形的特点不明显，各年份的社会责任行为变化不大，而其余4个价值链阶段尤其是生产加工阶段的社会责任得分的倒U形变化趋势相对明显，且原材料生产阶段与消费阶段的社会责任得分在2012年达到最高值后，2013年与2014年呈下降趋势，但2015年又以增长一倍的较大幅度上升，说明白酒的原材料——酿造粮食的无污染生产与安全、对种植农户进行技术指导的责任，以及倡导理性健康饮酒、加强未成年饮酒教育的广告责任，注重包装物的回收循环利用的环境责任，已开始引起了白酒企业的较大关注。

（三）白酒上市公司社会责任履行状况的原因分析

2007~2015年，白酒企业呈现上述社会责任履行状况的原因可能是：

（1）虽然关于企业的社会责任与企业绩效的关系，目前学术界还没有一致的结论，一些学者认为二者呈正相关关系（Luo，Bhattacharya，2006），一些学者却发现二者呈负相关关系（Margolis，Walsh，2003）。本文赞同相互正相关的观点，即企业履行的社会责任越多，其企业绩效越好，反之，企业绩效越好的企业，能承担更多的社会责任。承担社会责任需要一定的资金作保证，2007~2015年，白酒企业社会责任履行近似倒U形的变化趋势与白酒行业的发展轨迹、企业绩效的变化趋势接近。

2003~2012年是我国白酒产业公认的黄金十年，在高端消费的带动下，全行业的产销也随之不断攀升，增速呈逐年递增之势，2011年达到最大值，为45.97%，2011年、2012年的行业净利润增速也分别达到60.16%和54.51%。然而，2012年3月，在国务院召开的第五次廉政工作会议上，明确指出要严格控制"三公"经费，禁止用公款高档酒等。"三公消费"被限使白酒市场大幅萎缩，因而，从2012年开始，由于政策因素与产业周期发展因素的叠加影响，白酒行业进入漫长的调整期。加上2012年下半年"塑化剂"事件的影响，白酒业步入寒冬期，其"黄金十年"宣告结束。不过，经过三四年的深度调整，2015年白酒行业复苏趋势初显。从大部分上市白酒企业利润增加，三家ST白酒企业扭亏为盈，贵州茅台、五粮液、泸州老窖等白酒企业向外释放的信号来看，其渠道库存已经消化到合理状态。主流企业的业绩增长、库存降低以及白酒产量的增长，都反映出白酒行业市场的回暖。因而，2015年白酒企业又开始关注社会责任，增强了其社会责任的履行。

（2）生产加工阶段的社会责任主要包括食品安全责任、环境责任、员工责任，其中，环境责任的内容最多，白酒企业在此阶段社会责任相对较多的承担，可能与国家大力倡导企业的环境责任有关，如2006年国家大力发展循环经济的政策，以及2007年国家环保总局不断提高酒类生产和制造中的工艺设备、资源能源利用指标、废物回收和利用指标的措施。也可能与2002年实施的《上市公司治理准则》有关，该准则明确要求上市公司应尊重职工的基本权益，并披露相关的信息。此外，2009年，国家相继颁布、实施了《食品安全法》《食品安全法实施条例》，对白酒的生产、使用的包装材料、容器、洗涤剂、消毒剂以及添加剂等方面提出了明确的法规要求。以及2007年、2014年颁布实施的《食品添加剂使用卫生标准》，对白酒行业所使用的添加剂范围、添加限量也作了新的强制性规范要求，近年来白酒企业所发生的一系列致癌门、勾兑门、农残门、塑化剂事件等食品安全方面的社会责任负面事件及其对白酒生产企业与消费者产生的不良影响，也使白酒企业认识到白酒生产安全责任的重要性。

（3）中国每年由于酒后驾车引发的交通事故达数万起，而造成死亡的事故中50%以上都与酒后驾车有关，酒后驾车的危害触目惊心，已经成为交通事故的第一大"杀手"。2010年8月十一届全国人大常委会第十六次会议首次审议刑法修正案草案，醉酒驾驶或被判刑。2013年开始实施的《交通安全法》，对酒驾、醉驾行为有了相应的处罚措施，这些法令一方面对白酒企业会有不利影响，另一方面也使白酒企业意识到消费者理性健康饮酒的宣传及其责任广告的重要性。

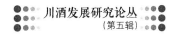

五、结论

由于不同的行业具有不同的行业属性与经营特点，不同的利益相关者对企业的社会责任也有不同的期望，因而，研究单个行业企业的社会责任还应具体结合行业的特征，结合白酒企业的产品和生产特点。在前人研究的基础上，首先，本文从企业价值链角度，将白酒企业的生产经营分为原材料生产、采购、生产加工、分销与消费五个阶段，由于其整个价值链都可能对环境与社会产生重要的影响，需要对其社会责任进行专门的研究。其次，本文运用内容分析法，对白酒上市公司各价值链阶段的社会责任履行进行了评价研究，结果显示，白酒企业比较重视加工阶段的社会责任，而后是原材料生产与消费阶段的社会责任，而采购阶段与分销阶段的社会责任承担较少。

主要存在于生产加工阶段与原材料生产阶段的环境责任、食品安全责任一直是社会责任中各方关注的焦点，对其履行，一方面需要有关部门加强其相关法律法规的完善并严格执法，另一方面白酒企业自身也要注重各价值链阶段的环境责任与食品安全责任，尤其需要加强原材料生产阶段、采购阶段在这方面的责任履行。此外，主要存在于消费阶段与分销阶段的理性、健康饮酒既是个人消费的理性行为选择，也需要白酒企业加强这方面分销的广告宣传责任。

参考文献

［1］Logan D., Connor J. O.. Corporate Social Responsibility and Corporate Itizenship: Dedinitions, History, and Issues［A］. Grant M. and O'Connor J., eds. Corporate Social Responsi-bility and Alcohol: The Need and Potential for Partenship［C］. New York: Routledge, 2005: 5-28.

［2］钟宏武，张蒽，翟利峰. 中国企业社会责任报告白皮书2011［M］.北京: 经济管理出版社，2011: 12-13.

［3］郭岚，汪芳. 酒类企业社会责任特殊议题的价值链分析［J］.四川理工学院学报（社会科学版），2012，27（6）：18-23.

［4］郭岚，曾绍伦. 我国酒类企业履行社会责任评估分析［J］.酿酒科技，2013（4）：111-115.

［5］李正，向锐. 中国企业社会责任信息披露的内容界定、计量方法和现状研究［J］.会计研究，2007（7）：3-11.

［6］沈洪涛. 公司特征与公司社会责任信息披露——来自我国上市公司的经验证据［J］.会计研

究，2007（3）：9-16.

［7］李诗田．合法性、代理冲突与社会责任信息披露［D］．广州：暨南大学博士学位论文，2009.

［8］Botosan C. . Disclosure Level and the Cost of Equity Capital［J］. The Accounting Review，1997，72（3）：323-349.

［9］Luo X. ，Bhattacharya C. B. . Corporate Social Responsibility，Customer Satisfaction，and Market Value［J］. Journal of Marketing，2006，70（4）：1-18.

［10］Margolis J. D. ，Walsh J. P. Misery. Loves Companies：Rethinking Social Iinitiatives by Business［J］. Administrative Science Quarterly，2003，48（2）：268-305.

基于供给侧结构性改革的
川酒营销渠道的研究[*]

刘佳

（四川理工学院管理学院，四川自贡　643000）

摘　要：一直以来白酒产业就是我国国民经济发展的重要产业之一，而在我国进入经济新常态以来，白酒产业也逐渐暴露出结构畸形、产能过剩、增速放缓以及经营方式粗放等问题。对此，川酒企业要分析在市场竞争中面临的挑战和机遇，对企业重要营销资源的销售渠道进行供给侧结构性改革，从而寻求川酒营销的发展新方向，以带动整个企业的健康发展。

关键词：供给侧结构性改革；川酒；营销渠道

供给侧结构性改革作为我国新时期促进社会主义经济建设的指向标，其宗旨是为了扩大有效供给，而扩大有效供给的关键在于对当前供给结构进行改革、优化。目前，作为我国白酒业的重要分支，川酒以其独特的地域优势、悠久的酿造历史以及丰厚的巴蜀文化底蕴，孕育出了众多优质的白酒品牌。但是在供给侧结构性改革背景下，川酒企业发展也会面临不小的挑战。对此，相关企业需要积极转变传统落后的营销观念，摒弃滞后的传播宣传手段，借助新兴媒介打破白酒营销同质化竞争的桎梏。其中，营销渠道作为川酒企业重要的营销活动之一，同样需要进行结构性改革，以探寻更有效的营销渠道结构，构建更紧密的渠道关系。

---

* 基金项目：四川理工学院川酒发展研究中心（CJY16-08）研究成果。

作者简介：刘佳（1983-），女，四川自贡人，硕士，讲师，主要从事营销渠道方面的研究。

一、供给侧结构性改革的内涵

2015 年 11 月 10 日，习近平主席在中央财经领导小组第十一次会议上强调，在适度扩大总需求的同时，着力加强供给侧结构性改革，着力提高供给体系质量和效率，增强经济持续增长动力，推动中国社会生产力水平实现整体跃升。供给侧结构性改革，主要是从平衡供给与生产两方面入手，通过解放生产力、提高要素生产率，来优化生产环节要素配置问题，努力提高国际竞争力，促进经济转型顺利升级。在人类漫长的经济史中，供给和需求都在不断地被强调，但是得到中央重视还是近几年的事。在很长一段时期内，我国经济增长主要是通过需求侧改革来实现，注重扩大投资需求、消费需求以及净出口增长，并造成了供给矛盾突出。尽管供给侧改革的内容比较宽泛，但是为了在这一形势下保持稳定发展，就必须要抓准供给侧结构性改革的重点，即清理无效供给，提高供给品质；改革财政政策，合理配置要素；积极推行体制改革；协调供给与需求二者关系；促进创新，鼓励创业。值得注意的是，保证供给侧改革的效果也需要加大对外部环境的把控力度，积极推行适宜的保障措施，以此来达成供给侧结构性改革的目标。

二、白酒行业的供给侧结构性改革

（一）白酒行业并购呈加速趋势

新形势下白酒行业出现分化，企业面临三大命运。第一类是名酒龙头企业不断提升自身竞争力，努力超越行业增速；或通过并购其他酒企获得协同效应。第二类是具有品牌力，但经营差的地方酒企具有并购价值。我国酿酒业历史悠久，各地有许多品牌、产品力较为优秀的地方性白酒企业，但一些企业由于体制等原因导致经营较差，甚至濒临破产。但若与经营能力强的龙头企业联合，将有望借助其良好的渠道和管理能力，充分发挥自身的品牌和产品优势。近两年，很多地方酒企经营困难，收入下滑明显。在白酒行业挤压式增长下，龙头企业持续超越行业增长，不断侵蚀地方酒企的份额，使得地

方酒企收入面临较大压力。比如古井贡酒拟收购标的黄鹤楼酒业，竞品冲击下公司收入从 2013 年的 10 亿元降至 2015 年的不足 5 亿元，据渠道调研，全国类似这样的从 5 亿~10 亿元收入降至 5 亿元以下的公司还有很多。第三类是缺乏品牌、产品、渠道力的"三无"企业可能面临消亡。例如近两年在四川省及贵州省，许多靠生产原酒为生的白酒公司已大面积消亡。之前这些企业的繁荣，是借助了行业扩容式增长下许多酒企大幅扩张产能但基酒不足的背景。三类企业中，第一类企业是行业供给侧改革的实施方之一，后两种企业是被供给侧改革的对象，区别在于第二类企业是被良性化的供给侧改革。

当前国家积极推进金融监管体系改革，总体的指导方针是让资本市场的服务功能回归，坚持其服务于实体经济的根本宗旨。此轮国家重启 IPO 计划后，已经有多家白酒企业和酒类电商顺利登陆 A 股或新三板，2017 年也有多家知名白酒品牌企业筹备上市，同时，多家老国有体制的酒企已完成"混改"，彻底摆脱体制禁锢，重新焕发市场活力。另外，2016 年，白酒行业的并购事件接连不断，2017 年，除去业内并购和业外资本入驻之外，渠道商的并购整合将更加频繁。

（二）农业供给侧结构性改革将加快白酒企业对农村市场的开发

在国家加快推进农业供给侧结构性改革的政策作用下，农产品种植结构、收储制度、土地流转等措施逐步推进，将推动农产品价格上涨，土地流转和规模化经营将提升农业生产效率，系统提升农民的收入，配套新农村建设，各项城市配套设施的逐步到位，农村居住和消费环境将得到根本性改观，直接拉升农村人口消费增长和结构升级，也加快农村市场白酒消费升级速度。"十二五"期间，国家大力推进城市化改造进程，行业领军品牌泸州老窖就顺应形势，早早做出了"盒装酒下乡，光瓶酒进城"的预判。

（三）"三去一降一补"将使得白酒行业的品牌集中度和分化度迅速增强

2015 年的中央经济工作会议上提出了供给侧结构性改革的五大任务即是"三去一降一补"，在此政策影响下，2016 年下半年，各种原材料涨价的信息频频见诸报端，煤炭从 800 元/吨涨到 1400 元/吨，纸张从 2000 元/吨涨到 3000 元/吨，塑料制品从 7000 元涨到 9700 元，物流费用平均涨幅 30% 以上。从根本上来看，供给侧结构性改革致使相关能源性行业的供需关系变化应是此轮涨价风潮的主因，面对此轮原材料涨价风潮，名酒品牌凭借其良好的品牌张力进行主力产品价格上调，进一步抢夺区域性品牌的市场份额，使得区域酒企的运营和生存压力剧增，或将助推同业并购，改写区域品牌竞争格局，白酒行业的品牌集中度和分化现象越来越明显。

（四）国家生育政策为白酒行业带来巨量的人口红利

从双独二孩到单独二孩，再到推进中的全面二孩，中国生育政策的逐步调整背后是中国人口结构的巨大变化，据卫计委统计，中国 60 岁以上的人群占总人口数的 15.5%，而 14 岁以下未成年人口占比不到 16%，那么，18 岁以上成年的中青年群体人口占比则可以达到 60% 以上，这些既是育龄群体的主流，也是白酒核心的消费群体。从政策放开到孕育生产，使家宴白酒消费迎来一轮高潮，近年来诸多白酒企业也越发重视婚宴和宝宝宴等各类家宴的精细化运作。

三、川酒企业营销渠道现状分析

（一）白酒企业的营销渠道基本特点

由于产品特征的差异化，白酒与其他食品类快速消费品相比，在销售渠道上有着鲜明的特点。

一是白酒的营销渠道种类多，目前常见的有团购渠道、烟酒店渠道、商超 KA 渠道、餐饮酒店渠道、大流通渠道和特通渠道六大类，还包括电子商务等新兴渠道。不同档次的白酒的适应性渠道也有所不同，如中高端产品一般以团购、餐饮和烟酒店渠道为主，中低端产品以烟酒店、商超 KA、餐饮和大流通渠道为主。其他食品类快消品一般销售渠道多集中在商超 KA 渠道、便利店渠道和大流通渠道三类。

二是渠道种类的多样化决定了白酒企业的营销管理成本较高。由于不同销售渠道的销售形态各不相同，在目前市场运作越来越精细化的情况下，不同的销售渠道必须由具备不同渠道销售技能的销售人员来完成，导致白酒企业在区域市场深耕中的人力成本、渠道成本和管理成本较高。

三是渠道运营操作上的复杂性。由于不同渠道类型的销售形态、顾客类型、顾客需求各不相同，每个渠道都逐渐形成了相对完整的开发、管理和维护技巧，需要不同专业技能的销售人员共同完成，导致各企业因产品线较长，而不得不同时面对不同档次产品、不同渠道类型的决策需求，操作复杂性远远大于一般食品类快速消费品。

基于白酒渠道种类的复杂性，近年来国内白酒品牌在市场运营中多采取了在特定

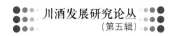

阶段特定区域市场以多个渠道同时推进的复合渠道策略，而非单一依靠某一类渠道。如 2003 年开始高速发展的洋河酒，在蓝色经典品牌推广上集中资源投放在团购、核心烟酒店和核心 A 类酒店渠道，在各个区域市场均获得了高速成长，从 2003 年的 4.7 亿元到 2009 年的 55 亿元。低端白酒的全国性品牌老村长则是以 C 类餐饮、便利店和大流通渠道为主推广，同样获得了高速成长。作为一线品牌的泸州老窖则以国窖 1573 为引领，以泸州老窖特曲为重心，全力放大产品线，在团购、商超、流通、餐饮、特通和大流通渠道同时取得了成功。

（二）川酒企业营销渠道分析

白酒企业典型的销售链条为：厂家（厂家可能还会下设销售公司）—经销商（一批商、二批商）—终端（一般包括烟酒专卖店、商超、餐饮渠道、政企团购客户四大类）（见图 1）。

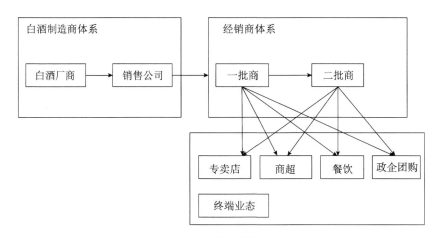

图 1　白酒传统销售体系

在四川白酒企业中，五粮液、泸州老窖和水井坊作为代表性的企业，分析它们的渠道模式有助于对未来川酒企业的营销渠道进行供给侧结构性改革提供依据。

1. 五粮液的大商制模式

总代模式（大商制模式）是一种由经销商主导的营销模式，具体是指厂家以省或区为单位，指定实力强的大经销商来担任总代，由其全权代理所在区域的产品销售活动。在该模式下，厂家可借助总代渠道资源实现较低成本的快速扩张，且经销商利润由其营销能力和积极性决定，盈利空间较大。

五粮液推行大商制，经销体系更加依赖大经销商。五粮液注重发展营销能力强的大经销商，通过设置总经销商，由其全权代理管辖区域的销售活动，并协助厂家管理部分小经销商或专卖店，并由此形成了不同层级的总代理体系。大经销商通常具备销售网络完善、宣传影响力大等优势，五粮液既能依托不同地区的总代将产品快速导入空白市场，扩大产品布局范围，又可通过不同层级的总代将产品有效下沉到市、县等，提升产品渗透率。因此，五粮液曾经凭借大商制快速实现了全国化。但大商制度下厂家对终端的控制力较弱，市场串货、品牌体系混乱等问题逐渐加剧，五粮液的品牌形象随之受损。因此，从 2010 年开始，五粮液逐步建立华北、华东、华南、华中、西南、西北、东北七大区域营销中心，以区域划分职责，全面负责各自地区的五粮液所有品牌的销售。2014 年实行核心大商体系下的直分销模式，通过对渠道进行分类、分级，核心大商由厂家直接管理，其职能由原来的"将产品从厂家分销到各渠道和终端、以赚取差价盈利为主"转变为"在营销中心统一指导下负责市场开发（明确区域、市场责任）、市场打造（因地制宜，采取一地一策、一商一策）、市场服务、市场配送（确保物流高效及时、低成本）、市场管理（零容忍处理低价、违规串货等不良行为）"。其他小型经销商则通过核心大商进货，不与五粮液直接发生财务关系。2015 年成立五粮液品牌管理事务部，全面负责品牌的运作、管理和服务工作。

2. 泸州老窖的柒泉模式和品牌专营模式

柒泉模式是一种以区域进行划分销售，并将销售大区股份化的经销商联盟模式。在柒泉模式下，由泸州老窖销售团队和核心经销商共同出资建立按区域划分销售范围的柒泉公司，由原片区经理担任总经理，经销商做董事长；泸州老窖直接对接柒泉公司，由后者负责各品牌的销售，片区经销商则从柒泉公司提货。按照地区进行划分，由柒泉公司统一负责国窖、窖龄、特曲三大品牌的宣传和销售，核心经销商的持股比例按照入股前一年度产品的销售额确定，并为新经销商预留一定的股权；原片区销售人员也可入股柒泉公司，并与泸州老窖解除劳动合同，柒泉公司的利润来自于厂家折扣和产品提价后的分成；持股经销商的利润主要来自买卖差价、分红和产品提价；普通经销商的利润主要来自买卖差价、产品提价。

2015 年起，泸州老窖按照品牌组建国窖、窖龄、特曲三大品牌专营公司，分别负责国窖 1573、窖龄酒、特曲酒的市场运作，专营公司下设各区域子公司，负责所在区域的销售和宣传推广，通过以股权关系为纽带构建客户联盟，实现各方利益捆绑。

3. 水井坊的新总代模式

起初水井坊采用的是单一的总代理制模式，但自 2012 年"三公消费"受限等因素导致白酒行业进入调整期后，部分区域总代退出，促使水井坊不得不由自己的销售人

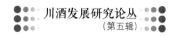
员发展分销网络或借助其他公司的成熟渠道来开展相应的销售及线下市场活动，即产生了扁平化分销模式、与其他公司合作的模式。"新总代模式"是在总代模式的基础上厂家加强终端控制力的产物，具体是指厂家负责销售前端管理，实现对售点的掌控和开拓，总代作为销售服务平台负责销售后端包括订单处理、物流、仓储、收款等工作，这既实现了低成本的渠道快速扩张，又克服了厂家对终端把控力不足的弊端。

四、供给侧结构性改革背景下川酒营销渠道的变革发展

白酒企业在经历了"黄金十年"的高速发展后，进入到了深度调整期。在中央提出供给侧结构性改革的政策背景下，川酒企业也要把握机遇，不断实现优化升级。其中，本文从营销渠道的角度来探讨川酒企业的供给侧结构性改革，主要措施有以下几点。

（一）实现渠道扁平化

川酒企业普遍存在渠道层级过长导致渠道管理难度大，终端控制力不足的问题。因此，在今后的改革中，要向扁平化方向发展。渠道扁平化是通过对渠道网络成员的全面梳理和优化整合，调整其中某些经销商的级别和位置，缩短整个销售渠道的长度，提高渠道网络的市场反应能力。在水井坊的新总代模式下，调整厂商与经销商的渠道功能，组建了两三百人的营销队伍，深入一线开发市场，并重点聚焦 10 个核心市场。通过精准广告投放、举办品鉴会、直控 3000 多个核心门店等举措，积极进行消费者互动。狠抓营销策略的落地和营销队伍执行力的强化，实现厂家对终端的有效管理。川酒企业还可以借鉴其他地区白酒企业的成功经验实现渠道扁平化。比如安徽的口子窖，在选择总经销商时要求严格，一般要求总经销商能直接做到酒店、烟酒店、商场、团购等终端渠道，且削弱品牌忠诚度较低的二批商力量，尤其是小城市严格限制不能有二批商，这既能保证厂家对终端市场的灵敏度，又能提升经销体系的忠诚度。

不过，川酒企业在推进渠道扁平化的进程中，要认清扁平化的实质，避免为了扁平化而将渠道的某些层级"一刀切"。由于渠道中的每一层级的成员都承担着相应的渠道功能，如果简单粗暴地"一刀切"，渠道成员所承担的任务是不会随之消失的，相应地还会转移到其他成员身上，这反而可能会造成渠道成本增加，效率降低。同时，还要结合企业自身实际情况来逐步推进渠道扁平化工作。由于渠道扁平化会带来厂家承

担更多的渠道管理工作，直面终端会消耗厂家更多的资源，所以中小企业要量力而行，适时地调整渠道结构。

（二）重视渠道终端的开发

终端商作为最接近消费者的渠道末端组织，掌握着最接近消费者的终端，在渠道中的地位和作用不言而喻。川酒企业的渠道终端主要包括商超终端、专卖终端、团购终端、餐饮终端、特殊终端等。首先是对专卖店的改造，特别是对五粮液这样的高端品牌而言更为重要。企业应制定专卖店的建设标准和要求，对现有的专卖店进行改造升级，包括门店的装饰、店铺的选址，还有产品的陈列等方面的工作。门店的装饰必须要符合产品的品牌形象，体现企业不同的定位。店铺的选址也要考虑自身的档次定位，如果是高端白酒，可以选择在高档住宅区、高档商场，或靠近高档饭店附近开店，而如果是中低端白酒则选择考虑居民区或普通饭店附近。店铺内产品的陈列要注意将主打产品摆放在显眼的位置，充分凸显其在产品组合中的重要地位。要确保所有规格、种类的产品都要进行展示。另外，还需要考虑产品陈列视觉上的美感，注意不同产品包装色彩上的搭配，给消费者创造一个舒适、美观的购物环境。

同时，还要重视对餐饮终端的开发。国家生育政策的改革为白酒行业带来了巨大的人口红利，川酒企业要重视喜宴、宝宝宴等餐饮宴席的运作，一些企业可以借此进行转型，如以喜宴作为切入点，产品围绕婚喜庆消费情景和日常情感维护来开发或定制，服务则寻找婚喜庆产业链上的各环节进行合作，不断提升白酒产品的附加价值。

（三）加强川酒企业的渠道合作

当前，白酒行业迎来全面复苏，发展进入新的阶段，经过几年的结构调整，行业在生产和流通各领域呈现出新的特点。由于白酒行业的产品、品牌同质化加剧了行业内的竞争，在供给侧结构性改革背景下，白酒企业之间的并购呈现加速趋势，行业集中度提高，四川白酒行业也面临着重新洗牌。作为川酒的领军企业的五粮液和泸州老窖，应该带头转变竞争观念，寻求川酒企业之间的合作，更好地优化川酒的资源配置。四川盆地拥有上千年的酿酒史，酒文化博大精深，具有发展白酒的优势和条件，是我国发展白酒产业最为理想的地区。经过多年的发展，无论是品牌，还是生产技术上在国内、国际皆首屈一指，素有"川酒甲天下"的美誉，被行业认为是"最大的产业集群、最大的品牌群、最大的产能群、最好的政策洼地"。2008 年四川省委、省政府提出的白酒产业战略构想，打造中国"白酒金三角"，以此提升川酒核心竞争力，扩大品牌

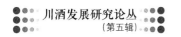
影响力，借此实现川酒资源的有效整合，而渠道资源也是其中之一。川酒企业应该不断加强渠道合作，构建水平渠道系统，共同开发市场机会，强势企业可以作为第三方渠道商，将自己的渠道开放给其他企业，弱势企业可以借助强势企业优良的渠道资源来提升自身的竞争能力，这样不仅强化了川酒企业之间的合作关系，共享渠道利益，共同分担渠道成本，也在一定程度上提升了川酒整体的市场销售能力。

（四）拓展新的渠道体系

川酒企业应该扩展广度结构，使白酒营销渠道朝多元化方向发展。主要的渠道类型包括经销商渠道、直接渠道。经销商渠道下，白酒产品可以通过总经销商直接供货给终端，同时也可以向二批商供货，终端渠道包括商超终端、专卖终端、团购终端、餐饮终端、特殊终端等，同时，一些白酒企业还利用直接渠道销售产品，包括直销、电话、网络、直营店等形式，由此形成了双重渠道结构。

川酒企业在选择多元化渠道结构时，同一市场区域内同时存在几种渠道，渠道之间可能因为争夺相同的消费群体而发生冲突，从而引起渠道价格混乱、串货等问题。特别是目前各川酒企业不断开发网络渠道，容易使线上和线下销售之间产生矛盾，如线上渠道由于价格更具有吸引力，抢走线下渠道的市场，而且线上渠道"搭便车"的现象也很普遍，严重损害线下经销商的利益，打击其积极性。因此，川酒企业要协调各种类型渠道的利益关系，可以按照产品、地域、客户类型划分各渠道之间的界限。比如，为了保护线下经销商的利益，川酒企业可以专门开发网络渠道销售的产品，或建立一个新的品牌。同时，还可以将线上线下进行充分的融合，整合线上线下的资源。比如通过企业的官方网站或各种酒类电商平台宣传产品信息，实行网上下单，实体店取货的方式。还可以在网站上宣传线下实体店或经销商的信息。

（五）加强渠道成员的合作

对于不同层次的渠道成员之间的合作，如果不注重互相协作，各个成员都是以自身利益为出发点采取行动，对渠道的整体利益会产生不利的影响。川酒企业应寻求不同的方式来加强与渠道各层级成员的合作，其中构建垂直渠道系统能够较好地改善这一关系带来的问题，使各层次的成员形成一个统一的联合体，每个成员都视自己为渠道中的一分子，关注整个系统的成功。川酒企业在实行这一工作时，可以选择适当的形式。第一种是公司式垂直营销系统，这一类型的特征是在同一所有者名下开展生产和分销业务，渠道成员间具有产权关系，如泸州老窖曾经实行的柒泉模式，厂家与经销商共同出资建立销售公司。在这种方式下，厂商之间形成了利益共同体，大家都关注渠道的整体利益，避免了经销商的短期经营行为，实现资源的合理配置，能够为川酒企业节省大量资金投入。第二种是管理式垂直营销系统，是通过某一家规模大、实力强的企业利用其在业内的声望和地位建立起来的。因为这类企业一般品牌力强，各经销商都会主动寻求合作，所以渠道的各项工作都可以由这家核心公司进行统一规划，从而使各个渠道成员形成一个整体。比如川酒中的领军企业，五粮液、泸州老窖、剑南春、郎酒等企业可以通过这种方式来整合成员的行为。这种方式建立起来更加容易，成员间的关系更加灵活。第三种是合同式垂直营销系统，各层次的渠道成员以合同为基础来整合它们的行为。比如，川酒企业可以采取特许加盟的形式发展渠道成员，加盟的经销商必须遵守特许协议中的规定，以此来统一和约束成员行为。相比于前两种形式这种形式对川酒企业的要求较低，不需要太多的资金投入，也不一定是行业中的领军企业，因此适用范围更广。

同时还要采取适当的激励政策来增强维系双方关系的利益纽带。当前多数企业采取直接激励的方式，这是通过物质或金钱奖励来肯定经销商的成绩。大多数企业多采用返利的形式，但直接激励的效果持续时间较短，川酒企业还应该结合间接激励的方式，通过帮助经销商进行销售管理，以提高销售的效率和效果来激发中间商的积极性。情感激励也是间接激励的一种特殊方式。情感激励主要寻求与中间商之间思想层面的交流，强化双方同舟共济的意愿。

参考文献

［1］［美］菲利普·科特勒.《营销管理》（第12版）［M］.梅清豪译.上海：上海人民出版社，2006：263-265.

［2］程霞.基于代销直供模式的渠道优化研究［J］.中国市场，2010（18）.

［3］刘欣，彭煦.基于三网融合视域下川酒品牌营销的传播策略研究［J］.知识经济，2017（10）：74-74.

［4］张智华.白酒营销模式及渠道建设的思考［J］.食品研究与开发，2013（11）.

［5］苏奎.供给侧结构性改革背景下我国白酒产业新型增长路径探索［J］.四川理工学院学报（社会科学版），2017，32（1）：14-25.

［6］王毅.新常态下白酒产业发展中的政府角色定位研究——以四川省宜宾市为例［J］.酿酒科技，2016（2）：112-116.

［7］谢文德，徐琳，杨莉莉.四川中小型白酒企业市场营销策略研究［J］.经营管理者，2016（16）：268-269.

［8］陈波.Z公司白酒营销渠道优化研究［D］.湘潭：湘潭大学硕士学位论文，2016.

多维语境下的"中国白酒金三角"品牌形象升级研究*

周家乐

（攀枝花学院，攀枝花　617000）

摘　要：目的：提升白酒品牌形象的营销功能，帮助"中国白酒金三角"酒企走出困境。方法：基于主动营销思路，提出了从塑造白酒"卖相"向塑造白酒"卖点"商业转换、从营造"销售场所"向营造"销售场景"商业跨越、从"形随境变"向"境随形变"商业蜕变等方法，希望借此方法提升白酒品牌形象的营销功能，帮助"中国白酒金三角"酒企走出困境。结论：面对中国白酒自身问题及诸种制约因素叠加的复杂语境，"中国白酒金三角"品牌形象升级如仍停留在被动促销的形式层面显然难以解决问题，因此，"中国白酒金三角"品牌形象升级应打破常规，回归白酒的本质（购买理由），变被动促销为主动营销，方可走出困境。

关键词：中国白酒金三角；品牌形象；语境

　　虽然早在 2008 年初，四川省委、省政府便提出了"建设长江上游名酒经济带，拟以宜宾、泸州和遵义为中心打造'中国白酒金三角'基地，建设中国白酒'波尔多'"的战略，[1]然而在一片叫好声中笔者通过分析认为，这一区域合作战略的提出也从侧面反映出地方政府对中国白酒行业现存问题和面临困境的担忧。如果说"酒鬼酒"塑化剂事件只是导火线的话，那么"年份酒标准""勾兑门"等事件的发生，则彻底暴露出中国酒业历经十年高速发展后的诸多问题。[2]再如果说"八项规定""三公经

---

　　* 基金项目：四川理工学院川酒发展研究中心项目（CJY15-09）、四川省高校人文社会科学重点研究基地川酒文化国际传播研究中心项目（CJCB15-08）。

　　作者简介：周家乐（1977-），男，硕士，攀枝花学院副教授，主要研究方向为视觉传达设计。邮编：617000，电子邮箱：38168006@qq.com。

费""反腐倡廉"等政策的出台和实施，只是针对公款吃喝，[3]那么2013年新交通法规的实施，尤其是禁止酒驾、醉驾入刑等法律规定，[4]则将白酒消费限制扩大到普通群体，这一连串因素致使中国白酒销量直线下降，中国酒业进入理性和深度调整期。此时再回过头来看"中国白酒金三角"战略，与其说是川贵两地区域合作，不如说是两地政府未雨绸缪，共同应对即将面临的行业寒冬。

一、"中国白酒金三角" 品牌形象现状分析

面对上述中国白酒自身问题及诸种制约因素叠加的复杂语境，"中国白酒金三角"作为中国白酒的领导者和风向标在品牌形象上究竟有何表现呢？从笔者对川内酒类直供店、专卖店及专柜的调研与考察情况来看，并未发现川贵两地政府联合打造的"中国白酒金三角"字样，同时区域内各品牌白酒的形象设计，比如展示设计、包装设计、广告设计等，也并未针对当前市场状况进行品牌形象升级，大多仍停留在传统依靠白酒卖相被动促销的形式层面。此外，笔者借机还对店内顾客进行了随意访谈，获知消费者对"中国白酒金三角"概念非常陌生，大多从未听说过。可见，"中国白酒金三角"品牌战略仍停留在宏观层面，并未针对消费群体进行市场推广。虽然"中国白酒金三角"区域内一些实力酒企针对行业疲软现状采取了去产能、调结构、定标准等应对策略，[5]但从市场现状来看，这种改革行为并未扛起"中国白酒金三角"这面大旗，带领中国白酒行业走出困境。对此状况，一些专家、学者撰文将其问题归因于行政壁垒、时空局限、文化差异和品牌竞争等因素，然而对于如何解决当前困境，仍是迷雾一团。[6]

二、多维语境下的中国白酒金三角品牌形象升级思路

虽然品牌形象属于产品及品牌终端的传播，即 CIS 中 VI 的内容，但"中国白酒金三角"品牌形象升级应对的是白酒自身问题及诸种制约因素叠加的复杂语境，非单纯重塑品牌外衣所能改观，也非仅靠白酒卖相被动促销所能解决。因此，"中国白酒金三

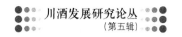
角"应从宏观层面鼓励酒企各自突破，而非依赖区域合作抱团取暖，缩作一团。基于这一思路，本文便回归产品本质（购买理由）即品牌营销的起点进行研究，鼓励"中国白酒金三角"酒企主动创新，并以先进带动后进，共同塑造强大的"中国白酒金三角"品牌。

（一）从塑造白酒"卖相"向塑造白酒"卖点"商业转换

在《产品造型及包装设计的主动营销思路研究》一文中笔者曾对产品卖相与卖点进行过相关论述。"卖相"，吴语方言，指物品或人的外表形态，即外貌。[7] "卖点"，指商品具有前所未有、别出心裁或与众不同的特色、特点。[8] 如果说卖相是产品的"脸"，那么卖点便是产品的"心"，所谓"三十六计，攻心为上"。虽然产品卖相具有直观的促销功能，但就产品形式外衣而言，其销售功能是被动的、有限的。因此，白酒品牌形象升级应通过产品卖相，深挖消费需求，回归产品的本质（购买理由），从而实现从产品卖相向产品卖点的商业转换。由此可见，塑造产品卖点说白了就是创意产品的购买理由，最佳的卖点即为最强有力的购买理由。然而产品卖点通常隐藏于消费者需求的复杂心理活动之下，非简单、短暂的购买行为所能捕捉，尤其在白酒品类与品质较难突破以及白酒诸种制约因素叠加的状况下，如何拓展消费者的购买理由，值得包装设计师和中国白酒金三角酒企共同深思。在此，笔者以几年前指导学生创作的《一帆风顺》酒包装为例进行说明：众所周知，酒是一种文化，不同的场合具有不同的意义。如"满月酒""百日酒""寄名酒""寿酒""开业酒""喜酒""交杯酒"等，俨然已经成为人们寄托某种期望的象征之物，而这正是《一帆风顺》酒购买理由的创意来源。我们清楚，在中国人的观念里或多或少都存有那么一点迷信的因素，凡事都想讨个好彩头，尤其在特定场合对于特定人群来说更是如此。因此笔者建议学生顺势而为，取中国人期盼的"一帆风顺"作为白酒的名字，购买理由既已成立，接下来的工作便是包装的创意与表现。学生最初想以"帆船"形态作为包装造型，思路没错，但问题在于设计表达过于直白，同时帆船造型也不利于包装运输与存放，空间浪费较为严重。因此笔者建议学生从折叠入手，使外包装盒合上变回普通白酒酒盒（见图1）展开则形成一艘帆船造型，而内置酒瓶此时自然化身为船身形状（见图2）。通过这一魔术般的包装开启动作，将消费者对于未来的美好期望以实景形式展现出来，这种基于产品本质，深挖消费者心理需求的白酒形象设计，远比白酒本身更能征服消费者，所谓"醉翁之意不在酒"。

 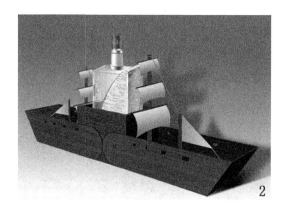

图1 《一帆风顺》酒包装   图2 《一帆风顺》酒包装展开图

（二）从营造"销售场所"向营造"销售场景"商业跨越

场所，指有行为的场地，如果脱离了行为活动，则不能称之为场所。因此，场所＝场地＋在场地上发生的行为。[9]场景，则指戏剧、电影中的场面，泛指生活中特定的情景。在此取泛指含义，即场景＝场所＋人的情感因素。[10]对比两者的概念可知，场所主要针对场地上发生的行为活动，体现的纯粹是实用价值；场景则既包含场所针对的行为活动，同时又关注场所内顾客的情感心理，即在实用价值之外还兼具情感价值，可见两者的内涵与本质截然不同。据此，我们可以将场景定义为生发故事、激发情绪的场所。从这个定义出发，我们便可有效区分销售场所和销售场景的不同之处，同时也能有效将销售场所转化为销售场景，从而实现商业跨越。

场所一般是冰冷的，而场景则必须是温暖的。换言之，场景是特别注重体验感的，但体验不等于体验感，两者之间的关系是：体验感＝体验＋想象空间。在"场所"中，消费者是客人，而在"场景"中，消费者则反客为主，变成了主人，这就是场景远超场所的威力所在。[11]从对1919酒类直供店、厚道名酒会所、茅台、五粮液等白酒专卖店及超市白酒专柜的考察情况来看，国内白酒销售场所很少有注重体验的，更别谈体验感了。虽然一些酒类展区如厚道名酒专门设置了品酒区，但这种在导购指导下的被动体验，会使顾客碍于各种因素而难以尽情体验。那么，怎样的场所才可称之为场景呢？举个例子，国庆期间笔者随朋友去傈僳寨游玩，离开之前，寨子定期举行的免费抓鸡活动让大家热血沸腾，虽然一只鸡值不了多少钱，但大家都愿一展身手赢得这只土鸡。所以，此时的抓鸡场地俨然变成了游客反客为主的竞技场，以至于大家忙于抓鸡而忘记用镜头去抓拍。这种毫无约束、回归动物本性的抓鸡体验，让参与者激情高涨，流连忘返，直至寨方增加两只鸡方才收场，如图3所示。不过，消费者对于场景体验的要求是无止境的，所以任何一劳永逸的想法都只能是奢望，尤其对"茅五剑"等老牌白酒来说更是如此，固守传统不等于故步自封，而应注重销售场景的用户体验及体验的升级换代。

图3　抓鸡场景

（三）从"形随境变"向"境随形变"商业蜕变

"符号论"学者苏珊·朗格将形态归为非文字语言的情感符号系统，即形态语言。众所周知，语言存在语境，形态语言当然也不例外，关于形态语言的语境分析笔者在《产品形象符号与包装图形符号的语境研究》一文中有过专门论述，形态语境即形态语言的使用情景。通过分析，形态语言理应遵循其使用情景，即形态语境。[12]然而从主动营销视角来看，形态不能一味被动适应市场环境，有时也应瞄准时机，主动改变市场环境使之朝着自己预想和设定的方向转变。这听起来似乎不合现实，但乔布斯用"现实扭曲力场"告诉我们这并非天方夜谭，并用苹果的亿万产品改写了人们的生活方式，颠覆了业界的惯性思维。很多企业家说："消费者想要什么就给他们什么。"但亨利·福特曾说过："如果我最初问消费者他们想要什么，他们会告诉我'要一匹更快的马！'"人们不知道想要什么，直到你把它摆在他的面前。因此在 Mac 发布当天，当《大众科学》（*Popular Science*）的一位记者问乔布斯做过什么类型的调研工作时，乔布斯语带嘲讽地回应："亚历山大·格雷厄姆·贝尔在发明电话之前做过任何市场调查吗？"[13]华杉在《超级符号就是超级创意》一书中也强调："不要给消费者他想要的，给他他需要的。因为消费者想不出来他要什么，而你要知道他需要什么，并把那产品创造出来。"正因为人们不知道想要什么，所以"中国白酒金三角"品牌形象升级不能被动迎合市场、迎合消费者，而应开拓创新，用设计与设计产品去引导并改变世界。

由上述分析可知，面对中国白酒自身问题及诸种制约因素叠加的复杂语境，"中国白酒金三角"品牌形象升级与其被动适应市场环境等死，不如主动改变环境去求生，引领中国白酒走出困境。否则，就如迪伦所说："如果你不忙着求生，你就在忙着求死。"众所周知，白酒品牌几乎都带有"传统、文化、历史"的厚重感，而来自重庆的江小白却突破常规，主打新青年市场，并借助社会化传播，让我们看到全新的白酒定位和不一样的营销方式。江小白，以青春的名义创新，以青春的名义创意，深刻洞察了中国酒业传统保守的不足（拘泥于千篇一律的历史文化诉求，对鲜活的当代人文视而不见），着力于传统酒业的品质创新和品牌创新，致力于引领和践行中国酒业的年轻化、时尚化、国际化。因此，它是一款富含时尚青春气息，符合"80后""90后"年轻人口味的颠覆性白酒产品，已被赋予"简单纯粹""文艺青年改变世界""寻找真我""消除互联网隔阂"等新的时代含义，并将品牌具象到一款卡通人物形象上，削弱了白酒产品的粗犷感，呈现出了情绪化、场景式的文案，引发了年轻人的诸多共鸣（见图4）。[14]然而继江小白之后虽然陆续又出现了泸小二、三人炫、漂流瓶等品牌，但这些缺乏内容和定位的形式模仿，终究难以获到消费者认可，就如乔布斯所描述的那样，微软的基因里从来都没有人文精神和艺术气质，即使在看到 Mac 以后，他们都模仿不好，因为他们完全没有搞懂它是怎么回事儿。

图 4　江小白酒包装

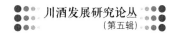
（四）从打造"地域品牌"向打造"国际品牌"思维转变

"民族的就是世界的"可能误导了很多设计师，民族情结本来是一件能产生凝聚力的好事，现在却像孙悟空头上的金箍，紧紧地箍住设计师的头皮，只能往回走，不让向前看。日本设计师山本耀司说："民族的不是世界的，别太把自己当回事。"现在我们每个产业都想强行烙上自己的文化，可是人家凭什么非得接受我们自以为的"精髓"？我们是不是太把自己当回事了？真正的文化自信，是敢于忘了自己，而不是"自嗨"。中国为何没有世界级服装品牌？因为我们不具备世界的心态，我们没有用世界级的眼光来看待这个世界，又怎么能诞生世界级的作品？毕竟我们不是在做土特产，所以我们要从自己的角度来演绎世界的人都能看得懂的东西。这就是笔者要讲的从打造"地域品牌"向打造"国际品牌"思维的转变。

反观国内的酒类形象设计，好像什么都得打上"地域文化"的烙印，设计师必须以弘扬酒文化为己任，没有"地域元素"，你就是忘本，你的设计就不具备酒文化。这种现象在"中国白酒金三角"众多酒类品牌里比比皆是，最可怕的是，有些企业和设计师深深陶醉在"文化自尊"里不能自拔，真可谓"一叶障目，不知泰山"。以成都许燎源设计的酒包装为例，作为一名从事酒包装20余年的包装设计师，许燎源见证了这个行业的风风雨雨，比如许燎源为沱牌酒业服务了近15年的酒包装，每次新包装的上市，都能在包装设计界刮起一阵风，但却始终捧不红沱牌酒业这个品牌，这令许燎源十分苦恼，问题究竟出在哪里？回归日本设计师山本耀司所说的"民族的不是世界的，别太把自己当回事"，许燎源突然醒悟，我们没有用世界级的眼光来看待这个世界，又怎么能诞生世界级的作品？所以许燎源建议沱牌酒业不要用地域性的品牌名，比如"沱牌大曲""沱牌金曲"等；在这只要一打上"沱牌"这个名称就注定是用狭隘的眼光在看待世界的消费者，太容易陷入地域文化的"自嗨"里，导致"一叶障目，不知泰山"。也就是说，我们要打破地域边界、文化边界、民族边界，才能让世界的消费者认同和接受我们的产品，这就叫用世界的眼光来看待和设计酒类品牌形象。经过这一思维转变，许燎源为沱牌酒业策划了全新的品牌名和包装设计，也就是今天家喻户晓的"舍得酒"，这一品牌和包装刷新了酒类包装上的新高度，跳出了传统以地域命名的思维惯例，获得了巨大的商业成功。然而，许燎源为沱牌酒业打造从"地域品牌"向"国际品牌"的转变并非一帆风顺，而且"舍得酒"方案险遭夭折。据许燎源所述，"舍得酒"从一出来就遭到了沱牌酒业公司上上下下99%的人的反对，这是何其可怕，这就意味着对方案的绝对否定。公司除了董事长保持沉默之外，其余人全部持反对意见，这说明我们沉浸在传统的文化"自嗨"里难以自拔。许燎源无法说服沱牌酒业，两年过去了，我们知道，市场就是规则，客户就是上帝，"舍得酒"好与坏不是自己说了算，所以许燎源建议由第三方公证机构进行市场测评，结果所取的六个城市全部满分投票，这印证了"舍得酒"用世界的眼光跨文化的成功。因为，"舍得酒"没有地域成分，它追求的是一种人对人生的态度，跳出了地域文化所划定的圈子，获得了全国消费者的普遍接受，因为大家接受的是"舍得酒"对人生的态度，而不是沱牌酒作为四川的特产，再说了沱牌酒充其量也只是三线品牌，因此作为特产沱牌酒是没有市场竞争力的，舍得酒包装如图 5 所示。其实除了舍得酒，许燎源设计的国窖 1573也是这一思路，同样取得了巨大的商业成功，塑造了全新的酒类品牌，这为提升中国白酒金三角酒企的市场竞争力提出了新的设计思路，如图 6 所示。用山本耀司的话说，真正的文化自信，是敢于忘了自己，只有忘了自己，才能做回自己。然而我们的酒类品牌很难忘记过去，并一直活在过去的影子里而难以认清自己，这需要中国白酒金三角酒企提高认识，用世界的眼光看待市场和未来。

图 5　舍得酒包装

图 6　国窖 1573 酒包装

（五）从"被动促销"向"主动营销"转变

"主动营销"是由清华大学 EMBA 总裁班特聘讲师，本土管理学大师史光起先生提出的一种市场营销活动中应用的营销理念与操作方法。它的核心要义是产品生产者应该在生产和销售的每一个环节，都注入主动意识、创新意识、品牌维护和提升意识，从而使生产出来的产品能够吸引顾客、打动顾客，最终使顾客主动购买。[7]

产品造型及包装设计具有促销功能是毋庸置疑的，然而促销作为营销体系中的一个环节与手段与营销具有较大差异，更与主动营销理念相去甚远。促销（Promotion）是指营销者向消费者传递有关本企业及产品的各种信息，说服或吸引消费者购买其产品，以达到扩大销售量的目的。营销则是指企业发现或挖掘准消费者需求，从整体氛围的营造以及自身产品形态的营造去推广和销售产品，主要是深挖产品的内涵，契合准消费者的需求，从而让消费者深刻了解该产品进而购买该产品的过程。[15] 从两者的概念来看，促销实质上是一种沟通活动，即营销者（信息提供者或发送者）发出作为刺激消费的各种信息，把信息传递到一个或更多的目标对象（即信息接收者，如听众、观众、读者、消费者或用户等），以影响其态度和行为。也就是说，销售是把已有的产品卖出去；营销则是做卖得出去的产品。由此可见，销售是一种被动的售卖行为，是针对已经生产出的产品，因此，现实中它对产品的功能价值、包装价值等方面的改善是有限的，被动的。营销则是一种主动的市场开发行为，是针对既定的目标客户群体，生产符合其价值观念的产品。换言之，促销是根据产品价值来找客户，而营销是根据客户需求来做产品，两者在最后的实施阶段上虽有相通之处，但侧重点截然不同。查看现状，产品造型及包装设计普遍均处于促销层面，即针对已有产品价值来寻找客户，也就是说把现有的产品卖出去，以达到清空库存的目的。与此相关的理论研究则更是如此，如李宁的《工业设计对产品市场营销系统的促进作用》、李玲美的《基于网络销售的农特产品包装设计研究》、俞东的《包装设计的商业促销功能之应用研究》等，在此就不再一一列举了。

然而如何从主动营销视角深挖消费需求和产品内涵，生产符合其价值观念的产品，问题还应回归产品的本质，即产品的"购买理由"来讲。[8] 以上海华与华营销咨询有限公司（简称华与华）为益佰制药研发的"克刻"润喉糖为例：在润喉糖这一激烈竞争的红海市场，名牌众多，消费者因何选择克刻牌润喉糖？厂家必须给出购买理由，而这关系到产品的生存与价值所在。华与华通过调研用户对润喉糖的使用体验时发现，食用润喉糖的人是因为嗓子不舒服，而润喉糖冰凉透嗓的感觉恰好能缓解喉咙痒的症状。但当润喉糖吃完，冰凉感消退，喉咙便又开始痒起来，因此消费者需要一款持续时间更长的润喉糖。这便是消费者的需求，同时也是其购买理由，因此华与华便将这款润喉糖的持续时间由同类产品的 10 分钟延长到 30 分钟，为何要将其定在 30 分钟？消费者只是需要冰凉时间更长的喉糖，却并不知道具体需要多长时间，所以这 30 分钟的时间设定便是企业主动营销的结果，即不给消费者他想要的，给他他需要的。购买理由一旦成立，产品造型及包装设计便目标明确，即围绕购买理由进行创意：一是将润喉糖做大些，二是将润喉糖做硬些，使其在嘴里溶解时间更长、更慢，同时在润喉糖包装上非常醒目地标明"冰喉 30 分钟"，至此，产品造型及包装设计便由以往的促销层面上升到了主动营销层面，如图 7 所示。

图 7　克刻润喉糖

资料来源：利群医药商群。

三、结语

面对中国白酒自身问题及诸种制约因素叠加的复杂语境，"中国白酒金三角"品牌形象升级应打破常规，回归产品的本质（购买理由），变被动促销为主动营销，即从塑造产品"卖相"向塑造产品"卖点"商业转换、从营造"销售场所"向营造"销售场景"商业跨越、从"形随境变"向"境随形变"商业蜕变，希望借此方法提升白酒品牌形象的营销功能，帮助"中国白酒金三角"酒企走出困境。

参考文献

［1］李强．"白酒金三角"基地的国际市场营销分析［J］.商，2015（8）：109-112.

［2］黄丹．中国白酒文化国际化发展策略研究［J］.酿酒科技，2014（4）：120-122.

［3］李丹等．我国白酒产业发展方向探讨［J］.食品安全质量检测学报，2015（7）：2633-2638.

［4］王毅．新常态下白酒产业发展中的政府角色定位研究——以四川省宜宾市为例［J］.酿酒科技，2016（2）：112-120.

［5］王延才．中国酒业协会第五届理事会第三次（扩大）会议2015年中国酒业工作报告［J］.酿酒科技，2016（4）：17-29.

［6］唐英，胡国春．试析"中国白酒金三角"发展战略困境的解决之道［J］.中国集体经济，2014（4）：26-27.

［7］刘守华．主动营销，纸媒新一轮攻坚战［J］.传媒观察，2012（9）：5-8.

［8］郭春雨．置换与主动营销［J］.供热制冷，2015（11）：36.

［9］李志博，张浩，安玉发．都市社区居民选择蔬菜购买场所影响因素分析——以北京为例

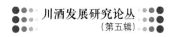

[J].经济问题，2012（12）：70-74.

[10] 刘艳.移动互联时代场景营销探析[J].西部学刊，2016（10）：76-80.

[11] 陈禹安.从"场所"到"场景"的商业跨越[J].销售与市场（管理版），2016（2）：28-30.

[12] 陈慎任.设计形态语义学——艺术形态语义[M].北京：化学工业出版社，2005.

[13] [美] 沃尔特·艾萨克森.史蒂夫·乔布斯传[M].北京：中信出版社，2014.

[14] 黄琼莹.江小白：年轻就要不同[J].销售与市场（管理版），2016（5）：86.

[15] 周家乐.产品造型及包装设计的主动营销思路研究 [J].包装工程，2017（14）：131-134.

[16] 周家乐.产品形象符号与包装图形符号的语境研究 [J].包装工程，2017（4）：84-88.

[17] 李宁.工业设计对产品市场营销系统的促进作用 [D].武汉：华中科技大学硕士学位论文，2007.

[18] 李玲美.基于网络销售的农特产品包装设计研究 [D].杭州：浙江农林大学硕士学位论文，2014.

[19] 俞东.包装设计的商业促销功能之应用研究 [D].北京：北京印刷学院硕士学位论文，2018.

基于符号学的酒文化主题性景观设计分析*
——以园博会城市展园为例

王玮[1]　王喆[2]

（1. 西南交通大学建筑与设计学院，四川成都　610031；2. 中国中铁二院
工程集团有限责任公司交通与城市规划设计研究院，四川成都　610031）

摘　要：本文阐述园博会城市展园建设背景，明确了相应景观设计内容与要求，对酒文化主题性景观发展以及酒文化主题性景观之酒城园林关系进行了梳理，结合实例基于景观符号学，从景观符号提取、景观叙事拆解、景观符号句法、景观符号诠释方面，对园博会酒文化主题性城市展园设计进行了相应的分析，希望能够为类似景观设计提供借鉴和参考。

关键词：园博会；城市展园；酒文化；符号学；主题性景观设计

一、园博会城市展园建设背景

城市，应该是美好的。城市，是不断成长的有机生命体，它的生长和发展应是渐进的、顺其自然的、可持续的。美国城市学家凯文·林奇认为：城市总体设计最终目

---

* 基金项目：四川理工学院川酒发展研究中心项目（CJY16-01）。

作者简介：王玮（1982-）女，四川成都人，西南交通大学建筑与设计学院博士研究生、讲师。研究方向：环境设计、景观工程。电子邮箱：69861735@qq.com；王喆（1981-），男，中铁二院工程集团有限责任公司交通与城市规划设计研究院博士，高级工程师。

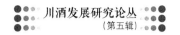

的是创造一个健康的、人的价值最大化的城市，使城市成为市民满意的生活空间，并在强调总体环境设计的前提下，使城市成为更适合人居住的"艺术环境体"。[1]从现实背景看，当下中国正处于高速城市化的发展阶段，而针对千城一面、环境污染、交通拥堵等城市病，[2]2015年中央城市工作会议在强调城市发展重要性的同时，提出从速度型城市建设转变成质量型城市建设，未来城市发展要注重城市发展的现代化。从失意的栖居到"诗意栖居"的现代内涵包括环境内涵、文化内涵、技术内涵、哲学内涵。[3]其中环境的现代化即自然环境现代化和人工环境现代化，注重环境的承载能力和历史传承；文化的现代化即形成富有地方与民族特色的城市文化；科学技术的现代化要能追踪、引进和吸收世界最新科技成果；人的现代化即城市居民的观念和素质的现代化。

虽然园博会这一"舶来品"进入中国不过十几年的时间，但从世界级的世界园艺博览会（世园会），到国家级的中国国际园林花卉博览会（园博会）、中国花卉博览会（花博会）、中国绿化博览会（绿博会），再到地方级别区域性博览会，目前，中国已经成为全世界每年举办园林博览会最多的国家之一。园博会旨在通过展览的方式，带动促进园林、园艺事业的发展。与此同时，随着时代和城市发展不断变迁，从旅游景区到开放公园，从花卉园林到城市绿地，其对于城市环境和区域经济等从更高层面意义纳入考量。[4]随着越来越多的城市把健康、宜居、有活力、环境友好、可持续发展设定为首要发展目标，无论是作为历届园博览会承办城市，还是参展城市，在园博会以及城市展园建设中都承载着宣传环境友好型发展理念，倡导坚持可持续发展的思想。还有利于以园博会发展为契机，加速城市环境与城市生态的治理，提升城市魅力值，推广城市新形象；并且扩大与国内国际城市交流，提升国际知名度，增强招商引资吸引力，具有现实意义。

二、园博会城市展园景观设计内容与要求

（一）景观设计内容

基于对景观及景观设计的理解，园博会公园（园博园）属于城市公园及绿地，其中城市展园景观规划设计属于城市公园中特定场所与环境艺术，具体内容包括：总体

景观战略规划、总体空间规划、场地方案设计、场地施工设计等，同时将建筑设计与环境艺术设计结合在不同尺度的景观规划设计中。[5]

（二）景观设计要求

园博园城市展园五大景观设计要求包括：景观主题化、景观情境化、景观生态化、景观游憩化和景观动感艺术化。[6]

首先，城市展园景观设计需要与园博园顶层主题旨向相协调，与此同时，服务于不同代表城市"形象差异和传统融合"的主题定位。城市展园主题化的景观设计，可以有效地将主题通过景观实现充分表现，所有景观都应该围绕主题进行展开，才能达到整体景观的最佳效果。

其次，景观情境化就是让景观创造情境，通过情境化设计可以将文化和自然资源转变为人性化的观赏过程。情境化景观打造要围绕主题定位展开，形成情境氛围，达到人在情境之中体验和感悟效果。

园博园中地方展园也要求有较高标准的生态和审美环境，以生态和谐为特点的景观包括：旧工业设施设备再利用、生态材质运用、绿色植物环境等。园博园中城市展园的景观生态模式包括：主题生态化、游憩生态化和艺术表现生态化三个方面内容。

景观游憩化是在城市展园中的园艺造景中融入游乐化的趣味和休憩化的机会。一方面，在城市展园的公共景观中沿袭传统的园林造景手法可以寄寓生命、安顿身心；另一方面，传统的景园被反复地运用，便成了无趣的复制和模仿。需要通过景观建设的突破与拓展在园林赏玩的基础上衍生出符合时代潮流的现代景观。

此外，园博园中城市展园景观设计也应该加入动感艺术的手段。通过动感艺术的景观设计可以在静态景观中引入动感，带给人们鲜活、动态的主观感受，可以使人们在相应的场景、情景中很好地互动，成为对传统静态景观进行创新的一个有效手段。

从设计层面来看，园博会主要以国内城市为参展单元，给地方城市带来了契机，地方展园成为了各城市的设计对象，它们是地区营销的工具，也使各参展城市在彼此的竞争中展示出不同的城市形象。与此同时，国内许多城市不够注重自身地域城市文化，使得许多参展单元的风格雷同，主题差异化不鲜明，不能真正体现人文地理的个性化。

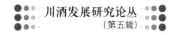
三、园博会酒文化主题性城市展园景观设计分析

（一）酒文化主题性景观发展概述

从国外来看，酒早已超越了它当初被酿造出来的价值，饮酒文化则应运而生，并因此形成"酒类观光"。国外酒文化主题性景观的打造最早来源于酒类观光（即以休闲为目的离开日常生活环境，参与、了解、体验或学习与酒类产业区域或其衍生相关的活动），可追溯自早期的 GrandTour 时期，甚至是更早的古希腊和罗马帝国时期，人们将参观葡萄园加入到自己旅游的项目之中所成。酒产业与观光的结合，于 18、19 世纪即为人们所重视，之所以促成了如此可观的旅游模式，主要原因还是来自于社会的转型、工业科技的演进，人们生活形态得以改变。实际上早在 1855 年由华盛顿在巴黎所举办的万国博览会上，将沿着波尔多区（Bordeaux）Gironde 河的酒庄按区域做一分类，并由波尔多酒商加以推荐，吸引了一批前往酒庄或是产酒区参观的人，酒类观光由此成形。国外的酒类观光早已行之有年，不仅有助于经济上的收益，并且被视为区域发展及地区意向重塑的一种策略。[7]如在法国，波尔多市政当局结合当地旅游业及酒厂，以联合行销方式推广当地的葡萄酒与观光。在加拿大安大略省"尼加拉葡萄之路"正是结合酒庄、旅游业者及食品业者而形成的一种策略联盟的产物，借以推广当地的葡萄酒及观光业。酒文化主题性景观中部分建筑古色古香、典雅又庄严，饶富艺术气息，自开放为观光景点后，设有酒文物馆及产品展示中心，将原有的生产和观光相结合。同时结合地方产业资源、构建社区总体营造，并以"文化酿酒、艺术观光"为主轴，配合邻近观光游憩景点，孕育旅游空间，以吸引更多的观光客来旅游和消费。

从国内来看，从酒文化酿造遗产到特色古镇，从厂区工业旅游到区域开发，[8]从城市园林建设到文化景观保护，[9]相应的酒文化主题性景观研究与实践蓬勃开展。易宁指出，需要通过四川民居元素和郎酒文化元素在二郎居住区建筑及景观设计中的运用来体现出该地区的区域民居特色，同时总结出郎酒文化与四川民居元素相融合的方式。[10]刘启东认为酿酒企业工业旅游厂区的设计要把自然景观、人文景观、酒文化元素等与工业旅游有机地融合在一起，以湘窖酒业新基地和新厂区为例，对空间内的绿化、水体、雕塑、小品等环境景观构成要素进行分析，探讨了厂区环境景观文化的营造。[11]孟宝等对宜宾酒文化景观区游客进行问卷调查，运用 IPA 法分析游客对景区的感知度，指出未来宜宾白酒文化旅游开发应打造白酒文化深度体验之旅，塑造白酒文化氛围浓郁的城市旅游环境，加大旅游基础服务设施和服务水平的建设力度。[12]黄萍总结了茅台酿造区域文化景观遗产特征，分析了茅台酿造区域文化景观遗产的旅游利用。[13]周婧薇针对泸州酒文化中可供利用的景观表达要素，探讨了其作为泸州地域文化的核心内容在泸州城市园林景观建设中的设计手法和表现载体，以达到塑造具有泸州地域文化特色的城市园林景观的目的。[14]

（二）酒文化主题性景观之酒城园林关系

一方面，城市作为人类文明活动的载体和产物，既表现为城市形象这一物质形式和由此构成的整体形态环境，又表现为一种文化现象和文化过程。[15]园博园城市展园即是要通过城市形象这一"文化符号"的积淀和体现，使观赏主体得以认识和感受。城市形象定位是园博园城市展园景观设计的前提。中国以酒闻名的地方不少，而"酒城文化"不仅现在是以酒名扬四海，重要的是得有酒文化的底蕴和悠久的历史。[16]以四川为例，通过对内江、宜宾、泸州、自贡等川南城市文化的挖掘和凝练，川南"酒城文化"具有区域品牌的唯一性、排他性，是城市个性化塑造的核心语言。从环境文脉中解析符号，如宜宾的"中国酒都"、泸州的"中国酒城"等作为该区域景观设计中符号原型是城市品牌形象系统的核心元素，是城市文化物化的表现，是城市价值观的集中体现。

另一方面，酒文化作为古人闲适生活的重要表现形式，与园林风景密不可分。酒文化的广义概念是指围绕着酒所产生的一系列物质的、技艺的、精神的、习俗的、心理的、行为的现象总和，而其最突出的表现为社会交际文化。[17]风景园林作为从古至今人们闲适生活、怡情养性的承载空间，为人们的交往活动提供了舒畅自由的优美环境。从传统园林到现代园林，需要为园林城市注入酒文化。从风景到景观，需要"酒城园林，借花献'景'"。

（三）基于符号学的园博会酒文化主题性城市展园景观设计分析

1. 从符号学到景观符号学的引入

作为符号学的先驱，索绪尔对于符号问题的研究基本上局限于语言符号，其符号研究的方法论依据是二元的，即一切符号学的问题都是围绕能指和所指这两个侧面展开的。皮尔斯的符号学说带有浓厚的实用主义哲学色彩，其符号研究的方法论依据是

三元的，即符号、对象客体、解释项三个方面。莫里斯则从语构学、语义学、语用学三个层面对符号学进行了科学系统性的归纳。[18]

广义符号学对符号问题的探讨推广到各种符号现象，将景观纳入其研究范畴，则出现了以符号理论探讨景观设计问题的景观符号学。[19]景观符号学着重强调景观设计中符号传达意义的重要性。景观的本质和其他的符号一样在于传达信息。景观符号的能指包括景观时空载体（土地、建筑、山水、动植物、图像、文字等）、景观视觉形象（色彩、大小、纹理、质感、厚重等）和景观空间结构（比例尺度、节奏韵律、对比协调等）。景观符号的所指则有不同广度和深度层次的内涵，从美学意义、空间观念、意境内涵、环境行为、功能效益到隐喻象征、社会意识、潜在机理、环境心理、价值反馈再到景观思想、人类社会、理念信仰、生活方式、文明展现。

景观编译模式指景观符号编译模式，其中设计者感性动机在理性约束下，编码过程将其设计意念赋予景观中物件或空间，形成某种秩序或情景下的特定符号，使其具有超语言功能，可以传达信息并进一步指涉具体的情景。使用者在置身景观环境的解码过程中，首先通过景观感知，其次关注焦点、重心锁定某些有兴趣、具意境的设计信息，从中分离出若干具有超语言功能的符号，通过个人独特解码及情绪解析出景观认知。[20]

2. 园博会酒文化主题性城市展园景观设计分析

（1）景观符号提取。地域文化是人们在长期的生产生活过程中共同创造的、具有地域特点的文化模式，是地域生活环境、生活方式和生活习俗的综合。园博会酒文化主题性城市展园景观符号提取以酒城园林的"生活方式、乡土材料、传统民俗、气候条件、地区产业及植被条件"等为角度，从环境文脉中抽取符号。[21]第七届中国（济南）国际园林博览会中遵义展园突出以贵州遵义特色的酒文化为主题。第八届中国（重庆）国际园林博览会中宜宾展园充分展现宜宾悠久绵长的酒文化底蕴和优美的自然景观风貌。第十届中国（武汉）国际园林博览会中泸州展园以生态为基调、酒文化为特色，在建筑、雕塑、小品等方面充分融入了泸州的酒文化地域特征（见图1）。作为江苏省（宿迁）第七届园艺博览会宿迁主展园彰显宿迁酒文化、水文化和生态文化，其中的绵竹展园展示了绵竹特有的年画文化和酒文化。

（2）景观叙事拆解。第七届济南园博会遵义展园设计构思以突出贵州遵义特色的酒文化为主题，以1915年巴拿马博览会上茅台酒"怒掷酒瓶震国威"的故事为设计元素，以贵州特色植物为景观背景，将酒文化元素融入园林景观，向人们展示贵州辉煌的酒文化，展示发展中的贵州、遵义。

（a）龙泉亭　　（b）打酒孩童雕塑　　　　　（c）龙脑桥

图1　泸州展园酒文化主题景观建筑

遵义展园设计方案以中央环形铺地围合主题雕塑作为主要观赏点。从主入口进入展区是一条长约六米的景观通道，两侧各置有三个古朴的石灯，主路的视线正前方是整个园区的名牌，上刻"名扬四海"四个草书字作为景观引导，呼应本方案的主题。绕进园里设立休闲景观凳，可供游人休息之用，同时也增加了这个园林的层次，使之更为丰富了这个环境。与入口相对应的是竹简性景墙，清晰地介绍了茅台酒在巴拿马的扬名经过，采用竹简形式更能烘托贵州园林的特色，环形铺地围合的主题雕塑是整个方案的重点，雕塑是提取了茅台酒瓶在巴拿马博览会摔碎的故事，将茅台酒瓶摔碎的形态作为元素，形成自然景观的雕塑。同时雕塑与水景结合，形成美酒从瓶中溢出的状态，使人联想到酒香四溢。围绕四周的是土陶酒坛，更体现贵州的土陶文化，与自然卵石铺地相呼应，表现贵州拥有最自然的风景，产出了最具特色的陶坛，酿制了独具香味的美酒，历史人文景观和自然景观相结合，立足传统，创造现代园艺展示空间。在植物设计方面，体现"适地适树"的景观特色和生态原则，加上其他贵州地区所特有的观赏性好且适合济南生长环境的乡土树种（见图2）。

基于景观符号学对遵义展园设计方案进行解析，可以看出从主题拆解至子题，再将子题拆解为题素即景观符号元素。一方面，主题、子题与题素三者间的联系作为空间设计之形体或造型元素的表达，乃为景观叙事性思维的设计方法。[22]另一方面，遵义展园景观体系是一种特殊的视觉符号系统，可以建立景观设计者与使用者之间的沟通桥梁。利用符号语构学、语意学和语用学对遵义展园景观体系进行分析：通过语构学，题素对应的遵义展园景观符号具有点状、线状、面状以及相应时空结构；通过符号语意学，子题对应遵义展园景观符号可分为图像、标志及象征符号；通过符号语用学，主题对应遵义展园景观符号的意义来源于人们感受和解读遵义展园景观的多种语境，以"多重含义"和"双重编码"传达意义。

图2　遵义展园设计效果

（3）景观符号句法。第八届中国（重庆）国际园林博览会中宜宾展园位于西部园林展区，面积约为 2000 平方米，展园以"曲水流觞"为主题，将酒樽、竹海、石海、《宜宾赋》竹简等元素和谐地融为一体，充分展现宜宾悠久绵长的酒文化底蕴和优美的自然景观风貌。

以宜宾展园的酒文化景观符号语构系统为例，作为有"中国白酒之都"美誉的宜宾，有着 3000 多年的酿酒历史。自然酒文化就成了宜宾展园的重要展示内容，其中酒文化景观符号首先以矗立在一个圆形广场中心的高耸酒爵呈现。酒爵，中国古代一种用于饮酒容器。《博古图》对于爵的使用曾经有过归纳："爵于彝器是为至微，然而礼天地、交鬼神、和宾客以及冠、昏、丧、祭、朝聘、乡射，无所不用，则其为设施也至广矣。"8 米高的酒爵布置于宜宾展园的视觉中心及制高点位置，将在整个展园景观环境视觉感知上占有关键性地位，并成为设计意涵的主要成分（见图3）。

当然，高耸的酒爵景观符号是否可形成核心、焦点景观，还需要审视其与周围的点状、线状、面状景观符号之相对应关系，包括形状、大小、颜色等对比、互补等关系。酒爵位于一个圆形广场的中心，相对空旷的广场除了周围的种植绿化，没有与之形成竞争关系的其他点状景观符号。在线状景观符号中，广场上密布弯曲的水道，名为流杯池，从酒爵流出的水灌入这个水道之中，这是宜宾古八景之一流杯池的复刻景观微缩版。据说当年北宋文豪黄庭坚在位于宜宾市岷江北岸一里处的催科山下，于怪石峡中凿石建造了流杯池。流杯池引泉水以相通，当年有不少文人名士常常到此饮酒

图3　宜宾展园酒爵与流杯池

赋诗。广场上的流杯池虽然不能与黄庭坚当年的那个流杯池相媲美，但也称得上是自然景观和人文景观的完美结合。与此同时，古人寄情于山水，引发了流觞曲水的心境。"曲水流觞"作为中国古典园林的杰出代表，有着悠久的历史、非凡的文化内涵及艺术价值。运用现代构图手法，宜宾展园通过流杯池这一线状景观符号复制"曲水流觞"的景观场景，以取得流觞曲水所带来的自然、文脉气息（见图4）。

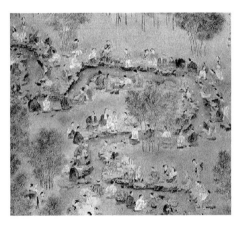

图4　曲水流觞

（4）景观符号诠释。作为第七届江苏省园艺博览会的承办城市——宿迁有着"中国白酒之都"的美誉，是同时拥有洋河、双沟两大中国名酒的白酒产区，历史悠久，酒香馥郁。宿迁展园以展示"西楚雄风，酒都花乡，河清湖秀，生态乐园"为主旨，以"绿醉酒都"为展园主题，其展园主题、子题与题素三层次在结构上是不可分的，其关系具有相同的逻辑性质与阶层关系之互叠性，当子题抽离层次作深入探讨时，其

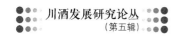
主题可能为上一层次中的子题。[23]古语有云："春饮宜庭，夏饮宜郊，秋饮宜舟，冬饮宜室，夜饮宜月。"由于江苏省第七届园艺博览会于9月开幕，宿迁展园则以"秋饮宜舟，夜饮宜月"为切入点，布置了景石广场、传花度曲、妙香联吟、酌酒邀月、曲水流觞、踞石煮酒、知音抚琴七个景点，表达了秋季酌酒赏景的意趣，并且以酒曲水系和酒曲栈道作为主线，串联起以历史发展顺序为背景的各个休息主题广场。

宿迁展园以景观符号的形式和意义为依据，从采用传统形式、传统形式的再生以及引用其他文化符号三个面向，以实现景观符号诠释"酒城园林"文化的传承。采用传统形式包括沿用传统的意义或景观符号的意义发生改变，传统形式的再生包括采用形体的某个面、某个部分、视觉轮廓抽象、形体抽象、同种符号的对比组合，以及异种符号相应组合等。引用其他文化符号包括文学或诗歌的物化、民间图案的物化，以及历史事件或传统生活场景的物化。[24][25]

宿迁是著名的酒都，展园以弘扬酒文化为创作主线，因此每个景点的设计都与酒有关系。展园核心景点为"酌酒邀月台"，台上矗立着一个具有地标性的雕塑——作为一种古代饮酒器皿的酒爵，以煅铜打造的酒爵雕塑高9.6米，重约10吨，酒爵前有倾酒的流槽，后有尖锐状尾，高颈，下有三足，以太阳鸟图腾为图案，形成三鸟向心之势，给人以视觉上的冲击和震撼。台下为酒窖和介绍酒文化的环形廊道展示区。俯身进入酒窖，这里有46个400斤装的大酒缸，还陈列着一套酿酒工具。展园北部利用场地形似掌状绿叶的特点，四片树叶形的平台"俏皮"地伸入水面，周边种植湿生植物。游客站在这个"踞石煮酒"滨水平台上，可以直接观赏和触摸到水中的植物。与此同时，滨水平台布局又似叶形小舟，亦能让游客体验到渔隐乐趣，营造并呼应秋饮宜舟的季节主题。"传花度曲"位于主入口西侧，以富有动感和趣味性的树干编钟、酒坛酒鼓制作富有新意的小品，体现了植物材料、地方材料与声音的互动，有声有色，游客们可在此亲身体验古人在酒宴上喝酒时的场景和氛围。宿迁展园还将一些诗词名句和对联等设计在园林建设中，让游人在游玩中互动，以期给游人留下更多的美好回忆。"妙香联吟"以船形地坪和吟联景墙的组合为表达元素，增加了空间的丰富度。同时，此次展园设计本着生态环保、节约节能、可持续发展的设计理念。"蓝色经典——梦之蓝"酒瓶材料也在展园中"变身"，展园内的"有凤来仪"背景墙是用1200多个玻璃瓶组成的。此外，西南入口的小广场是一片干净整洁的场地，名为"曲水流觞"，以浅浮雕的形式将龙形图文阳刻于芝麻灰花岗石上，周边以做旧的黄花岗石围合而成，底部铺设LED地灯，地坪上嵌有"蓝色经典——梦之蓝"瓶盖，增加了项目的亮点，凸显了地方特色（见图5）。

图5 宿迁展园景观符号诠释"酒城园林"文化

宿迁展园空间张弛有度，地形舒缓起伏，植物布置错落有致，整体上突出秋景。宿迁展园的主要景点是通过环行主路和花溪串联，其间设计町步石小径。花溪低于场地约50厘米，内部种植水生植物与湿生植物，周边种植各类花草，体现蓬勃生机；同时花溪下铺设盲管，可收集场地内地表径流输入景观河，成为场地排水的载体，是"开源节流"的一种方法。从风景到景观，从传统园林到现代园林，凸显宿迁的文化精神及"花卉之乡"的魅力。

以"符号"解析宿迁展园景观环境设计，可以得出在景观符号特性方面，景观符号可作为景观空间的语言载体，各种符号的组合形成空间语言的文辞结构；在景观符号结构方面，其结构特征是"纵向流畅与横向律动"下的"物、象、意趣味组合"；在景观符号诠释机制方面，其诠释特性是"逻辑性思考与抽象性联想"；在景观符号主题表达方面，酒文化与景观相映成趣，不仅点缀出"酒文化"，更与观展者形成多彩的互动。

四、结语

景观设计需要科技与艺术结合，并运用所掌握的普遍性智慧和设计学逻辑，对各种景观要素进行系统组织。本文以园博会发展和城市展园建设为契机，基于符号学研究园博会酒文化主题性城市展园景观设计理论与方法。在丰富和完善酒文化主题性景

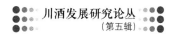

观设计本体论认识、方法论认识、实践论认识，有利于形成有序空间形态的同时达成主题意义，实现完整和谐的景观体系。希望为类似主题景观设计提供借鉴和参考。

参考文献

［1］［美］凯文·林奇.城市意象［M］.项秉仁译.北京：华夏出版社，2001.

［2］赵宪尧.丑陋的大城市——城市美学论略［EB/OL］.中国百科网，http：//www.chinabaike.com，2016-03-07.

［3］梁梅.中国当代城市环境设计的美学分析与批判［D］.北京：中央美术学院博士学位论文，2005.

［4］张长滨，冯艺佳，王向荣.基于城市绿色网络视角下的园博会转变利用途径研究［J］.风景园林，2015（9）：83-89.

［5］俞孔坚，凌世红，李向华，刘亦昕等.从区域到场所：景观设计实践的几个案例［J］.建筑创作，2003（7）：70-80.

［6］绿维创景.旅游景观设计的五大独特趋势［EB/OL］.百度文库，https：//wenku.baidu.com/view/39e9babc960590c69ec376c0.html，2016-02-01.

［7］张琪.酒文化传承的国际经验——基于世界遗产酒文化传承案例分析［J］.酿酒科技，2015（4）：112-115.

［8］李林，洪雅文，罗仕伟.酒文化旅游资源的分类研究［J］.酿酒科技，2015（5）：115-120.

［9］宋才发.中国白酒文化遗产景观及法律保护［J］.湖北民族学院学报（哲学社会科学版），2006（1）：43-50.

［10］易宁.区域性民居元素在建筑及景观设计中的应用研究——以四川古蔺二郎镇集镇居住区设计为例［D］.成都：成都理工大学硕士学位论文，2010.

［11］刘启东.工业旅游导向下酿酒厂区规划及设计研究［D］.长沙：湖南大学硕士学位论文，2012.

［12］孟宝，郭五林，周陶，周倩.基于IPA方法的宜宾白酒文化旅游游客满意度研究［J］.宜宾学院学报，2014（10）：84-89.

［13］黄萍.景观遗产与旅游应用——国酒茅台的区域案例［J］.文化遗产研究，2011（00）：154-168.

［14］周婧薇.酒文化在泸州市园林景观中的应用研究［D］.成都：四川农业大学硕士学位论文，2015.

［15］陈鹏.基于文化地理视角的城市特色分析与彰显——以贵州省怀仁市国酒文化特色为例［D］.重庆：重庆师范大学硕士学位论文，2011.

［16］郭玉将.酒文化［M］.北京：中国经济出版社，2013.

［17］王洪渊，程盈莹.交融与共生：中国经典酒文化的国际传播［J］.中华文化论坛，2015

（12）：73-78.

［18］陈惠玲．皮尔士符号学与西方美学［D］.南昌：江西师范大学硕士学位论文，2013.

［19］李静，陈玉锡．景观符号学理论的研究［J］.合肥工业大学学报（社会科学版），2010（1）：151-154.

［20］周鹤树．以摩里士的符号结构解析 Tanner Fountain 与龙安寺的景观元素符号意涵差异［J］.正修学报，2011（24）：173-191.

［21］胡立辉，李树华，刘剑，王之婧．乡土景观符号的提取与其在乡土景观营造中的应用［J］.小城镇建设，2009（4）：72-77.

［22］卢冠廷．中国传统园林艺术之叙事设计分析研究［D］.中国台湾：云林科技大学硕士学位论文，2007.

［23］郦伟，蔡仕谦．城市景观特色的符号学分析［J］.韶关学院学报（自然科学版），2004（12）：47-50.

［24］郭崔华．从符号学的角度感知景观［J］.陕西农业科学，2008（6）：125-126.

［25］张群，高翅，裘鸿菲．从景观符号看传统景观文化的传承［J］.华中建筑，2006（8）：135-137.

个人自媒体对白酒工业
旅游出游意愿的影响*
——关系强度视角下的实证研究

李剑南

（成都理工大学，四川成都　610059）

摘　要：针对白酒工业旅游这一现实情境，引入个人自媒体信息源来构建白酒工业旅游出游意愿的影响模型。关系强度视角下，基于 388 个样本的研究发现，个人自媒体信息源的改变程度和专业性能够通过提升旅游者感知价值而对白酒工业旅游出游意愿产生间接正向影响，旅游者感知价值在改变程度与出游意愿和专业性与出游意愿之间具有完全中介效用。本研究的结论对白酒行业与旅游行业的融合发展有促进作用。

关键词：个人自媒体；关系强度；旅游者感知价值；白酒工业旅游；出游意愿

一、引言

白酒工业旅游是以白酒的工业生产为主要吸引物，与白酒工厂的自然风光和人文景观交叉形成的集观光、体验、娱乐为一体的新型旅游形式。白酒企业通过跨界整合旅游业，免费开放工业园区及配套展馆，以缩短同终端消费者之间的距离，进一步增

---

　*　基金项目：四川省社科规划项目"白酒产业发展专项课题"（SC16BJ001）、四川理工学院川酒发展研究中心资助项目（CJY16-04）、四川省社会科学重点研究基地——四川旅游发展研究中心立项课题（LYC16-23）成果。

　作者简介：李剑南（1979-），女，汉族，四川省三台县人，成都理工大学管理科学学院讲师，博士。主要从事消费者行为与社会关系网络、劳资关系与人力资源管理的研究。E-mail：lijiannan_ zhou@sina.com。

强消费者黏性。洋河酒文化旅游、河套酒业工业园区旅游、五粮液工业园区旅游、中国第一酒镇茅台镇、泸州老窖旅游区等，越来越多的白酒工业旅游项目进入大众视野。从最初政府性质的接待和企业之间的交流学习演变为现在的白酒工业旅游精品项目，白酒企业争相拓展各具特色的工业活动以吸引大众旅游者的参与体验。可以说，旅游业已成为了实现白酒产业跨界整合的最优途径。然而，白酒工业旅游能否成为征服潜在消费群体的契机？这将是一个有价值的现实课题。另外，白酒工业旅游出游意愿受到哪些因素的影响？这个问题至今未被系统讨论。实际上，出游意愿作为白酒工业旅游的结果变量应当受到重视，这也是一个有意义的理论课题。

随着消费者信息收集来源途径的多元化，商业来源和公共来源不再独霸一方，个人来源和经验来源逐渐成为信息搜集的主要渠道。在社会化媒体蓬勃发展的今天，自媒体的实践运用不仅受到企业界的推崇，也受到学术界的关注。各行各业都或多或少地受到自媒体影响，旅游业是受影响较大的行业之一。自媒体在旅游者进行线路选择、旅游经历分享等过程中都扮演着重要角色。当旅游者自身知识与经验不足时，通常会通过外部信息源来收集获取资讯。基于信息源推送主体的不同，自媒体包括企业自媒体和个人自媒体两类；其中，由于个人自媒体没有营销动机或者营销动机不易被察觉，旅游者在进行信息筛选时对个人自媒体会更加青睐。然而，与白酒工业旅游有关的现有研究忽略了自媒体信息源的影响作用。本研究拟构建并实证白酒工业旅游出游意愿影响因素的整合模型，采用问卷调查法，以个人自媒体信息源作为刺激物，在关系强度视角下探析它如何对潜在旅游者认知白酒工业旅游的心理产生作用，进而影响出游意愿；研究结论将为白酒企业解决当下不得不面对的"可持续发展"这一难题提供理论参照，拓展新的思路。

二、文献回顾与研究假设

（一）旅游者感知价值与出游意愿

在市场竞争越来越激烈的今天，顾客感知价值作为一个抽象的、多维度的、难以衡量的概念对企业来说变得越来越重要。对旅游者而言，白酒企业推出工业旅游这种新型旅游形式是具有吸引力的。通常，旅游者会按自己对白酒工业旅游的需求状况，

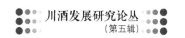

综合各种相关信息，做出抽象的主观评价。潜在旅游者选择白酒工业旅游这种新型旅游形式所能得到的价值包括：功能价值（如旅游质量、旅游接待体系、旅游活动等），情感价值（如愉悦感、新奇感等），社会价值（如交朋友、受欢迎等），感知费用（如时间成本、货币支出等）。本文旅游者感知价值是指潜在旅游者对白酒工业旅游这种新型旅游形式的看法与认知。

通常，个体在进行决策时首先权衡得失，因为只有在此基础上才能做出科学决策。从旅游者视角来看，他们对旅游目的地、旅游产品与服务等方面的价值感知判断会直接影响其出游的可能性，感知价值越高，出游的可能性越大。基于此，提出以下假设：

假设1：旅游者感知价值正向影响白酒工业旅游的出游意愿。

（二）个人自媒体

个人自媒体（Personal We-Media）是个体在网络上传播信息的一种方式，借用微信、微博、博客、QQ空间等网络渠道发布所见、所闻、所感、所想。当前有代表性的个人自媒体如：微博的"papi酱""英国报姐"，微信的"文茜大姐大""冯唐""伯凡时间"等。个人自媒体对消费者行为，包括旅游决策的影响日益显著。

由于互联网和社会网络具有许多相似性，且互联网环境中构建的关系所占人们社会关系网络中的比重越来越重，所以适用于分析社会网络的理论对于研究互联网在一定程度上也是适用的。的确，信息源和接收者之间的关系强度会直接影响信息的传播效果。Brown和Reingen（1987）指出，与接收者关系强度较高的信息传播者对接收者态度的影响更大。一般而言，强关系中的成员间有高度信任，有较高频率和较长时间互动，价值观和想法更加契合。然而，另一些研究者提出了相反观点，认为来自弱关系传播者的信息对消费者产品评价和购买决策的影响更大。Granovetter（1973）认为，处于弱关系中的个体异质性较高，彼此间交流的信息更加多样化，因此弱关系对传播效果的影响更大。Godes和Mayzlin（2004）的研究结果也表明，来自陌生人的信息对产品销售的促进作用非常显著。实际上，信息源与接收者之间关系强度对信息传播效果的影响是复杂的，还会受到其他因素的影响，如信息内容、购物目标等，正是由于这些因素的存在，才出现了前后不一致效应。这种不一致结果产生的原因是因为对关系强度没有十分清晰的概念。鉴于此，本文首先对个人自媒体关系强度进行界定；个人自媒体关系强度是指在个人自媒体情境中接收者所感知到的与个人自媒体信息源之间的关系紧密程度。

Granovetter（1973）提出区分强弱关系的四个维度：关系时长、互动频率、亲密程度、互惠交换。首先，认识时间越长，关系的强度可能越强。其次，认识很久，但如果没有频繁接触，仍然不会有深入的了解；所以，如果互动频繁，接触很多，那么对他人的性格特点了解越深入，则越倾向于强关系。另外，关系时长和互动频率的情感结果是亲密程度，是关系强度的直接体现；主客体之间涉及话题越隐私，越重大，亲密程度越高，越倾向于强关系。最后，关系双方交换的资源价值越大，关系的强度可能越强。这也是后来相关领域研究中学者们一致认可的判断关系强度的四个维度，本文也将从该视角切入对个人自媒体关系强度进行探讨。然而，个人自媒体与接收者之间通过网络渠道传递信息，通常没有真实接触，因此无法完全用传统的关系强度来判断。实际上，个人自媒体关系强度与史亚莉等（2015）提出的影子连带强度十分类似，其产生的前提都具影响力。个人自媒体的影响力会激发接收者的认同感，从而导致接收者行为或思维发生改变；因此，接收者受个人自媒体影响的改变程度是衡量个人自媒体关系强度的一个重要维度。另外，接收者对个人自媒体的关注程度是衡量个人自媒体关系强度的另一个重要维度，这与传统关系强度中的关系时长和互动频率内涵基本一致。还有，接收者感知中的个人自媒体是否专业，是否值得信赖都是衡量关系强度的重要指标。综上所述，本研究将从关系强度视角切入，从改变程度、关注程度、可信赖性和专业性四个维度衡量个人自媒体关系强度。

1. 改变程度（Change Extent）

个人自媒体生成的影响力会由内而外地激发接收者认同信息传播者，使得接收者行为和思维因信息源而发生改变。其中，行为改变是指接收者因为与信息源之间建立了关系连带而改变了自己的行为。接收者在采取某些行为时会想到信息源，或在做出行为决策时因为信息源而发生改变。思维改变是指接收者对于事件的思索和观点因为信息源而发生了改变。接收者的行为或思维改变程度越高，表明个人自媒体关系强度越大，接收者的看法与认知受到信息源的影响越显著。换言之，接收者的行为和思维可能会由于受到个人自媒体的作用而发生变化；当接收者行为和思维改变程度越高时，个人自媒体关系强度越强。基于此，提出以下假设：

假设 2：受个人自媒体影响的改变程度正向影响旅游者感知价值。

2. 关注程度（Attention Extent）

传统关系强度中交往频率通常为现实的互动次数，而接收者与个人自媒体间的交往频率更多体现为关注程度，即接收者对信息源的关注。由于接收者对个人自媒体的持续关注，或经常性的谈论，或打赏、转发、点赞、私信等，即使行为和思维没有改

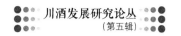

变，也表明关注程度高。因为关注程度越高，个人自媒体关系强度也会越大。对个人自媒体的关注程度主要体现在关注时长、关注频率、关注内容和关注渠道等方面。关注时长是指接收者通过某种渠道关注个人自媒体的时间长短；关注频率是指接收者一个月、一周或一天会浏览关注信息源的次数；关注内容是指对信息源的背景、兴趣、性格等内容的关注程度；关注渠道是指接收者通过哪些渠道去关注信息源。关注时间越长，关注频率越高，关注内容越多，通过越多的渠道，则表明接收者对信息源的关注程度越高。接收者的关注程度越高，表明个人自媒体关系强度越大，接收者的看法与认知受到信息源的影响会越显著。基于此，提出以下假设：

假设3：对个人自媒体的关注程度正向影响旅游者感知价值。

3. 可信赖性（Source Trustworthiness）

个人自媒体作为一种迅速兴起的信息源，正是由于消费者更倾向于信任陌生人所提供的信息。研究表明，旅游者对社会化媒体的信任程度越高，感知有用性也越高；信源可信度是决定消费者信息感知有用性的因素之一。可信赖性是接收者对信息源的一种感知。信息提供者可靠吗？公平吗？中立吗？有特定的动机和意图吗？简言之，可信赖性是指个人自媒体愿意提供事情真相的程度。文献回顾表明，信息源可信度与消费者行为意愿之间是正相关关系，它是影响消费者行为最主要的因素之一。Kerstetter 和 Cho（2004）的研究表明，旅游者在选用信息来源类型时，最有力、最直接的影响因素就是信息源可信度。由于个人自媒体没有营销动机或者营销动机不易被察觉，接收者对其更容易产生信任感。当接收者感知信息源值得信赖时，更愿意沟通隐私或重大话题，此时亲密程度更高。可见，信息源可信赖性越高，表明个人自媒体关系强度越大，接收者的看法与认知受到信息源的影响会越显著。基于此，提出以下假设：

假设4：个人自媒体的可信赖性正向影响旅游者感知价值。

4. 专业性（Source Expertness）

不仅如此，一系列的研究还表明，信息源的专业性正向影响个体认知与态度。Bone（1995）的研究指出，当产品的期望效果和感知到的实际效用有所差别时，消费者会产生不确定感，从而对专家的意见更加依赖。不仅如此，决策的不确定性和感知风险还会增加信息的价值，从而使消费者受到专家信息的影响更大。对于接收者而言，感知到个人自媒体专业性越强，所收获资源价值感越大，越倾向于强关系。专业性是指信息源在某一领域具有相对专业的形象，表现出对产品和服务具有较多的知识和经验。专业性也是接收者感知到的传播者能提供正确信息的专业能力（Bristor，1990）。

182

Gilly 等（1988）认为信息接收者在搜寻信息时通常会询问专业性较强的人，专业程度越高的信息源接收咨询就越频繁，他们的意见影响力也更大。大量研究证实，专业性是对接收者行为意愿影响最大的因素，感知到信息传播者的专业性越强，消费者态度和行为受到信息的影响力会更大（Ohanian，1990；Mitchell & Dacin，1996；Bansal & Voyer，2000）。信息源的专业性也会影响网络传播效果。现有研究认为，信息传播者的专业性在匿名的网络环境中可以引申为两个方面：网站专业性和网络意见领袖。个人自媒体在很大程度上就扮演着网络意见领袖的角色，通常，他们是具有某领域专业知识并乐于向所在虚拟网络社群其他成员贡献知识的用户，他们热衷于回复相关话题并主动发表个人意见。Henning-Thurau（2004）发现，在互联网平台下，消费者会更多地搜寻和依赖网络意见领袖的建议。网络领袖意见在影响消费者的态度和购买决策中起到了重要的作用。信息源专业性越高，表明个人自媒体关系强度越大，接收者的看法与认知受到信息源的影响也就越显著。基于此，提出以下假设：

假设 5：个人自媒体的专业性正向影响旅游者感知价值。

综上所述，构建假设模型如图 1 所示。信息源是客体因素，旅游者感知是主体因素，客体如何影响主体？本研究将从旅游者的行为学和社会心理学角度重点探讨个人自媒体信息源、旅游者感知价值和出游意愿三者之间的关系，对白酒工业旅游出游意愿和出游行为进行解释和预测。

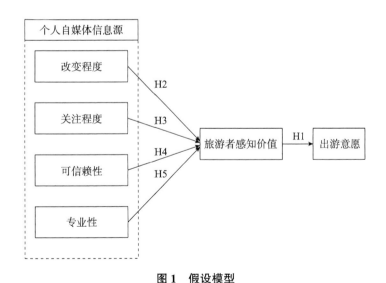

图 1　假设模型

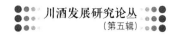

三、研究设计

（一）预调查

本研究选用 Likert 7 点量表分析法，初始题项的形成主要基于三个途径：首先，根据变量直接选取已有量表；其次，以研究主题所涉及的关键词为基点，自行设计；最后，通过小规模群体访谈增加白酒工业旅游情境下的题项。不仅如此，还邀请市场营销专业人士对问卷进行审阅和指导，对初始问卷的措辞、语句和结构做出必要的修改和调整，以提升初始问卷的信效度。

1. 预调查样本与数据收集

2016 年 12 月 6 日晚发出电子问卷，被调查者为笔者所在学校的本科大学生以及在企业工作的人士，并于 2016 年 12 月 7 日晚回收。对预调查数据进行缺失值处理、问项的分值转化和数据正态性分析检验之后，剔除无效问卷并确定有效问卷为 196 份。

2. 预调查的数据分析

首先，对量表进行项目分析，结果发现，全部题项的 t 值均显著。预调查问卷的所有 40 个题项都具有鉴别度，表明这些题项均能鉴别出不同被调查者的反应程度。这表明，在进行探索性因子分析之前不需要删除任何题项。

其次，对量表结构效度进行分析，结果如表 1 所示，KMO 值为 0.947，远大于 0.5，表明因素分析是适合进行的。此外，Bartlett 球形检验的结果显著，代表母群体的相关矩阵间有共同因素存在，表明因素分析也是适合进行的。

表 1 预调查结构效度分析

KMO 和 Bartlett 的检验		
取样足够度的 Kaiser-Meyer-Olkin 度量		0.947
Bartlett 的球形度检验	近似卡方	9315.934
	df	780
	Sig.	0.000

最后，对量表进行信度分析，结果如表 2 所示，六个分量表和总量表的 α 系数均在 0.90 以上，代表此量表的信度颇佳。

表 2　预调查信度分析

可靠性统计量		
量表	Cronbach's Alpha	项数
旅游者感知价值	0.953	17
改变程度	0.921	5
关注程度	0.917	4
可信赖性	0.977	5
专业性	0.962	5
出游意愿	0.937	4
总量表	0.974	40

（二）正式调查

根据预调查数据分析结果，再经过讨论研究，确定正式调查问卷。

1. 正式调查样本对象的选择与样本总数的确定

为了确保所收集的信息具有代表性，选取样本主要来自在校大学生和企业员工两类。本研究所用量表共有 40 个题项，遵循题项与被调查者为 1∶5 的比例原则，研究样本数量确保样本总数至少在 200 个以上，这是为了确保问卷能够收集到所调查项目真实情况的信息。

2. 大规模问卷发放和回收

问卷调查的时间为 2016 年 12 月，为期 20 天，采用纸质与电子问卷相结合的方式。其中，纸质问卷发放 200 份，收回 195 份，占问卷总数的 97.5%。电子问卷收回 244 份。去除没有填写完全，或者遗漏项很多，或者回答高度一致明显敷衍的问卷，录入数据库的有效问卷为 388 份，有效率为 88.38%。

3. 正式调查问卷的描述性统计分析

对被调查者的性别、学历、职业和收入等个人特征以及是否喝白酒、是否有过白酒工业旅游经历等方面进行样本数据的描述性统计，结果如表 3 所示。

表 3　基本描述数据

变量		比例（%）	变量	比例（%）	变量		比例（%）
性别	男	46.6	政府/事业单位	15.7	学历	专科及以下	6.7
	女	53.4	国有企业	8.0		大学本科	76
是否喝白酒	是	40.5	外企/合资企业	2.6		硕士及以上	17.3
	否	59.5	私营/民营企业	6.2	收入	1000 元以下	41.6
是否知道白酒工业旅游	是	38.0	个体/老板	2.6		1000——<2500 元	14.6
	否	62.0	自由职业者	4.1		2500——<4000 元	6.8
是否有过白酒工业旅游经历	是	15.5	大学生	56.7		4000——<6000 元	12.2
						6000——<10000 元	12.7
	否	84.5	其他	4.1		10000 元及以上	12.2

四、实证研究

（一）验证性因子分析及结构效度检验

首先，从模型各维度的组合信度、结构效度和模型适配度三个方面进行分析。其中，组合信度表示调查数据的可靠性程度；结构效度包含聚合效度和区别效度，前者指的是构面的各测量指标是否可以代表该潜变量，后者指各潜变量构面之间的区分情况。主要测量指标有：标准化因素负荷量大于 0.5，模型基本适配度良好；临界比率（C. R.）绝对值大于 1.96，达到显著性水平；组合信度大于 0.6，信度较好；平均方差抽取量 AVE 值大于 0.5，聚合效度比较好；AVE 的平方根大于该潜变量与所有其他潜变量之间的协方差系数的绝对值，模型的区别效度较好；模型适配指标中大部分模型适配度指标可以接受，模型的契合度较好。模型适配度标准如表 4 所示。

表 4　模型整体适配指标及其适配标准

适配度检验指标	适配标准	可以接受
CMIN/DF（卡方自由度比）	1~3	越小越好
残差平方根 RMR	<0.08	<0.1
渐进残差均方和平方根 RMSEA	<0.08	<0.1

适配度检验指标	适配标准	可以接受
适配度指数 GFI 值	>0.90	>0.7
比较适配指数 CFI	>0.90	>0.7
相对适配指标 IFI	>0.90	>0.7
简约适配度指数 PNFI	>0.50	

1. 自变量分析

对自变量个人媒体信息源进行分析,结果如表 5 所示。

表 5　自变量拟合优度和结构效度检验

潜变量	测量项	因素负荷量	C. R.	P	组合信度	AVE	适配指标
改变程度	WMCE18	0.664			0.866	0.565	
	WMCE19	0.753	17.14	***			
	WMCE20	0.834	13.716	***			
	WMCE21	0.746	12.551	***			
	WMCE22	0.753	12.694	***			
关注程度	WMAE23	0.764			0.877	0.640	CMIN/DF = 1.923
	WMAE24	0.834	17.18	***			RMR = 0.063
	WMAE25	0.828	17.064	***			RMSEA = 0.049
	WMAE26	0.772	15.714	***			GFI = 0.934
可信赖性	WMST27	0.84			0.952	0.799	CFI = 0.981
	WMST28	0.87	29.26	***			IFI = 0.981
	WMST29	0.93	25.341	***			PNFI = 0.776
	WMST30	0.924	25.134	***			
	WMST31	0.901	23.799	***			
专业性	WMSE32	0.882			0.944	0.771	
	WMSE33	0.901	26.413	***			
	WMSE34	0.904	26.613	***			
	WMSE35	0.881	25.064	***			
	WMSE36	0.821	21.808	***			

分析结果显示,各题项的标准化因素负荷量值均大于 0.5,临界比率均大于 1.96,且均在 0.001 水平上显著;各因子的组合信度均大于 0.6,各因子的平均方差抽取量

AVE 大于 0.5，说明模型的组合信度非常好，且模型聚合效度比较高。同时，从模型的适配指标结果来看，模型适配指标均达到了标准要求，说明模型的整体适配度比较好。

从表 6 潜变量间区分效度检验表可知，潜变量的最小平均方差抽取量 AVE 正平方根为 0.752，大于最大的协方差系数 0.683，说明各潜变量两两之间具有良好的区分效度。因此，自变量问卷结构模型组合信度和结构效度均比较好，与实际数据契合度较高。

表 6　自变量潜变量间区分效度检验

AVE 平方根	改变程度	关注程度	可信赖性	专业性
改变程度	0.752			
关注程度	0.683	0.800		
可信赖性	0.644	0.705	0.894	
专业性	0.679	0.750	0.760	0.878

注：对角线上方为相应潜变量的平均方差抽取量 AVE 正平方根，对角线下方为各潜变量之间的协方差系数。

2. 因变量分析

对因变量进行分析，结果如表 7 所示。

表 7　因变量拟合优度和结构效度检验

潜变量	测量项	因素负荷量	C. R.	P	组合信度	AVE	适配指标
感知价值	PVFV1	0.619			0.938	0.506	CMIN/DF = 2.577 RMR = 0.106 RMSEA = 0.064 GFI = 0.905 CFI = 0.958 IFI = 0.958 PNFI = 0.751
	PVFV2	0.784	9.499	***			
	PVFV3	0.58	7.298	***			
	PVFV4	0.638	8.449	***			
	PVEV5	0.677	7.753	***			
	PVEV6	0.824	8.273	***			
	PVEV7	0.778	8.136	***			
	PVEV8	0.811	8.24	***			
	PVEV9	0.815	8.25	***			
	PVPP10	0.648	7.639	***			
	PVPP11	0.756	8.069	***			
	PVPP12	0.661	7.695	***			
	PVPP13	0.663	7.707	***			
	PVSV14	0.682	7.778	***			

潜变量	测量项	因素负荷量	C. R.	P	组合信度	AVE	适配指标
感知价值	PVSV15	0.557	7.159	***			CMIN/DF = 2.577
	PVSV16	0.541	7.06	***			RMR = 0.106
	PVSV17	0.671	7.745	***			RMSEA = 0.064
出游意愿	IT37	0.882			0.920	0.743	GFI = 0.905
	IT38	0.921	26.83	***			CFI = 0.958
	IT39	0.874	24.12	***			IFI = 0.958
	IT40	0.762	16.376	***			PNFI = 0.751

分析结果显示,各题项的标准化因素负荷量值均大于 0.5,临界比率均大于 1.96,且均在 0.001 水平上显著;各因子的组合信度均大于 0.6,各因子的平均方差抽取量 AVE 大于 0.5,说明模型的组合信度非常好,且模型聚合效度比较高。同时,从模型的适配指标结果来看,模型适配指标除 RMR 为 0.106 外,均达到了标准要求,说明模型的整体适配度比较好。

从表 8 潜变量间区分效度检验表可知,潜变量的最小平均方差抽取量 AVE 正平方根为 0.711,大于最大的协方差系数 0.682,说明各潜变量两两之间具有良好的区分效度。因此因变量问卷结构模型组合信度和结构效度均比较好,与实际数据契合度较高。

表 8 因变量潜变量间区分效度检验

AVE 平方根	感知价值	出游意愿
感知价值	0.711	
出游意愿	0.682	0.862

注:对角线上方为相应潜变量的平均方差抽取量 AVE 正平方根,对角线下方为各潜变量之间的协方差系数。

综上可知,研究模型的拟合情况比较好,各潜变量间的结构效度良好;问卷结果合理,收集的数据可靠且有说服力。

(二) 量表信度效度分析

1. 信度分析

利用 SPSS 20,对问卷内容进行内在一致性信度分析,使用 Cronbach α 系数值来衡

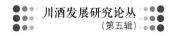

量，这是目前最常用的信度系数，结果如表9所示。

表9 正式调查信度分析

可靠性统计量		
量表	Cronbach's Alpha	项数
旅游者感知价值	0.935	17
改变程度	0.882	5
关注程度	0.876	4
可信赖性	0.954	5
专业性	0.943	5
出游意愿	0.910	4
总量表	0.962	40

从研究变量的信度检验表可以看出，所有分量表的 Cronbach α 均大于 0.7，说明各分量表的信度较好；同时总量表的信度为 0.962，大于 0.8，这表明调查数据是比较可靠的，测量指标具有较高的内在一致性信度。

2. 效度分析

采用 KMO 和 Bartlett 样本测度检验数据是否有效，结果如表 10 所示。一般来说，测量结果与考察内容符合程度越高，效度越高。

表10 正式调查结构效度分析

KMO 和 Bartlett 的检验		
取样足够度的 Kaiser-Meyer-Olkin 度量		0.946
Bartlett 的球形度检验	近似卡方	13806.826
	df	780
	Sig.	0.000

对量表总体进行效度检验，KMO 值为 0.946，大于 0.7；Bartlett 球体检验的统计值的显著性为 0.000，小于 0.01，达到显著性水平；量表总体的效度比较好。由此可认为，本次调查问卷的设计比较科学，信度效度分析结果较好，说明收集的数据比较真实可靠，且与实际情况较为契合，实证分析具有较强的说服力。

（三）出游意愿模型影响分析

本研究的主要目的是探析出游意愿与旅游者感知价值、关系强度视角下的改变程度、关注程度、可信赖性和专业性之间的关系，结果如表11所示。

表11　出游意愿模型路径系数

影响路径			Estimate	S. E.	C. R.	P
感知价值	←	改变程度	0.495	0.15	3.136	0.002
感知价值	←	关注程度	−0.029	0.154	−0.167	0.867
感知价值	←	专业性	0.199	0.071	2.286	0.022
感知价值	←	可信赖性	−0.114	0.061	−1.426	0.154
出游意愿	←	感知价值	0.86	0.089	12.562	＊＊＊

结果表明，关系强度视角下的改变程度对感知价值的影响标准路径系数为0.495，P小于0.05，达到显著性水平，说明改变程度对感知价值有显著的正向影响作用；专业性对感知价值的影响路径系数为0.199，P小于0.05，达到显著性水平，说明专业性对感知价值有显著的正向影响作用。关系强度视角下的关注程度和可信赖性对感知价值的影响均未达到显著性说明，因此他们对感知价值没有显著的影响作用。感知价值对出游意愿的影响标准路径系数为0.86，达到显著性水平，说明感知价值对出游意愿有显著的正向影响作用。据此可知，H1、H2和H5得到了支持，而H3和H4未得到支持。

（四）旅游者感知价值中介效应的检验

1. 个人自媒体信息源对出游意愿的影响

自媒体信息源对出游意愿的回归分析的 R^2 为0.442，调整后的 R^2 为0.195。模型的解释度比较好。回归的F分布值为23.244，对应的显著性Sig.值为0.000，达到显著性水平，说明回归模型显著有效，回归模型拟合效果较好。

自媒体信息源各因素对出游意愿回归系数如表12所示，改变程度的回归系数为0.292，显著性Sig.值为0.000，小于0.05，达到显著性水平，改变程度对出游意愿有显著的正向影响。专业性的回归系数为0.164，显著性Sig.值为0.000，小于0.05，达到显著性水平，专业性对出游意愿有显著的正向影响。关注程度和可信赖性对出游意愿的回归系数没有达到显著性水平，说明关注程度、可信赖性对出游意愿没有显著的影响关系。

表 12　自媒体信息源各因素对出游意愿回归系数

模型	非标准化系数		标准系数	t	Sig.
	B	标准误差	试用版		
（常量）	1.762	0.296		5.947	0.000
改变程度	0.343	0.084	0.292	4.092	0.000
关注程度	0.051	0.089	0.045	0.569	0.570
可信赖性	-0.012	0.071	-0.012	-0.164	0.869
专业性	0.188	0.084	0.164	2.234	0.02

注：因变量：出游意愿。

2. 旅游者感知价值中介效应分析

引入中介变量旅游者感知价值，研究其对个人自媒体信息源与出游意愿二者之间影响关系的中介影响作用，结果如表 13 所示。

表 13　中介效应检验

变量		模型一：感知价值			模型二：出游意愿		
		标准回归系数	标准误差	显著性概率 Sig.	标准回归系数	标准误差	显著性概率 Sig.
自变量	改变程度	0.370	0.057	0.000	0.007	0.060	0.895
	关注程度	0.099	0.061	0.189	-0.031	0.061	0.572
	可信赖性	-0.053	0.049	0.419	0.030	0.049	0.537
	专业性	0.167	0.058	0.016	0.035	0.058	0.490
中介变量	感知价值				0.773	0.051	0.000
R^2		0.535			0.788		
调整后的 R^2		0.287			0.622		
F		38.456 ***			125.533 ***		

注：模型一：自媒体信息源对中介变量感知价值的回归模型；模型二：感知价值为中介的回归模型。显著性概率小于 0.05，达到显著性水平。

由中介效应检验表可知，加入感知价值这一中介变量后，中介效应检验的结果如表 13 所示，依据中介分析理论可知，中介变量感知价值对因变量出游意愿的影响系数为 0.773，显著性 Sig. 值为 0.000，小于 0.05，达到显著性水平，感知价值对因变量出游意愿有显著性的正向影响。

自变量改变程度对因变量出游意愿的影响系数为 0.292，达到显著性水平；同时对感知价值的影响系数为 0.370，也达到显著性水平；系数均显著，说明中介效应显著；模型二中自变量标准回归系数为 0.007，不显著，说明该中介效应为完全中介效应。自变量关注程度对因变量出游意愿的影响系数为 0.045，没有达到显著性水平，说明关注程度与因变量出游意愿相关不显著，因此感知价值对上述关系没有中介作用。自变量可信赖性对因变量出游意愿的影响系数为 -0.012，没有达到显著性水平，说明可信赖性与因变量出游意愿相关不显著，因此感知价值对上述关系没有中介作用。自变量专业性对因变量出游意愿的影响系数为 0.164，达到显著性水平；同时对感知价值的影响系数为 0.167，也达到显著性水平；系数均显著，说明中介效应显著；模型二中自变量标准回归系数为 0.035，不显著，说明该中介效应为完全中介效应。

综上可得，感知价值在个人自媒体信息源对出游意愿的影响关系中存在中介效应，且对自变量改变程度和专业性的中介效应为完全中介效应。

五、结果讨论和研究贡献

（一）主要结论

本研究构建并实证了白酒工业旅游出游意愿影响因素的模型，从关系强度视角出发，基于社会网络理论，以个人自媒体信息源作为刺激物，探析改变程度、关注程度、可信赖性、专业性如何对旅游者的心理产生作用，进而影响出游意愿。研究表明：第一，旅游者感知价值直接正向影响旅游者的白酒工业旅游出游意愿。第二，关系强度视角下的改变程度直接正向影响旅游者感知价值；同时，顾客感知价值的完全中介效用得到了证实，这说明个人自媒体对旅游者的改变程度也通过顾客感知价值间接影响旅游者的白酒工业旅游出游意愿。第三，关系强度视角下的专业性直接正向影响旅游者感知价值；同时，顾客感知价值的完全中介效用得到了证实，这说明个人自媒体的专业性也通过顾客感知价值间接影响旅游者的白酒工业旅游出游意愿。第四，关系强度视角下个人自媒体的关注程度和可信赖性与旅游者感知价值之间没有显著关系。逻

辑上来看，旅游者对白酒工业旅游的感知价值应该受到其对个人自媒体的关注程度和个人自媒体可信赖性的影响。然而，两者之间并不具有显著相关性。可能的原因是，在虚拟社会网络中，信息源很多，且对个人自媒体的关注所需成本几乎为零；同时，网络时代信任危机的普遍存在，使得关注程度和可信赖性影响并不明显。

（二）主要贡献

本研究涉及关系强度理论，以个人自媒体信息源为研究内容，提炼出改变程度、关注程度、可信赖性和专业性等变量，通过实证研究分析它们影响旅游者对白酒工业旅游出游意愿的程度，为白酒行业发展和白酒经营企业的实践提供了有益的建议。主要贡献表现为两个方面：第一，首次尝试实证研究了日渐盛行的白酒工业旅游现象，基于社会网络理论和 SOR 模型，结合旅游者的消费特点，从感知价值入手，构建了白酒工业旅游出游意愿的理论模型，拓展了社会网络理论。第二，首次将个人自媒体关系强度引入白酒工业旅游的研究中，重点探讨了改变程度与专业性对白酒工业旅游出游意愿的影响，为全面了解白酒工业旅游的消费者出游意愿影响机制提供了一个全新视角。

（三）实践意义

本研究所得相关研究结论对白酒行业与白酒企业的运营有重要的现实意义。首先，强化促进旅游者认知的个人自媒体信息源。一方面，企业应当重视虚拟社会网络中个人自媒体与消费者之间人际互动的影响，通过构建类似的兴趣爱好或者设计共通的网络语言来强化其相同的思维与行为模式，对那些思维与行为已有所改变的网络成员进行针对性营销。另一方面，个人自媒体作为当今主流信息源之一，白酒企业应当甄选具备一定影响力，并且具有专业性的个人自媒体作为信息发送者，以更好地提升旅游者感知价值。其次，深入剖析白酒工业旅游出游意愿的内在作用机制，对引入工业旅游模式的白酒企业而言，能全面了解潜在旅游者出游行为并更好地制定贴切的营销战略战术。只有设计合理的白酒工业旅游产品，为消费者提供优质的、符合消费习惯的旅游产品与服务，才能提升旅游者感知价值，从而促进其出游意愿。

（四）研究局限

本研究主要对在校学生和企业员工这一相对年轻的群体进行调研，在后续的研究中可以增加样本多样性，丰富样本来源。不仅如此，在后续的研究中，可以尝试更为系统地研究个人自媒体与受众群体的关系，可尝试对比分析已有白酒工业旅游经历和未有白酒工业旅游经历的两类消费群体，比较两类群体在其出游意愿上的差异，为更系统深入地剖析白酒工业旅游出游意愿影响因素奠定坚实的基础。

参考文献

［1］ Bansal H. S. & Voyer P. A. . Word-of-mouth Processes within a Services Purchase Decision Context ［J］. Journal of Service Research, 2000, 3 (2): 166-167.

［2］ Bone P. F. . Word-of-mouth Effects on Short-term and Long-term Product Judgments ［J］. Journal of Business Research, 1995, 32 (3): 213-223.

［3］ Bristor J. M. . Enhanced Explanations of Word-of-mouth Communications: The Power of Relation-ships ［J］. Research in Consumer Behavior, 1990 (4): 51-83.

［4］ Brown J. J. & Reingen P. H. . Social Tie and Word of Mouth Referral Behavior ［J］. Journal of Con-sumer Research, 1987 (14): 350-362.

［5］ Gilly M. C. , John L. G. & Mary F. A. . Dyadic Study of Interpersonal Information Search ［J］. Journal of the Academy of Marketing Science, 1988, 26 (2): 83-100.

［6］ Godes D. & Mayzlin. Using Online Conversations to Study Word of Mouth Communication ［J］. Mar-keting Science, 2004, 23 (4): 545-560.

［7］ Granovetter M. . The Strength of Weak Ties ［J］. Ameriean Joumal of Sociology, 1973, 78 (6): 73-74.

［8］ Henning-Thurau T. . Electronic Word of Mouth via Consumer-opinion Platforms: What Motives Consumers to Articulation Themselves on the Internet ［J］. Journal of Interactive Marketing, 2004, 18 (1): 38-52.

［9］ Mitchell A. A. & Dacin P. A. . The Assessment of Alternative Measures of Consumer Expertise ［J］. Journal of Consumer Research, 1996, 23 (3): 219-239.

［10］ Ohanian R. . Construction and Validation of a Scale to Measure Celebrity ［J］. Journal of Advertis-ing, 1990, 19 (3): 39-52.

［11］ D. Kerstetter & M. H. Cho. Prior Knowledge, Credibility and Information Search ［J］. Annals of Tourism Research, 2004 , 31 (4): 961-985.

［12］ 李剑南, 李永强, 史亚莉. 基于个人即时通信增值业务的免费顾客付费意愿影响因素研究［J］. 管理学报, 2014, 11 (11): 1711-1719, 1726.

［13］ 李兴龙, 史亚莉, 李永强. 社会网络中影子连带的研究综述［J］. 软科学, 2012 (11): 121-124.

［14］ 史亚莉, 李永强, 陈晨. 影子连带强度及其影响因素研究 ［J］. 科学决策, 2015 (12): 76-94.

四川中小型白酒企业
品牌营销研究报告[*]

谢文德

（四川理工学院管理学院，四川自贡　643000）

摘　要：近年来，我国白酒市场格局正发生着巨大的变化，企业竞争也从产品迈向品牌。白酒行业一直是四川省的优势支柱产业，但从市场竞争情况来看，四川白酒市场的份额只向几家大型白酒企业集中，而其他数量众多的中小型白酒企业在市场的激烈竞争中艰难存活，主要问题在于品牌营销上的薄弱。因此，四川中小型白酒企业如何通过实现品牌营销，加强品牌建设，从而在白酒行业中占据一席之地已经迫在眉睫。本研究报告从品牌营销理论出发，借鉴了国内知名白酒企业品牌营销经验，结合市场环境及中小型白酒企业的实际情况，给出了四川省中小型白酒企业相关的建设性意见，最后以四川宏大酒业有限公司为例进行了实证分析。

关键词：中小型企业；四川白酒企业；品牌营销；宏大酒业

---

* 基金项目：四川理工学院川酒发展研究中心项目（CJY14-02）。
　作者简介：谢文德（1966-），四川理工学院管理学院副教授，研究领域为营销管理。

一、引言

（一）研究背景及研究意义

1. 研究背景

白酒产业是我国发展速度快、覆盖面广、经济贡献率高的行业。作为四川省在全国的优势产业之一，经过十余年的发展，四川白酒整体水平已稳居全国第一，就产量而言，2013 年全国白酒总产量为 1226.2 万千升，其中四川以 336.36 万千升位居第一。[1]同时，白酒产业一直都得到省政府的关心，四川省委省政府先后提出建设"长江上游白酒经济带"和"中国白酒金三角"的战略。[2]但四川省只有少数几家大型白酒企业活跃在国内白酒市场，而其他数量众多的中小型白酒企业只能在激烈的市场竞争中艰难存活。分析这几家成功的企业，不难发现它们这几年都在专注于品牌营销：郎酒发展"品牌升空，营销落地"的方针，五粮液实施"品牌延伸"策略，泸州老窖实行"双品牌塑造，多品牌运作"的战略。

目前，四川省大部分中小型白酒企业在品牌营销上尚未采取行动，有一小部分靠着巨额的广告投入以及铺天盖地的媒体轰炸，在短期内实现了品牌的包装，知名度也得到了一定的提升，从而产生了许多的速生品牌。究其原因，首先，许多中小企业对品牌营销还未引起应有的重视，在品牌营销的认识和操作上都存在不同程度的误区。其次，中小型白酒企业本身规模就比较小，在财力、物力上都非常欠缺，想单纯依靠需要长期投资的广告，不能承受高额的费用是自然而然的。最后，中小企业缺乏品牌营销相关经验，也缺乏品牌营销专业人才，往往还没有进行科学合理的战略性规划便开始实施品牌营销，后期又因为品牌管理不慎，最终一切都只能是徒劳。

没有品牌的发展为企业保驾护航，中小型白酒企业很难在白酒市场中立足，最终只能以低价格在中低端市场中挣扎。然而，随着 2012 年政府发布"限制三公消费"及"禁酒令"以来，国内高端白酒市场持续低迷，以茅台、五粮液、汾酒、郎酒等为代表的国内知名大型白酒企业的销售业绩均大幅度下滑。为应对当前白酒市场的严峻形势，国内名酒纷纷调整策略，将目光投向中低端市场，无形之中，这又为中小型白酒企业增加了巨大的压力。[3]在全新的竞争形势下，面对更为强劲的对手，四川省中小型白酒企业如何

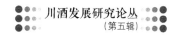
通过实现品牌营销，从而在众多的白酒品牌中脱颖而出已成为亟待解决的问题。

2. 研究意义

白酒产业作为四川支柱产业之一，受到了省委省政府的高度重视。虽然川酒在中国白酒市场处于强势地位，省内各种白酒生产及销售企业数量庞大，但从市场竞争情况来看，四川白酒市场的份额只向少数产品品质好、忠诚度高的大型企业集中。省内中小型白酒企业由于财力有限、管理不规范、市场渠道狭窄等问题，在品牌营销意识和实际操作方面都比较迟钝。这些现实情况直接导致了四川省白酒行业整体水平异常失衡，市场发展受到极大制约，这一事实与川酒在国内举足轻重的地位和对外的良好形象十分不符，可以说是川酒强势之下最明显的劣势所在。因此，四川中小型白酒企业如何提高品牌意识，加强品牌建设进而加速发展，增强竞争力，突出重围，已然不仅是中小企业自己，也是四川白酒行业亟待解决的问题。研究四川中小型企业的品牌营销，对于企业自身而言，有助于树立其良好的企业形象，提升品牌竞争力，促进产品销量，提高企业的经济效益；对整个省内白酒行业来说，加快四川中小型白酒企业品牌营销的发展，对强化四川白酒强省的产业集群竞争优势，巩固四川白酒强势地位，有着重要的理论和现实意义。

（二）文献综述

1. 国外研究现状

20 世纪 50 年代，美国著名广告大师——奥美广告创建者戴维·奥格威首次科学地提出品牌的概念，在他的《一个广告人的自白》中，他从品牌传播的角度提出品牌形象理论，倡导用广告树立品牌形象。20 世纪 70 年代，里斯与特劳特在美国营销杂志《广告时代》和《工业营销》上提出品牌定位理论。20 世纪 80 年代，美国精信广告公司又提出了品牌个性理论，从那时起品牌开始趋于人性化。1991 年，戴维·阿克在其著作《管理品牌资产》中提出了品牌资产的概念。[4]

近年来，国外有关品牌营销的研究吸收了许多不同学科领域的内容，如心理学、社会学、经济学等，在注重理性的定量研究上，还越来越重视偏于情感因素的定性研究，逐渐丰富相关领域的研究。2000 年，美国品牌研究专家戴维·阿克在他的《品牌领导》一书中提出了品牌领导的概念，并对品牌领导模式和传统品牌管理模式的区别进行了详尽的论述，同时他的品牌资产星角构架也是西方品牌理论的代表，这一构架由品牌忠诚度、品牌知名度、品牌认知度、品牌联想、品牌其他资产（专利、商标、品牌的各种关系）等构成。W. 钱·金和勒妮·莫博涅合著的《蓝海战略》一书则是品牌营销战略研究的基础，它揭示了企业超越传统产业竞争、开创全新市场的企业战略。荷兰学者里克·莱兹伯斯在其《品牌管理》一书中指出品牌营销战略包括差别化和附加值两方面内容。

2. 国内研究现状

我国于20世纪90年代才引进了品牌这个概念，相对于西方国家而言研究起步较晚，手段也比较落后，目前我国品牌研究的关注焦点主要在品牌营销、品牌管理、品牌创立及保护、品牌资产等方面。我国学术界近年来研究品牌营销的著作并不少见，"中国品牌研究第一人"卢泰宏教授将开发有效的品牌名归纳为：开发一项命名战略；依据命名战略开发品牌名；列出所编好的品牌名单以及测试结果；充分详细的法律检索四大步骤。郭洪主编的《品牌营销学》较全面地介绍了品牌营销的相关知识，在深入研究品牌内涵、分类、作用机制等基本问题的基础上，结合国内外品牌营销实例，阐释了品牌营销管理的相关内容。在发表论文方面，主要集中在具体行业中品牌营销的应用研究，主要涉及服装业品牌营销、农产品、汽车业、旅游业、银行业等众多行业。同时，学者对中小企业品牌营销策略和模式进行了研究。[5]

关于白酒企业品牌营销的研究目前在国内学术期刊上公开发表的文献较少，大多分散在白酒行业相关的报纸、杂志和网络上，系统的理论体系还在摸索实践中。针对白酒企业品牌营销的研究，主要集中在传统强势白酒品牌，如茅台（杨笑，2013）、洋河（吴纹，2010）、五粮液（刘俊涛，2010）等，对中小型白酒企业的指导价值有限。同时，针对中小型白酒企业的研究，主要集中在其发展问题上，李佳利提出中小白酒企业自身想要变强，应该努力打造的是企业的特色发展，立足区位优势，狠抓特色产品的创新，酿造出与众不同的特色酒，张肖克提出中小白酒企业应立足于区域，创建属于自己的特色品牌。

综上所述，中小企业的品牌营销问题已经成为学术界普遍关注的问题，但对于白酒企业的品牌营销的研究比较少，且主要集中在传统强势白酒品牌。对于中小型白酒企业品牌营销的研究，主要集中在中小白酒企业的发展问题上，而没有直接针对中小白酒企业的品牌营销，对于四川中小型白酒企业的品牌营销研究则更加匮乏。

（三）研究思路及研究方法

1. 研究思路

首先，本文以品牌营销相关理论为导向，综合并总结了学术界和企业界对于品牌、品牌营销的定义，分析了国内外关于品牌营销的研究现状，联系我国内地的相关政策

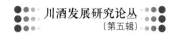

界定了中小型白酒企业的范围。

其次，本文以四川中小型白酒企业为研究对象，从目前国内白酒行业环境、四川中小白酒企业自身发展，以及顺应消费者需求三个方面充分地分析并阐述了四川中小型白酒企业实施品牌营销的必要性。

再次，针对四川中小型白酒企业的品牌营销现状，笔者分析了其在品牌营销认识上存在的一些误区，在品牌营销实施过程中普遍面临的困难和问题，进而找到问题根源，深入地探讨了四川中小型白酒企业如何有效地实施品牌营销，继而从众多白酒品牌中脱颖而出，逐步发展成为强劲品牌。

最后，笔者以四川省宏大酒业有限公司为例，做了相关的品牌调研，并针对其品牌营销现状进行了 SWOT 分析，在此基础上，联系行业环境以及宏大酒业自身情况给出了其在品牌营销上的相关可行性建议。

2. 研究方法

在研究方法上，首先，本文通过文献研究法对企业品牌营销和白酒企业相关文献进行系统梳理和研究；其次，本文采用实证分析法通过对四川中小型白酒企业品牌营销现状的实证调查来找到四川中小型白酒企业实施品牌营销的障碍，进而找出解决其问题的关键所在；最后，本文采用比较分析法搜集国内资料并进行实地调研，将各地的典型做法与四川白酒企业进行比较，并把国内成功的企业和中小型企业进行比较，从而找到问题，并根据问题提出四川白酒中小型白酒企业品牌营销的对策建议。

二、相关理论概述

（一）品牌

1. 品牌的定义

"品牌"一词为英语单词"brand"的中文翻译，品牌的出现可以追溯到 19 世纪早期欧洲工业革命之后，当时的欧洲正处于工业化发展的时期，面临产品规模加大，竞争日益激烈，生产者们为了让自己的产品与竞品区分开来，从而刺激消费者的购买行为，纷纷打出自己的品牌并加以大力宣传。虽然品牌实践很早就开始发展，但当时人们对品牌的认知还只是一个雏形，其概念由戴维·奥格威在 1955 年首次提出。迄今为止，学术界和企业界对品牌的定义没有完全统一的界定和认识。

在众多包括美国市场营销协会、著名的奥美广告公司、品牌专家约翰·菲利普·琼斯等对品牌的定义中，营销泰斗菲利普·科特勒于 1984 年对品牌的理解最具代表性。他认为：品牌是一种名称、标志、术语、符号或设计，或者它们的组合运用，其目的是借以辨认某个销售者或某群消费者的产品和服务，使之与竞争对手的产品和服务区分开来，品牌的要点是销售者向购买者长期提供的一组特定的特点、利益和服务，最好的品牌表明了质量的保证。[6]

2. 品牌的内容

品牌包含其名称、说明、标记、符号、形象设计以及这五大要素的组合，而这五大要素是为了展示品牌内容而服务的，品牌内容是指市场能够感知到的一个品牌区分于其同类产品的特殊点。

营销学界权威人士菲利普·科特勒认为，品牌分为以下六个层次的内容：

（1）属性。品牌属性指品牌产品在性能、质量、技术以及定价等方面的独特之处，一个品牌首先要能让消费者记住该产品的这些特性。

（2）利益。品牌不仅是一组属性，还必须能带给顾客利益，这种利益不仅包括产品给用户带来的表面功能，也包括用户在使用中获得的情感利益。

（3）价值。品牌传递了顾客所喜欢、所认同的某些价值观，因此生产者要虏获目标顾客，必须保证其品牌体现的价值与目标顾客所追求的价值一致。

（4）文化。品牌附加和象征了目标顾客群体所偏爱的文化，它是品牌背景中的精神层面。

（5）个性。品牌个性是指品牌人格化后所具有的个性，即"如果这个品牌是一个人，它将会是什么样子"，是品牌与顾客沟通最直接的桥梁，只有表现出其购买群体特有的人格个性并充分挖掘其个性深度，品牌才能深入人心。

（6）使用者。品牌使用者是指品牌所指向的用户种类或者目标市场细分，品牌指明了哪些顾客适合购买或使用本品牌的产品。[7]

（二）品牌营销

1. 品牌营销的定义

品牌营销（Brand Marketing，BM）是指企业利用消费者的品牌需求以求创造品牌价值，通过对其创立的品牌进行设计、传播、销售、管理等一系列手段，最终形成品牌效益的营销策略并加以实施，它是通过市场营销使客户形成对企业品牌、产品或服

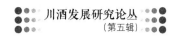

务的认知过程。市场营销既是一种组织职能，也是为了组织自身及利益相关者的利益
而创造、传播、传递客户价值，管理客户关系的一系列过程。[8]

2. 品牌营销的发展

品牌营销属于市场营销的范畴，关于这一理论的研究从 20 世纪 50 年代就已经开始
发展，迄今为止，品牌营销理论已经跨越了五个阶段。

（1）USP 理论（产品至上）。20 世纪 50 年代初，雷斯提出 USP 理论。该理论认
为，品牌营销应以理性诉求为主，企业的主要任务应该是不遗余力地找出独特的销售
主张。USP 理论迎合了当时的时代特征，是"产品至上"理念的代表。

（2）品牌形象理论。20 世纪 50 年代中期，戴维·奥格威提出了品牌形象论。该理
论认为每一品牌、每一产品都应投射一个形象。形象通过各种不同推广技术，特别是
广告传达给现有顾客及其潜在顾客，同时认为顾客购买的不只是产品，还购买承诺的
物质和心理的利益。

（3）品牌定位理论。1972 年，里斯与杰克·特劳特提出了"定位理论"。该理论
认为，品牌定位最终的结果就是在消费者心目中占据无法取代的位置，让品牌形象进
入潜在顾客的心智中，并且深深地植根于消费者的脑海中。一旦有相关需求，消费者
就会打开记忆之门、联想之门，自然而然地想到该品牌。

（4）品牌延伸理论。20 世纪 80 年代，西方营销学术界便开始掀起品牌延伸研究的
浪潮。品牌延伸是指将著名品牌使用到与原产品不同的产品上，包括向上延伸、向下
延伸和水平延伸三种方式，在发展新产品上具有重要作用，有利于原品牌的保值增值。

（5）品牌资产理论。20 世纪 80 年代以来，随着公司并购浪潮的兴起，强势品牌以
数倍于其有形价格出售，促进了品牌资产研究的兴起和深入。品牌资产具有多维属性，
品牌营销需要考虑品牌资产在财务利润、市场竞争和消费者价值三者间的内在联系和
综合产出。[9]

3. 品牌营销的实施过程

品牌营销的实施过程可分为四部分，即品牌定位、品牌形象树立、品牌传播以及
品牌管理。

（1）品牌定位。品牌定位是品牌营销的核心，它是指企业通过精密的品牌调研，
找出不同顾客群对产品和品牌的各种诉求，选择目标顾客群与其产品关联密切的契合
点，并将两者紧密联系在一起，凝聚成品牌个性，并使品牌能轻易被识别。

（2）品牌形象树立。品牌形象指顾客对某企业品牌的主观上的一些认知、感觉和
想象，好的品牌形象需要从内在（文化内涵）和外在（产品外观）两个方面进行，它

是品牌识别的关键。

（3）品牌传播。品牌传播指围绕品牌核心价值展开品牌推广执行计划，包括广告风格、传播对象、媒体策略、广告活动、口碑形象、终端展示、公关活动等活动。其目的是提高品牌知名度，建立品牌与客户的稳定关系，培养客户的忠诚度，从而使得产品在市场竞争中取得优势，获取品牌价值。

（4）品牌管理。品牌营销是一个长期的过程，只有坚持做，长期做，才能达到最终的结果，它包括队伍建设、营销制度、品牌维护、终端建设、士气激励、渠道管理、经销商管理等。[10]

在具体实施中，随着社会的进步，品牌可以通过传统营销方式与网络营销一起来实现，二者相辅相成，互相促进。

（三）中小型白酒企业的界定

中小型企业或中小企业，简称中小企，其概念来自 20 世纪 80 年代末期的 "Small Business"，是指在经营规模上较小，雇用人数与营业额皆不大的经济单位，此类企业通常是由单一个人或少数人提供资金组成，因此在经营上多半是业主直接管理而较少受外界干涉。[11]

就白酒行业而言，按照我国推荐性国家标准《国民经济行业分类与代码》中设定的行业归属分类，生产兼销售型的白酒企业应属于白酒制造业，而制造业属于工业范畴。对照 2011 年 6 月 18 日，国家工业和信息化部、国家统计局、国家发展和改革委员会、财政部联合印发的《关于印发中小企业划型标准规定的通知》中的划分标准，对工业型中小型企业界定为：从业人员 1000 人以下或营业收入 40000 万元以下的为中小微型企业。其中，从业人员 300 人及以上，且营业收入 2000 万元及以上为中型企业；从业人员 20 人及以上，且年营业收入 300 万元及以上的为小型企业；从业人员 20 人以下或年营业收入 300 万元以下的为微型企业。

综上，中小型白酒企业是指从业人员在 1000 人以下或年营业收入 40000 万元以下的中小微型生产兼销售型白酒企业。

三、四川中小型白酒企业实施品牌营销的必要性

近年来白酒市场竞争格局正发生着巨大变化，白酒作为一种极其特殊的产品，从

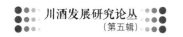
消费者选择白酒到白酒影响消费者的社会地位，国内白酒市场先后经历了产品时代、营销时代，再发展到如今的品牌时代。白酒的品牌发展俨然决定了产品的竞争地位，品牌营销已经代表了未来市场的发展方向。

（一）行业发展必然趋势

佳酿网 2012 年的统计数据显示，当前全省拥有生产许可证的白酒企业达到了 1300 余家，占到全国白酒企业总数的 26%，但其中规模以上的企业仅有 306 家。余下的近 1000 家中小企业加上其他数量众多的还未取得许可证的小微型白酒企业，省内中小型白酒企业的数量将超乎想象。可见，要发展省内白酒行业，除了稳定省内大型白酒企业，如何让更多的中小型白酒企业占有国内更多的市场份额，立足于激烈竞争的白酒市场才是重中之重。

就销售收入而言，同样根据 2012 年佳酿网的数据来看，仅省内白酒"六朵金花"以及丰谷的销售收入就接近 1000 亿元，与四川省所有中小型白酒企业销售收入的总和已经相当。观察分析省内这几家成功的大型白酒企业，不难发现它们这几年都在不遗余力地专注于品牌营销工作：郎酒发展"品牌升空，营销落地"的方针，五粮液实施"品牌延伸"策略，泸州老窖实行"双品牌塑造，多品牌运作"的战略。大型白酒企业在品牌营销的领地上耀武扬威，而四川省的大部分中小型白酒企业却还没有意识到品牌营销的重要性，要想在众多的白酒企业中锋芒毕露，顺应白酒行业整体发展大势，做好品牌营销是其成功的关键。

（二）突破自身发展瓶颈

综观四川省众多的中小型白酒企业，大部分企业目前正处于自身发展的瓶颈时期，它们普遍具有规模小、效益低、抗风险能力弱等特点，以至于产品结构失衡，市场竞争力不强，从而损耗了大量的行业资源。据有关统计资料显示，我国中小型企业的市场平均寿命不到五年，自然，没有哪家中小型企业的目标仅仅是为了获取短期的微利，它们都渴望在未来的不断发展和壮大时拥有稳定的利润与市场地位，甚至能超越大型企业迅速成长为行业"领头羊"。

所有大企业最初都是由小企业一步步开始发展的，事实证实，在发展初期就树立了正确的品牌意识，后期坚持长远品牌经营理念，并制定了长期的品牌战略目标的白酒企业，会有更大、更快的成长机会，从茅台、五粮液、泸州老窖这些大企业的创业史就可窥见一斑。许多中小型白酒企业认为品牌营销浪费精力，以小企业必须先生存后发展为借口而忽视品牌营销，在企业面临破产时才幡然醒悟，原来小企业也需要做品牌，因此，品牌营销是四川省内中小型白酒企业为了自身长期发展的必然需要。

（三）顺应消费者需求

随着社会的进步以及经济的发展，现如今品牌已不单单是一个代表企业的符号，还体现了企业的内在精神价值，消费者对其高度的品牌赞誉是企业最重要、最不易被模仿的无形资产。对消费者来说，人民收入水平的不断提高带动了生活品质的大幅改善，购买习惯无时无刻不在发生着巨大变化，这些因素都导致了消费者在购买商品时，比以前更加注重心理和情感上的满足，所以，品牌不仅具有帮助消费者识别商品，节省购买心力，减少购买风险的功能，最主要还传达了消费者的个性特点和生活理念。

同时，白酒作为一种特殊的产品，一条联系中国人与人之间关系的纽带，以礼品、情感传输载体等形式越来越多地出现在各种宴会、商务活动交流的平台上，白酒品牌的内在含义决定了消费者的社会地位，对待客人的重视程度以及其出现的场合，例如：今世缘以倾诉挚爱情怀的内涵，更多地出现在喜宴上。在商品同质化日益严重的今天，品牌是在众多白酒产品中推陈出新、脱颖而出，让消费者愿意并长期坚持购买产品的一个关键的决定性因素。

四、四川中小型白酒企业品牌营销中存在的问题分析

品牌营销已然成为四川中小型白酒企业做大做强的必经之路，当前其实施的迫切性更是不言而喻。事实上，许多企业在品牌营销准备阶段就已经产生重重误区，在实施过程中更是充斥着各式各样的问题，这种现状常常让省内中小白酒企业陷入品牌营销的困境，进而大肆制约了企业的长远发展。

（一）缺乏品牌营销意识

目前四川多数中小型白酒企业的自有品牌率极低，大多数是贴牌、租牌与借牌，即使少部分有自有品牌，但品牌市场占有率和品牌的市场价值都较低。对此，我们对

省内部分中小白酒企业进行了调研，诸多管理层认为只有企业发展到一定规模才需要建立自有品牌。对于品牌营销，他们往往将传统大型的白酒企业作为参考对象，都认为只有企业做大做强才有能力、有需要考虑花精力做品牌，品牌营销不过是对企业资源耗费的一种方式，对于当前的企业发展状况而言，如何把销售提升上去，实现资本的积累才是当务之急。

殊不知，中小型白酒企业相比大型白酒企业本来在人、财、渠道资源上就缺乏优势，如果不找到其他突破口，在现在群雄逐鹿的白酒市场上将很难存活。品牌营销这个理念对于企业规模来说，无所谓大小，关键在于是否认真去思考过这个问题，是否对自身未来的发展有着较为清醒的认识。

（二）品牌竞争力不足

1. 产品缺乏竞争力

品牌营销的最终目的是提高企业品牌的知名度和美誉度，最终实现销量提升。然而，没有可靠的产品做基础，品牌宣传做得再无懈可击，最多也只能吸引消费者的初次购买。如今大部分四川中小型白酒企业在与知名的老牌大型白酒企业竞争中显得毫无反抗力，在白酒市场运作中遭受惨败，其最直接、最根本的源头还是产品自身竞争力明显不足。

面对原材料成本过高，产品诉求缺乏亮点，品牌不具竞争优势，消费拉动异常艰难的困境，许多中小企业为了刺激消费者，促进销量，唯有选择以超低的价格取胜。为了节约生产成本，一部分白酒企业甚至忽视了企业应该承担的社会责任和必须坚持的职业操守，不惜降低产品质量要求，加入工业用酒精，采用廉价包装，从而造成白酒的质量安全得不到保障，包装不上档次，消费者怨声载道。

2. 品牌个性不足

随着白酒市场中各类酒品的日益丰富，产品同质化日渐加剧，如果再在品牌塑造及传播上缺乏独特的个性，将很难达到宣传的预期效果。

白酒是我国历史文化源远流长的象征，白酒产品本身更是历久弥香，国内大型白酒企业多以酒窖历史、产品内涵、企业厚重的历史背景为依托塑造品牌。中小企业在进行品牌的推广过程中，大都会随大溜，以酒文化为背景做品牌营销。但很明显，酒文化与企业自身产品的连接点是企业自身或者白酒的历史渊源，而在省内中小型白酒企业中真正具有悠久历史的企业几乎没有，品牌文化积淀明显不足，同时产品和品牌也缺乏自身独立的个性特征，得不到消费者的认同是可想而知的。

（三）品牌营销实施存在误区

1. 品牌定位不规范

（1）缺乏有效的品牌调研。在对四川省众多中小型白酒企业的走访中我们发现，在大多数企业中存在品牌调研得不到应有的重视，或者嘴上说重视，但实际行动中却忽略的状况。它们通常不做任何的品牌调研或者所做调研不充分，以至于无法全面把控市场状况，无法了解消费者的实际需求就匆忙上马，其结果便是与终端市场即消费者沟通的链条出现脱节行为，部分企业甚至至今没有专业的调研报告。因此，后续的许多品牌营销活动因为没有品牌调研作为基础而变得缺乏针对性和有效性，只能寥寥收场。

（2）品牌定位不准确。目前白酒市场普遍存在一种人云亦云的现象，消费者对白酒产品普遍都有认识模糊的感觉，品牌难以和消费者产生情感共鸣，自然大多数品牌也得不到关注，无法培养出有个性化需求的忠诚顾客群体，就算吸引消费者初次购买后也很快会被遗忘。在调查中我们发现许多中小型白酒企业不进行市场细分，品牌定位过于宽泛，就盲目推出新品牌，将产品以固有渠道直接投掷到市场，导致品牌定位缺乏科学性和合理性，在品牌的塑造和传播上也没有鲜明的特色和个性，品牌建设变得极不稳定，最终只能埋没于琳琅满目的白酒市场中。

2. 过度依赖广告效应

在对广大中小型白酒企业的访问中，问到对于品牌营销的理解时，很多人都片面把广告当成品牌传播的唯一途径，认为实施品牌营销就是花钱请大公司制作高水平广告、加大广告投放量，从而迅速提升产品的知名度，产生名牌效应，销量也自然会上升。然而在实施中，很多企业通过短时期的广告投入，虽然销量有过一定的提升，但是相对于巨额的品牌塑造成本，回报只能是杯水车薪，面临品牌利润低而陷入亏损，最终只能作罢。

事实上，品牌是一个综合的、复杂的概念，广告仅仅属于品牌传播的一种方式，品牌知名度高也只是品牌传播最终需要达到的一种效果，这些都只是品牌的一个方面。

3. 过多关注外视化因素

中小型白酒企业不愿意花大成本做品牌，许多企业便把原因归结为品牌名称、品牌标志、品牌包装等外视化因素上。随着 2012 年酒鬼酒新包装投入市场，产品同质化严重的白酒业纷纷眼前一亮，一时间各种各样稀奇古怪的包装充斥在白酒市场，从古代的宝剑到现代的火箭都成为了白酒品牌包装的道具。企业的出发点是以另类独特的

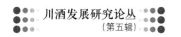

外部包装吸引顾客，事实上过于注重造型的繁杂包装反而容易把消费者的注意力过多地集中到包装上，而忽略了产品，随之还可能会让消费者对白酒产品的品质以及价值产生怀疑。

有的企业甚至一遇到市场拓展难题就开始怀疑自己的品牌形象、文化、定位等，更是随意更改企业品牌名称和标志，顾客面对自己购买过的产品多次发生变化，只会产生不稳定的心理，对产品品质也会发生动摇，带来对品牌的负面影响自然是不言而喻的。

4. 缺乏有效的品牌维护管理

品牌维护管理是品牌能够长期在激烈的市场竞争中存活的保证，俗话说"打江山容易，守江山难"，对品牌的放任不管给企业带来的损失往往是不可估量的。

省内许多中小型白酒企业在开始实施品牌营销时大都是雄心勃勃，但经过一些简单的品牌营销环节：产品包装的升级优化，铺天盖地的广告轰炸，大力度的终端促销等，发现产品销量有了一定的提升，一部分企业误认为企业品牌已经具有一定的知名度，为了节约资金便妄想收手，继续坐享其成；另一部分因为后期缺乏专业的品牌营销知识以及丰富的品牌营销经验，出现了许多不得当的行为：如在产品质量上做出改变，随意更改品牌形象等。由于没有及时监测市场的变化，长期坚持品牌营销工作以保持品牌的鲜活形象，将自己的市场优势转化为品牌价值，最终品牌迅速被遗忘，销量也随之瞬间加速下滑，产品和品牌一起退出市场，企业品牌价值遭受巨大破坏甚至彻底毁灭，由此就出现了白酒行业的许多"速生品牌"。

五、四川中小型白酒企业如何有效实施品牌营销

四川中小型白酒企业自身规模和资源有限，也缺少丰富的品牌营销相关经验，在品牌营销的道路上遭遇挫折是在所难免的。在发现问题的基础上，如何有针对性地从根源上杜绝这些问题的发生，让困难迎刃而解才是企业有效开展下一步工作的重中之重。

（一）树立正确的品牌营销观念

首先，对于中小型白酒企业的高层领导者们，他们应该系统全面地去了解和学习

品牌营销，在此之上准确地认识到品牌营销的重要性，树立正确的品牌营销观念，学会用战略的眼光看待品牌营销，熟知品牌营销的含义、具体内容和实施过程。

其次，应当重视对品牌营销专业人才的招聘和培养，必要时可以建立独立的品牌营销部门，专门负责企业品牌营销研究和工作，同时，对于全体员工应进行定时、定量、系统、专业的培训，使整个公司都树立正确的品牌营销观念，以便于全公司能顺利开展品牌营销工作，真正实现品牌效应。

最后，在品牌营销工作准备、开展和实施的过程中，应当始终明确品牌营销是一个持续长远的过程，只有长期坚持努力才会有效果，短暂的品牌营销只是对公司资源的巨大耗费，一旦半途而废便前功尽弃。

（二）提升品牌竞争力

1. 保证白酒产品品质

1950 年，美国著名的质量管理大师威廉·爱德华兹·戴明在《关于如何解决日本战后的经济问题》的演讲中提到：对质量的高要求是提高生产效率、创造更大利润空间、提供更多就业机会以及增强综合国力的关键。可见，无论哪家成功的知名企业推出的产品或服务，都一定离不开过硬的质量，质量是一个企业的根基和心脏，若脱离了质量的保证，品牌营销就只是"空中楼阁"。白酒作为特殊食品，不但要求安全，还要有良好的品质，在竞争异常激烈的情况下，消费者选择众多，对于还处于发展初期的中小型企业而言，一旦产品本身有任何问题，市场极其容易失去。

因此，品质是品牌营销的前提，也是销量的保证。只有做好白酒产品本身，才能更加有利于后续品牌营销工作的展开，消费者在初次购买之后，才会达到一定的满意度，进而有重复购买，发展为忠诚顾客而带动更多的消费者群体。任何一家企业要想得到更好的生存、更大的发展就必须坚持致力于产品质量的不断提高，只有以苛求完美的心态对待品质，永远追求更高标准，精益求精，企业才会有希望位列行业领先地位。

2. 塑造个性品牌文化

近年来，我国白酒企业以历史传说为素材，通过断章取义、牵强附会将中国白酒文化营销发挥到了极致，白酒文化已经沦入虚华、浮夸而缺乏精神内涵的时代。对于省内中小型白酒企业而言，塑造品牌文化时需要从以下三方面做好提升：

（1）创新的个性化产品。白酒产品早就步入买方时代，但是产品逐步趋于同质化、白酒产品功能墨守成规的问题困扰整个行业已久，消费者早已进入选择疲惫期。事实

上，白酒产品除了产品质量必须满足消费者需求之外，其传达的精神情感及文化艺术魅力及价值也同等重要。现如今，创新的个性化产品是博得消费者在同类产品中首先了解、喜欢并接受的重要因素，也是企业发挥市场竞争优势的基础，未来这必将成为白酒市场的主要趋势。因此要达到品牌营销的效果，就必须以打造个性化的产品为突破口，只有不断地推陈出新才能提高品牌知名度和美誉度。

（2）与消费者群体文化对接。企业要打造品牌文化，就必须结合目标人群的群体特征考虑，比如可口可乐针对其国内热爱美国文化的国人，积极塑造产品文化，不论在什么时候都坚持以消费者为核心。企业要想在众多品牌中突出重围，创新是企业品牌营销的主打歌，而文化创新是当下所有白酒企业必须去学习的一个课题，只有这样才能与时代对接，与社会接轨，与消费者契合，成为引领中国白酒文化潮流的品牌，否则只能成为社会大流前进中的盲目追随者。

（3）与社会主流价值观对接。回顾中国白酒的过往十年，白酒企业都在深挖各自的酒文化，但其方法多与古代文人的诗词歌赋相联系，断章取义把品牌强行植入到文化作品中，随意捏造历史故事为主，这种方式不仅找不到文化根源，也让消费者变得盲目。在这种单一而空洞的文化营销背景下，白酒企业更加迫切地需要与当代的社会价值观相联系，只有了解了社会主流价值观及主流人群的消费特点并紧跟时代的步伐，才能让品牌始终与社会潮流站在一起，最终不沦落于被时代抛弃。

（三）加强品牌营销实施

1. 科学进行品牌定位

（1）充分做好品牌调研。品牌调研为后续确定品牌形象及价值提供了有用的参考依据，是企业做好品牌定位的基础，也是品牌营销工作中必不可少的环节。

1）品牌调研的关键内容。首先，通过一次成功的品牌调研必须能够了解到当时消费者对自身品牌认识的一些基本情况，可以通过品牌知名度、品牌认知度、品牌信赖度、品牌认可度、品牌忠诚度等变量得以体现。这些变量能够方便企业在之后的品牌营销工作中根据品牌还做得不足的方面加以提升。

其次，品牌调研的内容还必须包括消费者的基本情况以及对品牌的态度，可以通过了解当时消费者认为可以继续提高的因素以及消费者对于品牌表示不认可甚至反感的因素，以便于后续品牌营销工作时能更直接地针对消费者的需求做出反应，提高消费者对品牌的满意度。

最后，"知己知彼，百战不殆"，品牌调研的内容还必须涉及竞争者品牌的基本情况，了解自己主要的竞争者可以更便于寻找到与竞争者的差异点，立足于这些差异点才能便于在品牌定位时做到品牌的个性化。

2）品牌调研的基本步骤。品牌调研在实际工作中运用得比较灵活，省内中小型白酒企业在操作过程中可以根据实际情况加以变通，具体的品牌调研基本步骤如图1所示。

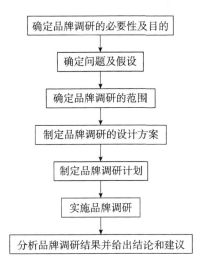

图1　品牌调研的基本步骤

（2）白酒品牌定位策略。品牌定位是品牌营销的基础，它的成功与否直接影响到品牌在市场竞争中的结果。笔者认为，在品牌调研的基础上省内中小型白酒企业可以运用以下六种策略来进行品牌定位：

1）文化定位。文化定位是指对白酒品牌的风格、功能、包装、目标消费群体等赋予一定的内涵，从而形成一种独有的品牌文化并与目标市场相关联并达成认可。我国白酒历史悠久，酒文化更是历代传承，将企业特有的优势资源与消费者的偏好相结合，能够较容易地达到差异化的文化定位。例如，水井坊致力于打造"中国白酒第一坊"，得到诸多深谙品酒之道人士的青睐。

2）个性定位。每一位消费者都有自己与众不同的个性，其价值观念、生活态度、生活方式也随之不同，这些因素正逐步成为市场细分及品牌定位的关键因素。通过赋予品牌相应的个性内涵，让消费者在选购和使用产品时能表现自我、抒发个性。例如，洋河蓝色经典提炼了极有魅力的"男人情怀"，其个性定位引起了消费者的强烈反响。

3）情感定位。人们的消费行为通常要经过数量、品质以及情感这三个阶段的变

化。在第三阶段，消费者注重的早就不是产品本身的数量及品质，而已经把品牌当作自己的朋友，更加追求与品牌关系上的密切程度以及购买商品时能够得到的情感满足。例如，自贡市本土白酒企业燊井酒业宣传的"爱自贡，喝燊井贡"，就直接渗透到消费者的内心，与其产生情感共鸣。

4）概念定位。概念定位是在白酒产品同质化程度严重、差异化低的情况下，为了迎合消费者在特定环境下的某种需求，企业提出的一个全新概念，然而其白酒本身也许并没有发生改变。在白酒行业中，许多企业都喜欢运用创新性品牌概念以使品牌有别于竞品。例如，1997年秦池"标王事件"后，沱牌以酿酒生态产业园区的概念加以宣传，有效地排除了白酒消费者对"勾兑"的疑虑。

5）类别定位。类别定位实际上就是在消费者心目中建立起此品牌就是某类产品代表的联想，其目的在于成为某类产品的领导品牌或代名词，在消费者对此类产品产生特定需求时就会自然而然地想到此品牌。例如，习酒的广告语宣传道，"习酒是喜酒，喜酒喝习酒"，将习酒直接定位于喜宴用酒，则顾客在喜庆时刻就会联想到喜酒——习酒。

6）比附定位。比附定位是指以同行业内公认的知名度和美誉度高的竞品品牌为参照，其借助名牌的品牌效应快速将自己的品牌植入到消费者的脑海中，从而实现自己品牌定位的一种策略。这种方式能迅速提高品牌的知名度，而其关键在于参照对象的选择。例如，内蒙古的宁城老窖，其广告语是"宁城老窖——塞外茅台"，采用的就是以茅台为对照的方法。

综上所述，在品牌定位中，四川中小型白酒企业可以针对自身实际以及市场情况，选择性地运用以上六种策略来进行品牌定位，也可以对于不同的品牌同时运用多种策略，进而取得最佳的效果。

2. 构建品牌营销传播途径

许多省内中小白酒企业对于品牌还是有一定程度上的理解与把握的，而关于品牌传播，却普遍缺乏更客观、更系统的认识，实施过程中也难以进行合理的规划，更谈不上有力的措施。事实上，中小白酒企业对此要么充耳不闻，要么毫无头绪，要么举步维艰。

现如今，主要的品牌营销传播媒介有电视、网络、杂志、电台、报纸、市场终端（如POP广告）等，不同的媒介具有不同的特性，企业在选择时主要需要考虑目标消费者的群体特点：包括年龄段、喜好、生活习惯以及接收信息的主要途径等，可以根据实际需要进行选择。在实际应用的过程中，企业可以瞄准时机通过利用热门的事件，进行事件营销快速扩大品牌知名度，提高美誉度，吸引消费者初次购买。同时，在渠道通路及零售终端的品牌塑造中应当注意自身品牌所占的权重，长期有效地保持与渠道成员之间的良好沟通与交流。最后，随市场的变化适当及时地更换品牌传播形式，创新性地吸收时下流行的媒体传播方式，如当前的新型模式有：电影、电视植入广告、网络视频广告、媒体互动广告等。

3. 合理运用品牌营销策略

四川中小型白酒企业由于生产和经营规模有限，品牌知名度具有明显区域限制，在市场竞争中要想单枪匹马和强大的对手硬拼显然是不足取的，只有合理凭借自身优势，巧妙运用品牌营销策略，才有可能取胜。

（1）"狭缝生存"策略。中小型白酒企业在竞争中显得弱不禁风，为了避免和大型企业的正面交锋，在实力发展壮大之前，避实就虚是最佳的选择，也就是找到大型企业还没有发现或者不想开发但仍有前途和利润的空白市场作为自己的目标销售市场。选择开辟大企业的市场大本营之外的市场，避免选择大企业常用的分销渠道与促销方式，否则，只会以"鸡蛋碰石头"的直接碰撞自取灭亡，同时还会使自身品牌埋没在巨人的阴影下。唯有以在市场缝隙中迅速成长的方式为基础，才能够逐步使市场份额得到提升，进而通过成为特有市场的领导品牌发展为国内知名品牌。

（2）"单一品牌"策略。在品牌营销理论中，可实施的品牌策略包括以下四种：单一品牌策略、多品牌策略、主副品牌策略以及联合品牌策略。目前被大多数白酒企业最常采用的是主副品牌策略，然而对于中小型白酒企业，对每个品牌都加大资源上的投入，主品牌的原有优势没有得到体现，反而容易被副品牌所拖累。

因此，中小型白酒企业应先运用单一品牌策略，主打优势品牌，这样能专一地进行深耕细作，同一产品线的产品也具有相似性，可以减少未来品牌形象被淡化的危险，避免出现多品牌混淆的现象，利于中小型白酒企业进行市场的拓展。如此集中优势攻占主要市场，其投入最小，效用却最大。

（3）"共生合作"策略。该策略意在多家相互独立的，在产品和市场具有相关性的中小型白酒企业，通过共享同一品牌，以培育和发展品牌为共同目标而结成企业战略联盟。俗话说，"一根筷子容易弯，十双筷子折不断"，通过以平等合作、互惠共赢为原则，由多家同类中小型白酒企业整合多方优势资源，弥补己方不足而凝聚一团，从小到大，从弱到强所形成的命运共同体与一家势单力薄的中小企业相比，其力量往往是坚不可摧的。这种合作的方式既有效避免了这些企业之间的相互残杀，又能以巨大的经营规模和灵敏的营销网络为优势，为各企业形象塑造、品牌宣传、产品销售及后

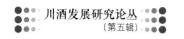

期维护提供了保障性的前提，其在激烈的市场竞争中也必将攻无不克、战无不胜。

4. 强化品牌的维护管理

万科董事长王石曾经说过，塑造一个品牌的时间是非常有限的，但是管理和维护品牌却需要无限长的时间。由此可见，品牌维护管理是建立优势品牌的基础，也是维持、提升和增强企业无形资产的保证，那么就要切实做好品牌维护管理工作。企业应当从战略管理的层面出发，立足于长远来看待品牌维护管理，建设并实施以品牌为核心的管理机制，合理制定稳定持久的品牌战略规划，将品牌维护管理制度化、规范化，并经常进行品牌体验和品牌资产评估，保证对品牌营销全过程的战略性监控。

在服务重要性与日俱增的时代，要想做好品牌维护管理，就要抓住消费者日渐挑剔的消费需求，以人性化的终端服务提升消费者的让渡价值。首先，要建立一支规范和诚信的品牌营销队伍，同时具备专业化的营销服务技能，及时收集对品牌建设的建议；其次，建立健全客户关系管理以方便老客户、开发新客户；再次，广泛地与客户接触，深入了解客户的情况，如终端零售商的经营状况、管理水平、财务状况等，找出最有潜在价值的客户以便于更有效地配置资源；最后，制定客户市场管理制度来维护良好的品牌管理，如客户激励政策等。

六、四川宏大酒业有限公司品牌营销实证分析

（一）四川宏大酒业及产品基本情况

四川宏大酒业有限公司成立于 2011 年，公司注册资本 500 万元，现有员工 100 余人，公司位于"中国白酒金三角"即拥有"酒半城"美誉的四川省自贡市。自贡具有富含卤族元素和各种矿物质的独特紫色土壤，同时享有川南地区特殊的水质气候和微生物条件，盛产酿酒所需的优质高粱、糯米等原材料。目前宏大酒业主要市场集中于川南地区，在重庆、甘肃、福建和山东个别城市也设有形象店，市场分布散乱，市场占有率较低。当下公司在稳定自贡市场的同时，还在准备大力推进国内市场。

四川宏大酒业有限公司通过运用现代生物工程技术打造了"盐"系列酒、"宏"系列酒，其利用航天技术创造性地打造的高端品牌"贡酒"系列酒是中国第一款低醛白酒，宏大的白酒真正做到了"好喝不上头"。宏大酒业出品的浓香型白酒作为国酒新

秀，在白酒发酵工艺上突破性地运用智能发酵技术，利用信息编程，准确控制微生物构成的细胞机器，完成预先设定的发酵目标；在白酒勾兑工艺上创新性地运用人—机—谱自动寻优系统，准确地控制酒体中几百种活性物质的平衡关系，确保白酒的主体风味突出，并极大地降低损伤人体健康的有害物质，成熟的生物工程技术和历史悠久的酿酒工艺是宏大酒业的核心竞争力。

（二）四川宏大酒业品牌调研

四川宏大酒业市场主要集中在自贡本地市场，在川南以及省外个别城市也有区域市场，但市场份额非常小。在宏大酒业销售份额中，90%都在自贡市内市场产生，因此，宏大酒业实际上是一家地方性企业，属于典型的中小型白酒企业。宏大酒业在自贡市已小有名气，尤其是其产品"盐井坊"及"贡酒"已有一部分固定消费群体，因此不便于做全新的改变，此次调研的主要目的是为了品牌营销的进一步优化。

此次调研采用问卷调研，调研地点主要分布在自贡市市内各街头及部分餐馆，发放问卷共200份，收回200份，有效样本容量186个，以下只摘取品牌调研的一些关键点。

1. 宏大酒业品牌知名度调研

图2显示，在自贡市民中，知道宏大酒业的占78%；43%的市民没有喝过宏大酒业的白酒，说明许多市民还不愿意尝试宏大的白酒，宏大的白酒在品牌的塑造上还需要加强；但尝试后经常购买的占到19%，说明市民在尝试宏大的白酒后对品质比较满意。

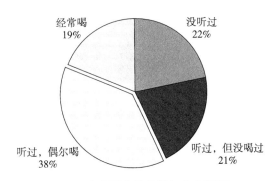

图2 宏大酒业的品牌知名度调研

2. 宏大酒业品牌认可度调研

图3显示，在自贡市民中，62%的市民对宏大的品牌表示认可，但非常认可的只占23%；另外，18%的市民对宏大品牌有一定的排斥，20%的市民表示无所谓，问到具体原因时，许多市民表示"听都没听过，怎么认可"，由此可见，宏大的品牌传播力度还需加强。

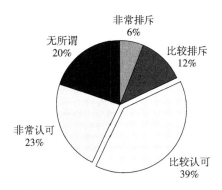

图3　宏大酒业的品牌认可度调研

3. 宏大酒业消费者购买因素调研

图4显示，在对宏大酒业产品产生过购买行为的消费者购买因素调研中，29%的消费者对宏大酒业产品品质表示认可，认为价格实惠与支持家乡产品的比例仅居其次，分别占到21%和18%，而7%的消费者是经朋友推荐而购买的。选择"其他"的消费者许多是由零售终端销售人员推荐购买的。

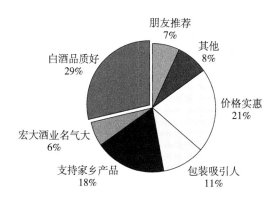

图4　宏大酒业消费者的购买因素调研

4. 宏大酒业主要竞品调研

图5显示，目前在自贡市场，宏大酒业主要的竞争者依然集中在省内几家大型白酒企业，包括五粮液、泸州老窖、郎酒、剑南春等，在询问到其他品牌有哪些时，消费者主要提到了自贡本土的部分品牌以及一些小型白酒作坊。

综合以上调研数据，四川宏大酒业有限公司作为自贡本土酒企，在自贡市场具有一定的品牌知名度和认可度，但这两者仍旧有较大的提升空间。宏大白酒的品质得到了消费者的大力认可，其价格区间也较为合理，已经有一小部分的自贡市民成为宏大酒业的忠诚顾客并开始向朋友推荐宏大白酒。目前自贡市场的绝大部分市场份额依旧

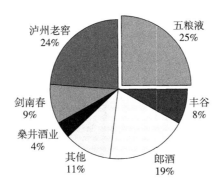

图 5　宏大酒业主要竞品调研

被四川省内几家大型酒企占据，部分自贡本土品牌也正在发力。

（三）四川宏大酒业有限公司品牌营销 SWOT 分析

1. 优势（Strengths）

四川宏大酒业有限公司产品运用先进的现代生物工程技术，品质优异，饮后不上头，同时定价合理，符合多数消费者的心理可承受价位，随着产品更大批量的生产，规模化生产可使生产成本再降低。作为自贡本土的地方酒企，宏大酒业在自贡的区域优势较为明显，由于之前已有品牌投入，在川内是知名品牌，拥有一定的品牌形象和市场占有率，尤其在自贡市场已经具有一定的知名度和忠诚度，且有固定的消费群体。同时，公司拥有一支极具凝聚力和战斗力的团队，各级营销人员市场实战经验丰富，经销商拥有多年的运营能力，公司在面对激烈的市场竞争时能够表现出快速、灵活的优势。

2. 劣势（Weakness）

宏大酒业目前品牌个性不够清晰，各系列产品定位比较模糊且主次不分，由于企业过多地追求历史文化上的厚重感，现有产品包装以青花瓷图案、单一深色调为主，在设计上缺乏统一性、创新性和针对性，因此消费者很难形成品牌价值的联想，尤其是"贡酒"系列在高端形象上塑造明显不足。公司在之前所做的品牌投入未与品牌调研相结合，在省内包括自贡市内的市场并没有做到尽善尽美，现有客户渠道网络还不健全，就着手开发省外市场，不仅造成省内品牌知名度不够，省外更是极低，同时也造成了资源上的极度浪费，削弱了今后运作市场的资本和能力。

3. 机会（Opportunities）

现如今，中国白酒业正面临一个全面转型的过渡阶段，谁把握住这关键的一步，

谁就完全掌握了市场的主动权，目前白酒市场依旧具备巨大的市场容量，且白酒产品的社会需求主要体现在礼尚往来性礼品、商务及公务应酬、朋友及家庭聚会等。面对如此大好的市场环境，作为首屈一指的白酒强省，四川省委省政府为了强化和维持产业集群竞争优势，对省内中小型白酒企业表示大力扶持，宏大酒业作为自贡地方酒企更是得到了自贡市地方政府的关心和支持。因此，基于白酒行业本身的市场影响面广泛，口碑流传频率高，又有各级政府的帮衬，宏大酒业后期市场氛围的营造及品牌的传播都大有优势。

4. 威胁（Threats）

随着2012年以来全国各大知名白酒品牌正加大对中低端市场的开拓，白酒市场的竞争日趋激烈，尤其是四川省内的白酒竞争水平极高，通路阻碍较大，自贡市周边如宜宾、泸州等城市的许多知名品牌都已在自贡市场上发光发亮。随着消费者健康意识的增强以及收入水平的提高，消费者更倾向于选择全国性知名品牌的白酒，且洋酒、啤酒等替代品也在大肆蚕食白酒的市场份额，这给地方白酒品牌带来了巨大的冲击。就宏大酒业自身而言，公司此前还没有开展过品牌营销的整体规划和运行，在自行摸索的过程中极有可能会遭遇不可预计的难题而使品牌塑造及市场开发受阻，宏大酒业正面临重大挑战。

（四）四川宏大酒业有限公司品牌营销策略制定

1. 深入挖掘"盐"文化价值

宏大酒业目前所塑造的品牌文化是将自贡市本土的"盐"文化与"酒"文化联系起来，这种方式在之前的宣传中也起到了一定的作用，虽然以创新的个性化产品吸引了一部分消费者的初次购买，但没有完全做好与白酒的关联以及消费者群体的文化对接，同时品牌文化深度还远远不够。要利用好"盐"文化，企业必须弄清楚盐和酒的关系：从理论上来讲，盐对酒有负面的影响，因此这一点在宣传时要尽量避免；但是作为文化载体，盐和酒又有着很多共同点，这就值得我们深入挖掘和利用，比如一是历史悠久、文化深厚，二是物质上和精神上都必不可少，因此必须把盐和酒的这些共通点有效地结合起来并加以包装和运用。同时酒与盐的文化历史还可以与公司的硬件设施挂钩，如泸州老窖打造"窖"文化。

2. 重新进行品牌定位，主打特色产品

首先，宏大酒业应该对整个自贡市场进行全面的市场调研，包括自贡市白酒行业环境、消费者需求、竞争者品牌情况等，在此基础上采取品牌营销的整体规划和运行，对每个系列的每一种产品都重新进行准确系统的定位，如将贡酒定位于礼品酒，只有基于准确的市场定位，才能更有效地对目标消费群体采取针对性的后续品牌营销活动，在消费者购买时，也可以让他们有更为直接的选择。同时，要想全面打开自贡市的本土市场，宏大酒业除了运用文化定位，还可以采取情感定位，以"爱家乡，喝盐井坊"为主题展开。

其次，宏大酒业目前的三个系列的产品都在花同样的心思和力度，消费者在购买宏大的产品时往往对其没有清晰的认识，在犹豫的过程中可能就放弃购买了。因此，宏大也应借鉴洋河塑造"梦之蓝"，泸州老窖塑造"国窖1573"的做法，选择企业的代表产品（建议为贡酒）进行大力度的产品塑造和宣传。

3. 丰富品牌营销传播途径

目前宏大酒业现有品牌知名度还不够高，在调研中，自贡市有22%的消费者对宏大酒业完全没有听说过，分析其原因，主要是品牌营销传播途径较少，当前主要包括户外喷绘广告、报纸新闻、网络新闻等，而且广告的投放量有限，投放面也只限于自贡市内，针对性也不够强。对此，前文提到了重点打造"贡酒"系列，因此，针对礼品酒的消费群体，在对自贡本土消费者需求进行分析的基础上，宏大对"贡酒"应该展开大力度的品牌传播，同时，在户外广告和报纸、期刊的投放力度还可以适当加大。宏大酒业目前在自贡本土网站偶尔会以新闻的方式出现，但并没有构建线上销售渠道，也有自己的企业官网，但宣传主要针对经销商，建议宏大酒业在企业官网上开发线上销售渠道，同时可以尝试"微博营销"，面向终端消费者直接销售。

4. 坚持与政府合作策略

宏大酒业作为自贡市本土的地方性白酒企业，在一定程度上得到了自贡市政府的关心和扶持，但宏大并没有充分利用好这一点。首先，宏大酒业必须坚持长期与政府合作的关系，与政府保持良好的沟通交流工作；其次，宏大酒业应以在自贡市已经具有一定知名度，政府也在大力扶持企业为优势，在做深做透自贡市区域市场的基础上再考虑发展市外乃至省外市场；最后，政府的扶持不仅局限于对公司发展问题的解决上，宏大酒业还可以通过与自贡市旅游局协商将公司系列产品作为旅游产品在自贡市知名的景点售卖，与政府合作举行一些公开的大型活动并加以大力度的宣传，如"宏大白酒品鉴活动"，自贡政府指定接待用酒等。

5. 加强品牌维护管理

首先，在品牌营销队伍上，宏大酒业可以高薪聘请具有大型白酒企业品牌营销相关工作经验以及高学历、品牌营销专业能力过硬的品牌营销人才，吸收省内成功的白

酒企业所具有的品牌营销经验，尽量少走弯路。其次，定期针对全公司上下开展品牌营销培训，制定企业的整体品牌营销战略，防止在后期品牌营销工作中偏离基本的品牌策略，造成资源浪费。再次，在自贡市场发展比较成熟，销量能得到稳定的提升时，公司可以在保证产品品质的基础上采取规模生产，加大成本控制。最后，针对市场需求定期开发新产品，以保持品牌在市场的活性，并实现品牌价值的转化。

七、结　语

本研究以四川中小型白酒企业为研究对象，在研究品牌、品牌营销理论等内容的基础上，结合目前我国以及四川省白酒相关政策及行业市场环境具体情况，探讨了四川中小型白酒企业实施品牌营销的必要性。继而对四川中小型白酒企业在品牌营销上普遍存在和面临的一些问题进行了探讨，并提出了建设性的意见。最后以四川宏大酒业有限公司为例进行了 SWOT 分析，在此基础上制定了宏大酒业品牌营销策略。

通过对四川中小型白酒企业的调查分析，总的来说，四川省的中小型白酒企业目前品牌营销意识都比较淡薄，且有相当一部分企业对品牌营销有严重的认识误区，有一小部分发展稍好的企业已经着手品牌营销工作，但是其结果却不尽如人意，企业在一段时间后不见效果便半途而废，从而产生了很多"速生品牌"。因此，四川中小型白酒企业品牌营销的道路还很长，还需要进行不断的学习和反思。

参考文献

［1］2013 年 1～12 月中国白酒产量分省市统计［EB/OL］．佳酿网，http：//www.jianiang.cn/shuju/0331406222014.html.

［2］殷世群．打造世界名优蒸馏白酒总部基地推动中国白酒特色产业区域国际化进程——"打造中国白酒金三角，建设长江上游白酒经济带"战略浅析［J］．中国酒，2010（11）：48-51.

［3］孙先锋．白酒行业结束"黄金十年"进入亲民时代［N］．中国联合商报，2013-12-16（C03）.

［4］［美］艾·里斯，劳拉·里斯．品牌的起源［M］．寿雯译．太原：山西人民出版社，2010.

［5］纪成成．基于微博的企业品牌营销研究［D］．长沙：湖南大学硕士学位论文，2011.

［6］［美］菲利普·科特勒．营销管理［M］．梅汝和等译．上海：上海人民出版社，1999.

［7］庞守林．品牌管理［M］．北京：清华大学出版社，2011.

［8］王玉华．品牌营销理论分析及对策研究［J］.经济与管理，2011（9）：54-57.

［9］沈鹏熠，胡正明．品牌营销理论研究：回顾与探究［J］.河南商业高等专科学校学报，2008，21（1）：50-53.

［10］张为玉．中小企业品牌营销策略研究［D］.合肥：安徽大学硕士学位论文，2012.

［11］熊柳．中小型白酒企业品牌营销研究［D］.成都：西南财经大学硕士学位论文，2011.

［12］王海霞．浅析国内中小企业的品牌营销之路［J］.科技传播，2010（11）：61-68.

［13］赵艳丰．白酒的十大品牌定位策略［J］.中国酒业，2012（3）：35-36.

［14］刘俊涛．国内白酒品牌营销问题与对策分析［D］.成都：西南财经大学硕士学位论文，2010.

［15］吴健安．市场营销学（精编版）［M］.北京：高等教育出版社，2012.

［16］熊晓洁．企业品牌营销策略探析［J］.企业经济，2009（9）：93-95.

［17］吴纹．洋河酒厂股份有限公司品牌营销研究［D］.长沙：中南大学硕士学位论文，2010.

［18］杨波，白如彬，徐强．宜宾中小白酒企业品牌营销策略分析及对策建议［J］.酿酒，2010（3）：19-22.

［19］杨笑．茅台酒业集团品牌营销模型构建及提升品牌营销效应研究［D］.乌鲁木齐：新疆大学硕士学位论文，2013.

［20］杨波，郑中华，白如彬．宜宾市白酒产业发展现状浅析［J］.酿酒科技，2010（1）：117-120.